U0051335

阿含正義——唯識學探源

第四輯

平實導師 著

ISBN-13:978-986-82992-1-4

「若彼眾生去、來、現在，於五趣中支節不具，輪轉生死、受一切苦，斯由輕慢如來藏故。若諸眾生歷事諸佛、親近供養，乃能得聞**如來**之**藏**，信樂聽受不起誹謗；若能如實安慰說者，當如是人即是如來。若諸眾生**多背諸佛**者，聞**如來藏**則生誹謗，彼諸眾生自燒種子，嗚呼！苦哉！苦哉！不信之人於三世中甚可哀愍。諸說法者，應如是說：稱揚**如來常住**、**真實**。若說法者不如是說，是則棄捨**如來之藏**；是人不應處師子座，如旃陀羅不應服乘大王御象。」（阿含部《央掘魔羅經》卷第二）

必須已經閱讀前面每一輯，並且確實瞭解其內容以後，才不會誤解這一輯書中所說的法義，或讀不懂此輯書中的法義。若直接從這一輯閱讀，將很有可能誤會這一輯書中所說的義理，而仍然自以為沒有誤會；越到後面數輯，越是如此。若不從第一輯開始依次第閱讀、思惟，有可能在非故意的情況下，誤犯了大妄語業，請您特別注意這個叮嚀。斷我見之最重要義理為識蘊之內容，若欲確保我見已完全斷除者，可向正覺同修會索取《識蘊真義》結緣書，更深入而詳細的瞭解識蘊之內容，我見當可斷除，三縛結因此可斷。

——平實誠懇的叮嚀——

目錄

第二輯

第三輯

第四輯

第五輯

第六輯

第七輯

自序

本書的義理，僅從四阿含諸經中取材而說，不從大乘諸經中取材而說，如是證明大乘方廣唯識諸經的法義，從來不違四阿含諸經的解脫道法義，證明大乘經典中的法義並非歷經演變而成者，也證明一件事實：原始佛法中解說涅槃時，爲了不墮入斷見外道見中，不得不處處隱語密意說有第八識**本住法**的存在，而第八識法義本是應該留到第二、第三轉法輪時才正式宣說的。所以二乘法其實是以大乘法爲根本而方便宣說的，若離大乘法宗本的如來藏根本心，二乘涅槃將難逃於斷滅見之譏評，本質也將成爲斷滅空，如同印順之所墮。

本書之所以不取材於大乘經典來說者，是因爲印順、昭慧……等人私心之中，認爲大乘經典是部派佛教以後的佛弟子們長期創造演化出來的，不承認大乘經典眞是 釋迦世尊所說，是故此書中原則上都不引證大乘經典法義。又因佛學學術界公認的阿賴耶識權威史密豪森先生（Lambert Schmithausen），依據後出的《瑜伽師地論》爲根據，立論說：阿賴耶識心體是在論中的〈本地分〉才出現的，原始佛法中並未說有阿賴耶識心體；又說意根在論中的〈攝抉擇分〉—

證明分〉中仍然尚未建立起來，是到後面的〈流轉分〉中才建立起來的，認爲在此論出現以前，佛法中是尚未建立意根末那識的；但是他的說法，完全違背佛教法義弘傳的最早文獻記錄中的歷史事實，因爲在四阿含教典中，不論是南傳或北傳的阿含部經典，都曾明說或隱說阿賴耶識了，只是史密豪森讀不懂罷了。又因爲大乘經典是被印順、昭慧、史密豪森所否定的，他們都不相信大乘經典，都對大乘經典持否定態度，堅稱不是 佛口親說，由此緣故，此書中不舉示大乘經典、論典而說，單取四阿含諸經（印順說爲原始佛法）經文證據來說，證明原始佛法中早已說過有意根及阿賴耶識心體的存在，證明印順、昭慧……等人所信受的西方學術研究者說法是全面錯誤的。

復次，本書對四阿含諸經法義的取材，是全面性的，不是像印順、昭慧、證嚴……等人一樣專取四阿含中自己所愛樂的法義來說，也不是像印順、昭慧、證嚴……等人一樣的排斥四阿含中對自己不利的法義而省略不說。印順甚至說**四阿含的經文不完全符合 佛意**，而主張親聞 佛陀所說的才是完全符合佛意，所以另行建立**根本佛法**（親聞佛口所說之法義）以別於**原始佛法**的四阿含諸經所說。但是，莫說印順今天親自聽聞佛說一遍就能眞解法義，乃至現存四阿含經典，可以讓他再三、再四乃至再十的連續研讀，他尚且一樣嚴重誤會，錯解經文的證據確鑿，何況親聞 世尊演說一遍可以解義？絕無斯理！

由於印順……等人已有否定大乘經，說非佛說，以及別行建立根本佛法等二種**不正當**作法，所以他們對四阿含諸經經義的解說，已經使原意喪失泰半，也使四阿含的眞義廣被埋沒，印順、昭慧、證嚴……等人已將 佛陀的本懷加以嚴重曲解了。但是他所謂的**根本佛法**，在 佛陀入滅以後根本就不可能存在，除了古時當場聽聞者；但在此時是絕無可能的，所以他的主張是毫無意義的。本書則是普遍、廣泛對四阿含經文加以引證廣說，使四阿含諸經的眞實義，可以示現在末法時代廣大學人眼前，也使四阿含諸經所說的解脫道眞義，重現於末法時世的今天，這是本書與印順、昭慧……等人取材阿含法義而說時的最大不同所在。

四阿含諸經所說法義，以二乘菩提爲主；二乘菩提則是解脫道之法義，專述出離分段生死之解脫道法義，不以實證法界萬法實相爲內涵，故與成佛之道的佛菩提道無直接關聯，因爲成佛之道是必須從親證萬法本源的第八識如來藏開始的。第二、三轉法輪之大乘諸經法義，則以成佛之道爲主；大乘成佛之道則以佛菩提智慧爲主，卻又函蓋了二乘菩提之解脫道；是故大乘成佛之道，非唯第二轉法輪之般若系諸經所說實相般若總相智、別相智，亦須再進一步求證一切種智增上慧學。般若既以親證如來藏爲始，依所證如來藏才能現觀如來藏的中道實相義；而一切種智增上慧學，則是第三轉法輪諸經所說如來藏自性妙義，以及如來藏所含藏一切種子等增上慧學爲本；以親證萬法根源如來藏心體中所含藏之一切種子已具足故，名爲圓滿成就一切種智，名爲成佛。

如是，合解脫道智慧、般若總相智、般若別相智，以及一切種智之智慧，方可名爲成佛之道，非如印順單以二乘菩提之解脫道可以名爲成佛之道也！否則，一切阿羅漢應皆已經成佛也！然而現見一切阿羅漢皆非是佛，亦無任何一位阿羅漢敢在　佛入滅後自稱成佛也！故知成佛之道函蓋二乘菩提之解脫道，亦函蓋大乘別教不共二乘之般若總相智、別相智、一切種智等智慧也！具足如是智慧，方名成佛。然而二乘聖人所證解脫道，既不曾證般若總相、別相智慧，更不曾證一切種智，印順焉得單以二乘解脫道小法智慧而稱爲成佛之道？更何況他早已誤會二乘解脫道的涅槃智慧了！然而印順卻敢在死前，同意潘煊把他的傳記以《看見佛陀在人間》爲副書名而出版，這是以凡夫之身僭稱成佛，顯然不懂解脫道及佛菩提道。

由因諸多崇尚二乘小法之聲聞種性法師與居士，盲從日本、歐美一分否定如來藏妙義之佛學學術研究學者，盲從藏密堅持意識是最終心的應成派假中觀邪見者暗指「大乘非佛說」之邪論，極力誹謗第二、三轉法輪諸經所說如來藏正義，謗無如來藏，私下言語中常常無根誹謗：「**原始佛教四阿含諸經中不曾說有第七識意根，亦不曾說有第八識如來藏；如來藏即是外道神我思想淨化而成佛教中的一個支派，大乘經中所說如來藏富有外道神我色彩，本是後來大乘崛起之後，方由第六意識心體上細分演變而建立起來的，故實無七、八識。**」

由彼等妄謗三乘菩提根本之第八識如來藏，將確實可以親證的第八識心體謗為實無，導致他們所弘揚的二乘涅槃墮於斷滅空無的本質中，也導致他們所理解的般若成為**性空唯名**之戲論；然而印順所判「般若為性空唯名」之說，其實極不如理；此因第七、八識皆是四阿含諸經中本已處處隱覆密意而說之法，特因二乘聖人智慧不足，不能領受之；亦因初時不應即時宣講甚深般若及一切種智妙法，是故 佛設五時三教而說。然而彼等對此事實都無絲毫之信，極力否定大乘經典，謗為非 佛所說；由是緣故，本書不從大乘經典中舉證如來藏之實有，唯採擷阿含諸經中有關大乘唯識增上慧學之法義，證明四阿含中早已處處隱覆密意而說第八識法，故都只由四阿含諸經中舉證之，令彼等不能不信服，欲令未來佛教正法流傳無礙。

亦因彼等常言：「**唯識學專論名相，專說諸法之虛妄相，乃是專為降伏外道而施設之法義論辯學問，與佛法實證無關，故名之為虛妄唯識；唯識學中都只說明虛妄的六識心，又不曾言及佛道之眞實義，故亦名為虛妄唯識。**」然而第三轉法輪方廣唯識經典所說一切種智極妙勝義，方是眞正成佛之道，彼等諸人以無力親證如來藏故，因此完全不懂第三轉法輪之精義，乃不顧此一事實，妄將自己所無法親證之唯識增上慧學所說本識如來藏，謗為外道神我思想。由是緣故，本書不單以阿含基本法義解脫道內涵之解說為主，而同時以菩薩之大乘解脫道證量及大乘般若正理而觀阿含、而說阿含，乃是以菩薩所證得佛菩提道之般若智慧而觀之、而說之，乃是以菩薩所證得道種智之智慧而觀之、而說之，乃是以菩薩雙證解脫道與佛菩提道之現量境界而闡釋之，證明唯識增上慧學實已在四阿含中粗略隱說，證明 釋迦世尊於初轉法輪時期，即已圓滿具足第二轉法輪經中所說之般若智慧，亦已圓滿具足第三轉法輪諸經所說之一切種智，非如別有心機者所說：「在宣說阿含時之釋迦其實尚未成佛。」以此書舉示四阿含中的開示，證明 釋迦不是在宣講方廣唯識系列經典時方才成佛的。是故四阿含諸經所說，非唯具足二乘聖者所知之法，亦已粗略含攝二乘聖者所未知悉之大乘不可思議解脫妙理。說穿了，其實某些阿含部的經典，本質即是二乘聖人在第二轉法輪時期，聽聞 佛說大乘經典以後結集出來而變成阿含部的小乘經典。平實即以如是正義，寫作此書，匡正末法時期已被大法師們誤導之傳法方向與內容。何故如是而爲？其故有九：

一者，聲聞人智慧狹劣，或不信、不解、不證大乘法，故其所結集之經典中，其實雖有許多本是大乘經典，然因聞而不解故，對大乘法義的念心所不能成就，則不可能憶持大乘經典，只能以解脫道之觀點而結集成爲小乘經典，絕不可能兼含隱說之大乘法義而結集之。由是緣故，四阿含諸經結集完成後之所說者，必定偏重於二乘聖人所修證之解脫道，必定因此而昧略二乘聖人所不能修、不能知之大乘菩薩修證之佛菩提道，此乃必然之結果。

有何證據而作是說？有經文爲證，《雜阿含經》卷二十七‧第七二七經明載：【如是我聞 一時，佛在力士聚落人間遊行，於拘夷那竭城希連河中間，住於聚落側，告尊者阿難，令四重襞疊，敷世尊鬱多羅僧：「我今背疾，欲小臥息。」尊者阿難即受教敕，四重襞疊、敷鬱多羅僧已，白佛言：「世尊！已四重襞疊、敷鬱多羅僧，唯世尊知時。」爾時世尊厚襞僧伽梨枕頭，右脅而臥；足足相累，繫念明相；正念正智，作起覺想，告尊者阿難：「汝說七覺分。」時尊者阿難即白佛言：「世尊！所謂念覺分，世尊自覺成等正覺；說依遠離、依無欲、依滅，向於捨。擇法、精進、喜、猗、定、捨覺分，世尊自覺成等正覺；說依遠離、依無欲、依滅、向於捨。」】阿難宣說其餘六覺分時亦如是說。

此經中既說精進修習七覺支者，即得親證無上正等正覺——成佛，可見七覺分之修行是函蓋二乘解脫智、般若總相智、別相智及一切種智的，方能依七覺分之修行而成佛道：**一切種智具足圓滿**、**四智圓明**。然而四阿含諸經中的七覺分修習，未嘗言及親證如來藏之方法，唯言如來藏之名；亦未嘗言及如來藏所含藏之一切種子，未嘗教導佛子修學一切種智之方法，又如何可能成就一切種智？一切種智既未能熏習、修學、親證、具足，又如何能成就究竟佛道而得四智圓明？然而卻又明言七覺支之行門可以成就究竟佛道，是故四阿含諸經中，必然本有部分經典是大乘經典，故說修學之者即得成就無上正等正覺。然由二乘聖人結集時，因爲他們對於所聞般若、唯識種智之深妙正理，無法理解；由此緣故即無勝解，則於所聞之佛菩提智內涵，不能成就**念心所**，則無法憶念受持，當知結集之後所成就者，必定單以解脫道而言爲成佛之道也！今此阿含經典明文所載言句即是明證。若不爾者，則諸俱解脫又得三明六通之大阿羅漢等人，既已修學七覺支而證解脫道之極果，豈不都已究竟成佛了？然而卻無一人敢在 佛滅度後自稱成佛、紹繼佛位以弘佛法！也無一人能如 彌勒菩薩一樣被授記爲當來下生之佛，更何況是當時成就佛果？

二**者**，上座部中固然有極少數大乘菩薩僧，然而多屬聲聞聖人與凡夫；彼等既依 佛語而得入於聲聞法中，而聲聞乘中之凡夫，每多不信 佛之境界異於聲聞羅漢；彼等凡夫聲聞人心中猶有大我慢故，每認爲二乘羅漢智慧同於 世尊，是故於 佛宣說法華之時，猶自不信 佛之實相般若境界，何況能信 佛所說之大乘種智妙法？是故不信而公然退席、數有五千者，可以徵之爲眞。

亦如今時台灣地區南傳佛法之多數信受及隨學者，崇尚原始而只具雛型之二乘聲聞阿含部諸經，是故甫聞大乘法之般若正義已，便成爲聞所未聞的生疏佛法，因此心生煩惱而私下破斥之，何肯信受而嘗試理解及修學之？今時聰慧而又資訊發達時之學人如是，古時彼諸聲聞種性之凡夫僧與不迴心之聖僧亦然，何肯信受 佛所宣說之大乘法義？由不信或未證大乘深妙法義故，當知不願、亦無能力結集大乘經典也！故於 佛所專說大乘勝妙之法義，當知皆無可能結集成大乘經，要待其後諸多眞悟菩薩情商不得而親聞大迦葉等聖僧結集完成之後，極不滿意而當場表示將另外結集，然後方才開始結集也，這就是傳說中的大乘經典結集。

三**者**，聲聞人雖聞大乘法，然因尚未證悟如來藏故，聞之不能解義，故其所聞 世尊親口宣說之大乘經，若由聲聞僧眾結集之，結果必成聲聞法解脫道之經典，聲聞人必以二乘解脫道法理而解釋大乘法義故，必以自身所理解之二乘解脫道精神而結集故。即如今時之印順、星雲、聖嚴、證嚴、昭慧、傳道……等人，同以二乘**緣起性空**之不究竟理而解說大乘般若空之究竟理，絕無二致。然而聲聞聖僧結集二乘菩提之解脫道經典時，其中必定有諸大乘法義之身影微存焉，必定可於其中覓得許多大乘法之蛛絲馬跡；此因聲聞解脫道之法義不得稍離大乘般若正法而獨存故，若離大乘如來藏般若正義，則二乘解脫道之證境必定會墮於斷滅見中故；是故聲聞聖僧結集二乘菩提四阿含經典時，不能不留

存　世尊所說大乘法義中之第八識名相法句，以免聲聞解脫道陷於斷滅見中。由四阿含諸經中都有如是不得不保存之大乘法義蛛絲馬跡仍存故，平實今日得據四阿含諸經爲證而成立是說：**世尊確曾宣說大乘法理，第二、三轉法輪諸經所說大乘法理方是眞正的成佛之道**。今於書中處處舉說證據，令台海兩岸乃至南洋諸多崇尚南傳佛法之聲聞心態僧眾，悉皆不能反駁，唯能心裡信受而於口中猶作強辯，以維護面子、名聞與利養。

四者，二乘聖人設使有心，欲結集　佛所宣說大乘法義之經典，然因自身聞之尚不能解義，以無勝解故，則其**念心所**不可能成就，又何能記憶而後結集之？是故二乘聖人雖亦曾在般若期、方廣期聽聞大乘經典，縱欲結集，終不可得。而且第一次結集時之僧團，以大迦葉等二乘聲聞僧爲主；大乘法中之出家菩薩，在僧團中唯是少數，而在家菩薩們本非佛教僧團中之上座、長老，何能率領僧團結集彼等多數僧眾所不能理解、不願結集之大乘經典？是故欲求聲聞羅漢爲主之出家僧團，結集彼等聞而不解、不能記憶受持之大乘法義經典者，斷無可能；是故要待菩薩們與聲聞聖僧溝通而不可得之後，方由大乘行者中人數不多之出家菩薩眾，會合人數眾多之在家菩薩眾，別行倡議醞釀，在後來共同誦出、鑑定而結集之。如是大乘法義之經典結集，必然產生如是曲折，必然產生如是時間上之延宕，乃是因爲佛教向來以出家僧團爲主故，出家僧團多數是聲聞僧而少菩薩僧故，是故大乘經典之結集及出現於人間，必然後於四阿含諸經之結集，乃是有智之人都可以理解者。

猶如今時平實之深義著作，絕無可能先於諸方質疑之前寫出，或與諸方大師著作同時寫造出來；若非眼見諸多率領當代佛教之出家大師處處說法錯誤，而又無根誹謗余之正法者，絕無可能預先寫作種種顯示大乘深妙法義之書籍，亦將不可能作種種破邪顯正之事，深妙之法義辨正書籍即無可能出版；是故平實辨正深妙法義諸書之出版，必定後於諸方大師之錯誤書籍，不可能同時或先出，要待大師們嚴重誤導眾生而又不肯改正惡行之後，方始爲之：逮至彼諸出家大法師皆以聲聞法而解釋大乘般若空已，逮至彼諸出家大師悉皆錯解聲聞菩提已，逮至諸大法師抵制三乘菩提根本如來藏妙法之嚴重破壞佛教惡行出現已，然後始作闡釋聲聞菩提正法之行，然後始作破斥邪說以顯正法之行。猶如弘法十餘年後之今時，方才不得不寫作《阿含正義》一書，證明唯識學部分內容本已隱說於四阿含中的事實。

今時如是，古時亦必如是：要待希望聲聞僧結集大乘法而不可得之後，方有大乘法中諸出家、在家菩薩會合結集之；由是緣故，大乘經之所以後於四阿含諸經而出現於世間者，乃是勢所必然者；然不可因結集出現之時較晚，便言當年 世尊未於宣演阿含之後，繼之以般若、方廣等開示也！何妨 世尊分爲三教弘演，弟子四眾於佛滅後始漸次結集之？若不能然於此者，則四阿含諸經亦將可被援引同一邏輯，誣謗爲 佛滅後之聲聞僧眾「創造」結集者，則亦可謂四阿含諸經非是 佛所親說者；彼理如是，此理亦當如是故。

大乘法之菩薩僧，向來皆以在家菩薩爲多數，出家菩薩極少；十方世界之人間悉皆如是，天界更無出家菩薩而唯有在家菩薩住持大乘佛法。此謂大乘佛教遍於十方世界人間與天界，非獨人間方有大乘佛教勝法流行弘演；然而十方世界之佛教，皆唯在人間時方有出家僧，諸佛所制人間之佛教則皆同以出家僧爲住持佛教之代表，在家菩薩多是佐助之身分。然於十方世界之天界及純一清淨之淨土世界佛教中，則皆無出家菩薩僧也！一切色界天眾生都無家庭繫屬，從無所謂出家或在家可言，而欲界第四天雖有佛法弘傳中，卻也沒有出家菩薩，是故唯有人間方有出家菩薩僧，則人間之大乘佛法在 佛入滅後數百年間，仍當以出家菩薩僧作爲大乘佛教之代表，大乘法後弘於聲聞法故，聲勢尚小故。

不論是在大乘法與小乘法中，人間佛教之住持代表，既然都以出家僧爲主要，則一切人間大乘法之在家菩薩眾，當須先行尊重上座部中出家聖僧，故而長時以待，不以自意而結集之。然而久待之後終不可得，終究被聲聞聖僧將大乘經典結集成解脫道的小乘經典，於是方始邀集在家、出家四眾菩薩而結集之；是故大乘經典後出於四阿含諸經者，乃是可以理解者，亦是勢所必然者，亦是上座部聲聞僧不樂於公開證明者，他們絕對不會將大乘經典的結集記入聲聞律中；故大乘法義之事實存在與弘傳，以及大乘經典之結集，其實都與部派佛教之演變無關。部派佛教之演變者，都只是在事相上及未悟凡夫之弘法表相上顯示之，而且都屬於聲聞人的弘法內容，都與大乘法義之實質無關，世尊本來已傳之法義仍然在大乘眞悟者中繼續弘傳著，只是不被取作考證之資料。

而且根據部派佛教留下的說法資料觀察，部派佛教所弘傳的法義，大部分都已違背 佛之解脫道聖教，現在仍可查稽；所以部派佛教的佛法弘傳演變，其實只是未悟凡夫間的錯誤法義流傳與演變，與經教中的正法無關；經教中的正確佛法仍然不曾改變的繼續弘傳著，雖然一直都是如絲如縷，但卻至今仍然不絕，仍有正覺同修會傳承不斷。吾人不但能舉示此一事實，並且能進一步舉證說明：四阿含諸經中本已有大乘法義隱說於其中，並將在這一套書中舉證出來；故說正法弘傳的史實並不等於部派佛教的弘法歷史，正法弘傳的歷史其實與部派佛教錯悟諸師弘傳之法義前後演變無關。部派佛教法義有許多是未悟般若、未悟解脫道之凡夫所說者，但必定會被當時的眞悟般若、眞悟解脫道者所說正法影響，導致錯悟者前後代的說法必然會有所演變；就如今時一般弘法者所說法義，已經多少被平實所說 世尊正法所改變而多少有所回歸了，當然是會有所演變的，此理殊無二致。然而平實始從出道所弘正理，至今仍然沒有演變，仍然是一貫的如來藏妙義。

五者，聲聞僧中之凡夫本屬多數人，到第二次的七百結集時，已經是絕大多數爲凡夫僧了。聲聞法中的凡夫僧，多數人既不信佛菩提道，不信 佛地之智慧境界不可思議，只信 世尊所說之解脫道而又誤會之；佛世時，他們尚且不肯聽聞 佛所宣說的《法華經》等佛菩提道，何況能結集而流傳之？何況能爲大眾而宣說之？宜其反對大乘法。是故經部師等聲聞法出家僧團，會與大眾部等菩薩僧團在法義弘傳上對立，乃是可以理解者，也是勢所必然者。

然而如是對立的現象，只是表相，看來似有二部對立之意，其實不然：唯是上座部聲聞僧團向大眾部等菩薩僧團對立，大眾部等僧團諸菩薩僧，則不與上座部諸聲聞僧對立也。何故如是說？謂上座部等雖曾親聞 世尊宣說大乘法義諸經，然而多數人聞之不解，是故將 佛第二、三轉法輪本屬大乘法之經旨結集成小乘解脫道之阿含諸經中典籍，如同《央掘魔羅經》四卷本以外之另二譯本事例無異：極爲簡略而不涉及大乘妙義。如是結集者，本非忠實於 佛意之結集；而後來大乘經典之結集者，則是忠於 佛意之結集，能受當時及今世後世一切證悟菩薩，乃至證得道種智之初地至等覺地菩薩檢驗之，而當時及其後數百年間之阿羅漢們亦不能斥爲僞經；由此證明大乘經典之眞實無僞，卻是一切大阿羅漢所不能稍加理解者，何況能評論之？

如是，二乘聲聞僧自身之法義未能具足完備，而與大眾部等菩薩僧諍辯者，方是諍論者；大乘諸菩薩僧自身之法義眞實無僞，圓滿具足，又已實際證解二乘菩提，爲欲利樂有情故，出世指正聲聞僧對大乘法義之誤解與偏頗者，則非是諍論者，乃是護持眞正佛教者，亦是護持二乘聲聞僧法義，令不墮入斷滅見中；故菩薩僧之說法，乃是指導他人改正法義錯誤者，乃是顯示佛法之眞正本質者，乃是爲令佛法回復原來具足三乘圓滿之妙義故，當知不是諍論。是故大乘經典之結集，指正聲聞人法義之嚴重不足處，絕非諍論之舉，乃是指正、提攜與護持之舉；然而諸聲聞僧必有許多人不能相信、不肯接受，彼等若出而辯解，則有諍論之現象。

猶如今時印順及諸方大師之否定如來藏或誤會如來藏，悉皆同以意識心作爲修證之標的，迥異於平實；平實見彼等諸人同皆誤導眾生，便先隱其名而諫之，以冀彼等之修正，庶免誤導眾生之罪；如是待之數年，而彼等大法師悉皆不肯改之，並且私下不斷抵制與誹謗，平實冀望不得，然後乃出世救之：**指名道姓而明言彼等之謬，亦救廣被誤導之多數眾生**。平實如是所行，本非諍論之舉，以法義正眞故，眞是護持佛教正法故，亦是救護彼諸誤會佛法之大師故，是則顯非諍論之言。然而印順之隨從者及星雲、昭慧、證嚴……等人，則不能忍之，每以錯誤之見解，縱令隨學者於網站及私下大肆否定平實，以種種不如理作意之見解，以言語在私下強言狡辯；如是不如理作意之言，方是諍論。然平實所說法義正眞無訛，皆非彼等所能置辯；若所說正眞者，即非諍論。

是故，法義正眞者，所作種種破邪顯正之說，皆是不與人諍論之說，只是據實而言罷了！只有法義錯誤而強行辯解者所言，方是與人諍論者。是故諸聲聞僧方是與人諍論者，大乘諸菩薩僧則非是與人諍論者。由是緣故，印順、昭慧、傳道……等人都不應言「大乘諸菩薩僧與諸聲聞僧諍論」，應言「諸聲聞僧對大乘諸菩薩僧諍論」。法義正眞者所說法，都非是諍論之言故；法義錯誤者強行狡辯之言，方是諍論之言故。猶如外道之與 佛諍：佛雖廣爲破斥外道邪謬，令諸外道不悅，是故招來外道與 佛諍論；然 佛實不與外道諍也，由所說法理正眞故，亦欲藉摧邪顯正以救外道得證解脫故。

六者，解脫道乃是世俗諦，專在世俗法之蘊、處、界上觀行其虛妄，而蘊處界都是現成可觀之世俗法，因其易於修證故，聲聞聖僧必然成爲佛教中之多數；但法界實相之如來藏心反之，非屬蘊處界世俗法，是蘊處界之根源，故是實相法界，極難親證，故證悟之菩薩永遠都是僧團中之少數人；特別是在出家僧團中，證悟之菩薩更是極少數人；是故初始結集經典時，由於大乘實相般若之法義深妙、難解難證，已經證悟之出家與在家菩薩僧乃是極少數，數量遠不及聲聞聖僧，是故第一次結集時難免皆以聲聞人所共信受之二乘解脫道爲主，則大眾皆無諍論，皆無異議，易於結集；是故初次結集的五百結集時，皆唯是小乘解脫道之經義，乃是勢所必然者；菩薩僧亦共同修證二乘法之解脫道故，非不修學故，亦且皆能眞實證解聲聞解脫道中之大乘密意故。

是故，初次結集四阿含諸經時，其中雖有許多經典本是大乘法之教義，然因聲聞人聞 佛說已，不解其中大乘法之眞義，唯能理解其中之解脫道正義，是故由聲聞人初次結集所得之大乘經典，亦必成爲二乘法解脫道之經典，而將其中之大乘法義加以省略不錄，是亦勢所必然者，菩薩們當然不滿意結集成果，自然會當場表示要另外結集。是故，四阿含諸經中，本有許多是大乘法義之經典，大乘法義則因廣被省略而隱晦不明；然而其中卻隱藏極多大乘法義之總相，非是二乘聲聞聖人所能棄捨者。若必捨之，則二乘聲聞聖僧所證之解脫道，即墮斷滅見中，故諸二乘聖人結集時，不能不將 佛所曾說大乘法之部分義理加以攝入，藉此等大乘法之眞實義理，護持二乘聖者所弘傳、所修證之解脫道，護持所結集之四阿含二乘菩提正理，令常見及斷見外道都不能破壞之。平實如是說法，乃是事實，今猶可於四阿含諸經中檢校，將會舉證於這一套書中，都是歷歷可證之事實故。

七者，既然人間之佛教是以出家僧眾爲主，出家僧眾既然是以上座部等出家聖僧爲代表，而上座部等僧眾則多屬聲聞僧，而少菩薩僧；大乘僧眾則都是菩薩僧，而菩薩僧中之在家人，其數遠多於出家人。然而佛教在人間之表相住持者必是出家僧寶，大眾部之出家菩薩僧乃是少數，遠不及聲聞僧之上座部僧，是故當時佛教自當以出家僧極多之上座部爲首，非以出家菩薩僧較寡之大乘菩薩爲代表；是故當時佛教僧團之聲聞僧數必然極眾，出家菩薩僧數必然極寡，這都緣於大乘妙法本即難修難證之故。

在家賢位菩薩及聖位菩薩僧，復遵 佛語：一向自處於護持僧團之外護地位，雖是證量較爲高深之人，然皆依 佛所命，唯居陪襯護持之地位，非是代表人間佛教住持正法之地位者，則上座部聲聞僧結集經典時，此等菩薩必然難以主張結集方向，導致初次結集偏於小乘所修之解脫道法義，聲聞僧不願、亦無力結集大乘菩薩僧所修證之佛菩提道法義，此是可以逆料者；是故第一次結集之四阿含諸經，皆是以上座部之聲聞僧爲主，因此將 世尊在般若期、方廣期所說之部分大乘經結集成《增一阿含、雜阿含》等二乘解脫道之經典，亦是可以逆料者。

逮至大乘法之修學親證者，見聲聞聖僧所結集之內容偏在解脫道而無成佛之道，乃陳述其親從　佛聞之大乘法義妙理，欲求聲聞聖僧加以結集之；然而結集過程中長時溝通終不可得，久候而不能獲得認同之後，方始自行將親從　佛聞之大乘法義，別行結集成經而弘傳之，亦是可以理解之事。是故《央掘魔羅經》雖由　佛說，然而經由不同之部派結集而成者便有三經，其中二部成爲小乘法，經中所說者爲解脫道之極果；由大乘菩薩所結集者，即成大乘法義之經，所說者爲佛教之極果佛果。雖同屬一經，然而聞者根器有異，所集成之經義便致有異。小乘、大乘諸經之結集，莫不如是，增一部及雜阿含部諸經即由此故，在第一次結集完成時，已被結集爲二乘解脫道的經典，仍歸類在四阿含中。是故大乘出家、在家菩薩，要因商議結集　佛說大乘法義諸經而不被大迦葉等人接受，方於隨後另行結集；不得以其是否爲最先結集者而楷定其是否眞爲　佛說，要在法義之正眞與勝妙，是否符契　佛意爲準，要以是否妙符三乘菩提證量之正義爲準，不問結集之先後。

即如一**切世間樂見離車童子**，待諸大阿羅漢皆不樂護持　世尊正法於最後時世，方始向　佛承諾護持最後時世三乘妙法。亦如今時余之造此書，以疏阿含諸經中所蘊藏、所隱說之大乘法義者，其理殊無二致：久候諸方出家、在家大師造如是書而不可得，然後方始造之。絕不可能先行造立以候，平實從來不以阿含解脫道作爲弘法主軸故。然大眾不應因此而謂：「如是義理，他人豈不能造耶？須待爾平實之始造？惟因阿含諸經所說者，本非大乘法，本是二乘菩提之解脫道，並無大乘法之佛菩提法義隱於其中，是故汝平實居士所造是書者，乃是後出之書；後出之書則大有問題！故汝平實居士之造此義，後於諸方大師，爲是妄論。」然而推究書中所陳述之法義，比對三乘諸經義理，平實所說者其實正是 佛之本懷，反而顯示如是事實：先出書之印順、昭慧、星雲、證嚴……等人所說諸法，大有問題！是故，以先出、後出之表相，作爲經典眞僞之證明者，有大過焉！眞實從事於佛法修學之人，當以經中法義眞僞爲主而作辨正，勿以先出、後出之事相而採信之！

亦如印順、昭慧……等未解 佛陀本懷之人，追隨藏密及日本一分否定第七、八識之佛學研究者，妄以己意而造諸書以說阿含義理，妄謂阿含諸經中不曾說第七、八識；如是錯誤之言論，流傳誤導於中國佛教界者，至今已歷百年；後來依之而廣傳的印順、昭慧等人所說，亦是先於平實而出之言、之書，但皆非阿含之正理，先出又有何用？惟平實久候出家大師出而宣示阿含諸經中隱說之正理，然不可得，方乃出而造作種種法義辨正之書，以阿含諸經所隱說之眞義而證實之：「釋迦世尊確曾在四阿含諸經中隱說大乘法義，非不曾說；佛世尊確曾在四阿含中宣說第七、八識心，非未曾說。唯是彼諸上座部……等二乘聲聞聖人與凡夫僧都不能知之，是故未能結集之，是故要待後時大乘菩薩僧別行結集般若諸經，別行結集唯識系一切種智方廣諸經，方令佛教經典如實顯示釋迦世尊本懷，而成爲三乘經典。」雖是後出之書、之法義，又何妨法義之正眞？今時乃至後世，亦將無人可以推翻平實所言如是事實；唯除四阿含諸經已經湮滅不存，故不能舉證之。

然而今時乃至後世無智之人，聞平實如是語已，讀平實如是著作已，仍將不能解義，仍將以如是語而責平實：「古來諸方大師皆不曾言四阿含中有說七、八識，皆不曾言四阿含中曾說大乘法，汝平實居士之《阿含正義》一書乃是後出者，不可爲憑，當以先出之古時諸方聲聞法中大師所造諸論爲主。」如是等人，悉皆不解 佛世尊於四阿含所說之意旨也，唯能以先出後出之事相而分辨之，不能從四阿含諸經中之法義而分辨之，則是無智之人也。

八者，根據長阿含部《佛泥洹經》的明文記載，四阿含諸經是在大迦葉等人的第一次五百結集時，即已具足了；既然第一次結集時就具足四阿含部之經典，而且阿含部有雜藏與律藏，三藏已經都具足了，顯然第二、三次的經典結集，並非結集阿含部的經典，所以不能說第二、三次的經典結集都是四阿含諸經，因此也不能據此而主張說，大乘經典是部派佛教以後的佛弟子長期創造結集出來的。而且，在聲聞僧大迦葉尊者結集完成四阿含時，菩薩們已經當場提出異議說：「**吾等亦欲結集。**」顯然是異議後不久就開始結集的，應該是在第二次七百結集之前就結集完成的，因爲第二次的七百結集，已是　佛陀入滅一百一十年後的事了，而且只是結集二乘出家眾的聲聞戒律而已，不曾作法義的結集。由此證實大乘經典是在提出異議說要另行結集以後不久，就被結集出來了，可以證明大乘經典眞是佛說，不是部派佛教以後才發展出來的，不是由聲聞部的**後人長期體驗創造編集的**；聲聞人是永遠不知道大乘法義的，連般若總相智都不懂，怎能結集出一切種智的唯識經典？只有菩薩才可能結集大乘經典。所以，印順主張**四阿含諸經不是在第一次結集時就全部結集完成的**，他這個說法是公然違背長阿含部經典明文記載事實的妄說。而且解脫道只是聲聞眾的修法，菩薩眾不單以解脫道作爲修行之標的，而是以佛部的行門爲主要標的，由此亦可證明四阿含只是聲聞部、緣覺部所修的解脫道，必然不函蓋佛部的菩薩道，當然在四阿含之後必定會有第二、三轉法輪諸經的結集。

亦有阿含部經文證實聲聞眾只修解脫道而已，不曾實修佛菩提道：【比丘當作是觀：若**聲聞之人**厭患於眼，厭患於色，厭患眼識；若緣眼生苦樂，亦復厭患。亦厭患於耳，厭於聲，厭於耳識；若依耳識生苦樂者，亦復厭患。鼻、舌、身、意、法亦復厭患，若依意生苦樂者亦復厭患；已厭患，便解脫；已解脫，便得解脫之智：生死已盡，梵行已立，所作已辦；更不復受有，如實知之。】（《增壹阿含經》卷十四）這些解脫道法門並不含攝佛部的菩薩道所修法界實相法門，卻是**聲聞之人**唯一必修之法；如是正見，遍在四阿含諸經中處處可尋，而都不細說佛部的菩薩道法界實相般若智慧法門，由此可知解脫道之四大部阿含諸經，即使是聲聞人所曾聽聞的大乘經典，也都被結集成聲聞法解脫道法義，則菩薩另行結集的般若與方廣等大乘經典，當然是 世尊第二、第三轉法輪說法的內涵。若菩薩們所修般若與方廣等經典都不是 世尊在世時親口所說，那麼 世尊說的佛菩提道大乘法義又何在？是否只說於天界而吝說於人間？或是世尊化緣未滿而先取滅度？難道不懂般若與種智的聲聞聖人及後人，單憑對於佛的永恆懷念就能創造出二乘聖人所不懂的般若與種智經典？印順……等人頗能爲佛教界及佛學學術界說明其理由否？

九者，台灣與大陸地區之出家法師，每有說是言者：「**四阿含諸經，方是眞實不二之佛法；大乘佛法若離四阿含諸經，則不能成就；是故大乘法中諸經之法義，都必須依止四阿含經典，以之作爲根據，方能成立，所以四阿含諸經勝妙於大乘經典。**」然而如是說法者，乃是違於事實與正理之言也！

此謂四阿含諸經所說者，唯是二乘菩提之解脫道，唯是**出離觀**而已，並未說到大乘法的**安隱觀**，只談到大乘安隱觀的名相而已，並未明說、顯說法界萬法體性之實相，亦未曾述說無餘涅槃本際之內涵，亦未曾述說諸阿羅漢修證解脫果成就後，應如何進修方能成就佛地功德之理；亦未曾述說大阿羅漢應進修何種法門及內涵，方能成佛；而大乘安隱觀之名相，　佛已在長阿含之中提示過而未曾宣講，所以四阿含只是二乘法義而已，不能函蓋大乘法義之**安隱觀**。要待後時大乘四眾菩薩結集所成方廣唯識諸經中，方始說之。如是結集大乘經典而具足宣說成佛之道以後，方得完成四阿含中　佛所曾言之**安隱觀**，方得圓滿佛道之弘化。　世尊出世，必定要圓成佛道之弘化以後，方有可能在人間示現無餘涅槃；如今現見　世尊已經取滅度，必是已經圓成全部佛法之弘化者，當知第二、三轉法輪諸經方是大乘佛法，四阿含中並未細說大乘佛法故。

然而現見四阿含諸經中所說者，唯是**出離觀**等法，尚未說及大乘法之**安隱觀**而只見到**安隱觀**之名相，則已顯示四阿含諸經中所說者，側重於二乘菩提解脫道，唯能出離三界中之分段生死；未曾言及成佛之**安隱**道，未能令人依之修證而成就佛道，故說四阿含諸經中未說大乘妙法**安隱觀**也！既如是，則大乘**安隱觀**妙理，必須別由大乘般若及方廣唯識經典加以廣說，則必定會有第二、三轉法輪之經典宣演；由是正理，故說大乘法中之般若經典眞是佛說，第二轉法輪諸經中已曾說及法界實相般若之總相智與別相智故，第三轉法輪方廣唯識經中亦已宣說成佛所依憑之一切種智故，而大乘法的般若中道與一切種智名相，都已在四阿含中提到過。由是正理，說大乘法方廣唯識系經典眞是佛說，經中已曾說及法界實相般若之**一切種智**故；亦唯有一切種智之進修與證驗具足，方能令人成就究竟佛道故，已顯示成佛後之**安隱**境界故。如是正理，今者四阿含諸經俱在，猶可檢校而證實之，非是平實空口徒言所能片語遮天也！

四阿含諸經所說解脫道**出離觀**正理，若離大乘法義之支持，則將被常見外道所破壞；若離大乘諸經所言之第八識如來藏妙理，若離大乘經所述**如來藏眞實存在**、**眞實可證**之事實，則二乘四阿含解脫道之無餘涅槃證境，必將墮於斷滅見中，成爲斷見外道法。如是之說乃是事實，平實已舉證於《眞實如來藏》一書中；於《楞伽經詳解》十輯中，亦已多所舉證。是故，初期佛教應包括二轉、三轉法輪之大乘經在內，同是佛說故；而根本經典四阿含諸經，其實是依靠大乘如來藏妙法方得建立、方能成就，絕不能離於大乘經典所說之眞義。

事實上，二乘菩提解脫道，乃是以大乘經典如來藏妙義爲其所依靠，方能免於常見外道之破壞與抵制，方能免於斷見外道之合流。由是緣故，說「四阿含諸經，實以大乘諸經安隱觀妙理爲依靠、爲根本，方能存在與弘傳。否則，二乘解脫道妙理將被斷見外道混淆，或被常見外道所破，二乘解脫道出離觀所言之出離三界生死之涅槃法義，亦將不得成立。」是故，彼諸崇尚南傳佛法之法師及印順等人所言「大乘法依四阿含諸經方得成立」者，乃是妄說、顚倒之說，非是如理作意之說也！

今者平實將四阿含諸經中隱說之大乘唯識法義，於此書中明顯解釋而披露之，則可證知四阿含諸經所說者，其實有部分經典本是宣說大乘法義之經，唯是上座部等二乘聖人所不能理解，是故無力結集、亦不願結集，是故於結集時，便將其中二乘法義部分結集成經，對於自己所不知、不解、不證故不能憶持之大乘法義，便略而不載；唯將其中不能不舉，以免二乘解脫道墮於斷見之極小部分大乘法義名相，略作舉述，以支持二乘解脫道法義，藉此而令二乘聖人所證無餘涅槃，不墮於斷滅見之窘境中。是故上座部中佔了多數的聲聞種性者，絕對不可能結集所曾親聞之大乘法義成爲大乘經典；對於其後不久由菩薩們結集成的大乘經典，也不可能加以承認，更不會記載其結集人物與時地；如是心行，乃是一切證悟菩薩都能理解者。

由上所述正義，可徵大乘經典確爲　佛說，非是後人之杜撰者；若言是後人杜撰，則有大過：一**者**，現見大乘諸經遠勝於四阿含諸經故，若言大乘諸經爲後人所撰者，則已顯示後人智慧更勝於　佛，則有大過。二**者**，四阿含諸經未曾宣說成佛之道，唯在大乘方廣唯識諸經中方始具足說之；若言大乘經非　佛所說，則　佛應於後三、五百年重新示現於人間，進而宣說大乘經法之後，方可取滅度。三**者**，四阿含諸經中固已隱含大乘法義，然皆未曾解說，唯有名相，非如二乘菩提解脫道必有詳細之解說；四阿含中唯有細說世俗諦之**出離觀**，並未略說或細說勝義諦之**安隱觀**故。然而四阿含中 世尊早已宣說佛法有二觀：兼有**出離觀**與**安隱觀**。**安隱觀**則唯於大乘經中方說，四阿含經中唯說其名相，未曾說其內涵，唯有宣說**出離觀**之詳細內涵。如是則已顯示一項事實：四阿含諸經中未曾具足宣說佛法，尚有極大部分佛法，要待後時大乘諸經中方始宣說。

是故佛子四眾不應以先出、後出，來判斷諸經之眞僞，當以先出、後出諸經所說法義有無相悖？當以先結集、後結集之三乘諸經何者爲最究竟？何者爲最了義？何者爲具足圓滿？作爲判斷之原則。更何況印順……等國內外的所有佛學、佛教研究者，都無絲毫證據可以證明大乘經典是在佛滅後數百年，才由聲聞法的部派佛教後人創造編集的。而且，部派佛教屬於聲聞法，他們都不曾證得本識如來藏，如何能創造及編集勝妙的大乘經典？若聲聞法的部派佛教後人，不知不證本識而有此能力，印順在今天資訊更多的有利情況下，更應有此能力，卻都讀不懂，遑論創造？故其所說都是痴人說夢。

如今平實所見前後三轉法輪諸經所說者，唯是三乘菩提之差別，唯是淺深廣狹之差別，絕無前後矛盾之處；然而大乘諸經遠遠勝妙於四阿含諸經；亦須具足前後三轉法輪經典，方能具足圓滿成佛之道，方能圓滿具足一切佛法。由是緣故，平實造此《阿含正義》，以四阿含經典佛語，示三乘菩提眞正義理；並舉《長阿含經》 世尊所說應有**三轉法輪**之金言聖教，以示 世尊**三會說法**之正眞，以示三轉法輪諸經同是 佛口親說者；如是證明大乘諸經本是 世尊金口所說，非是後人之長期創造而結集者。但是續藏收錄之經，以及西藏密教中絕大多數經典及所有續典，都非 世尊金口所說，都與 世尊三轉法輪諸經中之聖教多所牴觸故，並且都與解脫道及佛菩提道背道而馳故。

所以者何？顯見大乘般若及唯識種智諸經所說者，非四阿含諸經所可企及故；亦顯見續藏諸經所說遠不及第三轉法輪諸經故，亦多屬於僞訛之經故，亦多墮於事相及意識心中故；至於密續則屬密宗祖師所創造的僞經、僞論，不値一顧。亦見後世眞悟三乘菩提之弟子聖眾，多已親證解脫果之極果，乃至多人已成爲三明六通之大阿羅漢，而皆未曾有人敢自言已成佛道故。復次，後世弘傳大乘經典法義之菩薩，所說諸法勝妙於四阿含所說，彼諸聲聞法中諸大阿羅漢聞之悉皆茫然而不能解義，然而此諸菩薩卻皆謙稱智慧遠不及 佛；若言後出之大乘方廣諸經係後時之菩薩眾所創造者，則應彼諸菩薩智慧皆勝於 佛，然終無一眞悟之菩薩曾自稱成佛，並皆同樣歸命於 佛，並皆謙稱距 佛猶遙。

由是緣故，說大乘經典非是後世菩薩所創造者，唯是待彼上座部聲聞僧結集不成，方自行結集而弘傳之故。所以唯識增上慧學的本源，其實是第三轉法輪的方廣唯識經典，四阿含諸經縱曾說過唯識學上之名相，終究只是偶說名相而不加以略說、細說，是故唯識增上慧學之本源不是四阿含及阿含部之雜藏經典。

由是緣故，修證南傳佛法之小乘解脫道行者，不論在家或出家，皆莫與人間之大乘四眾菩薩僧諍論，大乘四眾菩薩僧所說者皆無諍論之意故，所說皆正眞故；是故修證南傳佛法解脫道者，應當如實探求大乘般若法義之眞意，莫再以解脫道而解釋成佛之道，更勿猶如印順一般以錯會之解脫道來解釋及取代成佛之道，解脫道唯是二乘法義故，唯能令人出離三界分段生死苦故，不能成就究竟佛道故，不能成就佛菩提之證量故；依之修證而不修大乘諸經所宣佛菩提道者，必將永與成佛法道絕緣故。

復次，凡我佛門法師與居士，萬勿身任惡知識之職；惡知識者，不斷我見而有憍慢心故，不離見取見而堅執己見，以鬥諍之心，非議及誹謗眞善知識正教妙法，死墮惡道；身爲弘法之師而竟如是身任惡知識之職，何利於己？又何利於人？有阿含部經中 佛語聖教爲證：【世尊告曰：「猶如，婆羅門！月末之月，晝夜周旋但有其損，未有其盈；彼以減損，或復有時而月不現，無有見者。此亦如是，婆羅門！若惡知識經歷晝夜，漸無有信，無有戒，無有聞，無有施，無有智慧；彼以無有信、戒、聞、施、智慧，是時彼惡知識身壞命終，入地獄中。是故婆羅門！我今說是惡知識者，猶如月末之月。」】（《增一阿含經》卷第八）

云何名爲惡知識？謂自身未斷我見，而又不肯依從已斷我見之善知識正法，仍繼續反對之者，皆名惡知識也！皆因我見及見取見未斷，出生憍慢結使故也！譬如增一阿含所言：【阿那律曰：「**吾者是神識也，我者是形體之具也；於中起識，生吾、我者，是名爲憍慢結也。**」】（《增一阿含經》卷第七）意謂我見未斷之弘法者，難免**吾**、**我之執**而生憍慢結使，故意起心造作謗法、謗人惡業；有智之人弘法時當念此聖僧開示而顧念自慮，庶免未來無量世之後報難以承受而又不得不受。

復次，欲令佛門四眾對於 世尊弘揚佛教之過程，能有較爲全面之概念，故本書於第一章中探討唯識學本源之後，隨即在第二章選輯《長阿含經》全文，舉證 世尊自說**阿含是初轉法輪**之聖教，證實大乘般若及方廣唯識經都是第二、第三轉法輪時 佛口親說者；次則舉示識蘊眞實內容之觀行要義，期使讀者眞斷我見與三縛結；三於書中舉示十因緣與十二因緣間之關聯，以助讀者實證因緣觀；四於第十一章選輯《遊行經》所載 佛陀入滅史實於後，然後以第十二章雜說，辨正藏密應成派中觀師印順、昭慧、星雲、證嚴……等人對四阿含之扭曲，顯示四阿含解脫道之原貌，盼對佛門四眾皆有助益；五於書中特別舉說及詳解三果之取證實質，令讀者詳讀以後可以確實印證自己是否已證三果及四果，可以避免大妄語業，或以之自我印證三果、四果的取證；末則繼之以第十三章，特別略論印順《唯識學探源》書中錯誤之鉅大者，期能消弭印順不實考證之流毒，庶能救護南傳佛法學人迴入正理中，得以一世取證解脫果；亦欲令大乘及二乘法義同皆普爲宣流，欲令廣大學人與諸大法師，悉皆了知如是正理，悉皆回歸眞正成佛之道。以如是多種緣故，利用今日起之片片段段空閑時刻，陸續寫作《阿含正義》，期以前後五年而竟其功，用以廣利今時後世行人。即以如是開筆因緣，造如是序，以明此書緣起。

佛子 **平實** 謹序

公元二〇〇二年霜降日 於喧囂居

第十二節　由當來下生彌勒尊佛所傳法義證明如來藏方是正法（第五章）

彌勒菩薩乃是　佛所授記當來成佛者，在　彌勒菩薩下生成佛以前，不可能有人在人間或此界的天上成佛。　彌勒菩薩曾以《瑜伽師地論》傳與　無著菩薩，所說皆是八識心王等法，都是依第八識如來藏而說三乘菩提諸法，在大乘佛法中被尊爲《根本論》；如今論文俱在，皆猶可稽，誰都不能強詞奪理，都可以現前引證、當面辨正。　彌勒菩薩曾被安慧、般若趜多師徒謗爲外道，般若趜多更向　玄奘菩薩謗說《瑜伽師地論》是外道論，被　玄奘菩薩當面指斥；後來更被　玄奘師徒寫在記中、論中而留下文字紀錄；然而推究事實，此論其實曾經廣被古時的應成派中觀師們大加否定。但是今天佛教界卻已經很明白的推崇這部論是大乘佛法中的**根本論**，也是一切菩薩悟後進修及作爲弘法時所造諸論的根本。而　彌勒菩薩諸論中弘揚的佛法卻是以如來藏爲根本的成佛之道，所說一切佛法都是圍繞著第八識如來藏而說的，這與　世尊在三乘經典中，特別是聲聞佛法四阿含諸經中隱說的本識如來藏，是完全相符的。若依印順與大願二人的看法，說天竺密宗是因爲修證及弘揚如來藏法門，所以被外道如來藏思想同化而消滅了，那麼他們的意思顯然是在指責說：釋迦牟尼佛也是外道，根本就不是佛。因爲同樣都是弘揚如來藏妙法。不知印順的門人代表昭慧法師，以及專弘南傳佛法的大願法師，對平實此一指控，能作出什麼合理的解釋？

彌勒菩薩確爲　釋迦世尊所授記者，不單是大乘經典中如此說，在聲聞佛法的四阿含諸經中也如是說，有阿含經文爲證，　佛說：【「當於爾時有佛出世，名爲**彌勒如來**、至眞、等正覺，十號具足，如今如來十號具足。彼於諸天、釋、梵、魔、若魔、天、諸沙門、婆羅門、諸天、世人中，自身作證；亦如我今於諸天、釋、梵、魔、若魔、天、沙門、婆羅門、諸天、世人中，自身作證。彼當說法，初言亦善，中下亦善；義味具足，淨修梵行；如我今日說法，上中下言，皆悉眞正，義味具足，梵行清淨。彼眾弟子有無數千萬，如我今日弟子數百，彼時人民稱其弟子號曰**慈子**，如我弟子號曰**釋子**。」】（《長阿含經》卷六、卷七《轉輪聖王修行經》）於次後的第三經等經文中亦如是授記　彌勒菩薩當成佛道。（《增一阿含經》卷四十九第7經、第3經，卷十一第6經，卷四十四第3經，《中阿含經》卷十三《說本經》）

既然　彌勒菩薩是　佛在阿含部經典中公開授記之未來佛，復是當來下生之

次於 釋尊的第一佛，則已是最後身菩薩；如是，當來下生成佛之 彌勒菩薩論中所說者，都是依如來藏（阿賴耶識、異熟識、無垢識）而說三乘佛法，當知如來藏方是成佛之道所應進修之佛法主體；這已經很明確的證實：如來藏法不是外道法，而且是過去佛、現在佛、未來佛都將演說的最勝妙正法。

復次，往往有人主張：「彌勒菩薩並不是歷史人物。」今舉阿含部經典爲證，即知 彌勒菩薩確屬歷史人物：【聞如是 一時佛在舍衛國祇樹給孤獨園。爾時**彌勒菩薩至如來所**，頭面禮足，在一面坐。爾時彌勒菩薩白世尊言：「菩薩摩訶薩成就幾法而行檀波羅蜜，具足六波羅蜜，疾成無上正眞之道？」**佛告彌勒**：「若菩薩摩訶薩行四法本，具足六波羅蜜，疾成無上正眞等正覺。云何爲四？於是菩薩惠施佛、辟支佛，下及凡人，皆悉平均，不選擇人。恒作斯念：『一切由食而存，無食則喪。』是謂菩薩成就此初法，具足六度。」】（《增壹阿含經》卷十九）

這是最原始的聲聞佛法四阿含經典中明文記載的史實，不是大乘經典中才說的史實。 彌勒菩薩是 佛所授記當來下生成佛之最後身菩薩，乃是賢劫第五佛；世尊吩咐大迦葉尊者入於滅盡定中，等候 彌勒菩薩於人間成佛之後，方可正式取證無餘涅槃而滅度，這也是阿含部經典所說的：【「如今迦葉、阿難比丘之比，極爲殊妙。所以然者：過去諸佛頭陀行比丘，法存則存，法沒則沒。然我今日迦葉比丘留住在世，**彌勒佛出世**，然後取滅度。」】（《增壹阿含經》卷 35）

《增壹阿含經》卷四十四亦如是說：【「然今如來有四大聲聞，堪任遊化；智慧無盡，眾德具足。云何爲四？所謂大迦葉比丘、君屠鉢漢比丘、賓頭盧比丘、羅云比丘。汝等四大聲聞要不般涅槃，須吾法沒盡，然後乃當般涅槃。大迦葉亦不應般涅槃，要須**彌勒**出現世間；所以然者，**彌勒**所化弟子盡是釋迦文佛弟子，由我遺化得盡有漏。摩竭國界毘提村中，大迦葉於彼山中住；又**彌勒**如來將無數千人眾，前後圍遶往至此山中，遂蒙佛恩；諸鬼神當與開門，使得見迦葉禪窟。是時**彌勒**伸右手，指示迦葉，告諸人民：『過去久遠釋迦文佛弟子，名曰迦葉，今日現在，頭陀苦行最爲第一。』是時諸人民見已，歎未曾有。無數百千眾生，諸塵垢盡，得法眼淨。或復有眾生見迦葉身已，此名爲最初之會，九十六億人皆得阿羅漢，斯等之人皆是我弟子。所以然者，悉由受我教訓之所致也！亦由四事因緣：惠施、仁愛、利人、等利。爾時，阿難！**彌勒**如來當取迦葉僧伽梨著之，是時迦葉身體奄然星散。是時**彌勒**復取種種香華，供養

迦葉；所以然者，諸佛世尊有恭敬心於正法故；**彌勒亦由我所，受正法化**，得成無上正眞之道。」】

彌勒菩薩既是佛教歷史人物，具載於阿含部經典中；又是 世尊所授記之下一尊佛，顯然不是外道，而且是一切修學大乘法的佛弟子都應歸命的未來佛。然而 彌勒菩薩所造諸論，卻都以如來藏爲中心。既以第八識心體爲中心來說種種法，當知如來藏方是三乘佛法之中心、之基石。非唯如此，於阿含部的佛說《央掘魔羅經》中更說：【**解名色本，即得應眞。**】在阿含部經典中說，若有阿羅漢能證得名與色的本源，就一定能入大乘法中，將來必定會成佛，這是阿含部中曾說過這個道理的一部經典。但是這部經中的央掘魔羅阿羅漢，卻是一位貨眞價實的佛菩薩來示現的，並非只是阿羅漢；阿羅漢的身相與果證，只是他特地爲此界眾生故意而作的示現而已。

由此經文的記錄，也可以證實：阿羅漢若是證得如來藏了，就一定會迴心大乘法中而不入無餘涅槃，將來是一定可以成佛的。這段經文也證實：眞正的大乘佛法親證者，他們的所證一定都同樣是如來藏心體所顯示的眞如法性及如來藏所蘊含一切種子的功德。衡之於阿含部經中已被 世尊授記爲當來下生成

佛的 彌勒菩薩，在後來再度於人間示現時所傳授的法教，仍然是如來藏及一切種智；由此史實而觀，可以證知如來藏妙法才是大乘佛法中的主要法教與內容。但印順誤以爲阿羅漢就是佛，誤以爲阿羅漢的證境與 佛陀相當而無差別，所以故意以阿含道解脫分段生死的法教，取代成佛之道；所以他認爲只需觀行蘊處界的虛妄性，懂得蘊處界的緣起性空，就是般若中觀的正修，就足夠成佛了！至於法界實相的親證，萬法根源如來藏的現觀，名色**根**、名色**本**的眞識、入胎識，以及眞正的般若、一切種智的親證，都不重要。他又認爲，大乘般若及方廣經典中所說的種種法，都只是作爲度眾、修證解脫道的方便法而已，本質仍是阿含道中所說的緣起性空，所以他認爲般若中觀與阿含道的蘊處界緣起性空並無不同；由此邪見而導致他一生所說、所繕、所行，都是在實現**以羅漢道取代成佛之道**的惡行，都圍繞著破壞正法的應成派中觀邪見而運轉。

印順認爲「龍樹是說無如來藏的一切法空」，但 龍樹的《中論》所說，其實是說有如來藏的：【問曰：一切世中尊，唯有如來正遍知，號爲法王，一切智人是則應有？答曰：今諦思惟，若有應取；若無，何所取？何以故？「如來非陰、不離陰，此彼不相在。」如來不有陰，何處有如來？若如來實有者，爲五陰是如來？爲離五陰有如來？爲如來中有五陰？爲五陰中有如來？爲如來有五陰？是事皆不然，五陰非是如來。】（《中論》卷四《現如來品》第22）

這是說：諸法若是斷滅後成爲空無了，無法有何可取而能稱爲中道？已經是斷滅空了！是墜入空無一邊了！所以 龍樹認爲如來入滅後並不是斷滅後的空無。然後又依阿含道及般若經中的意旨而說：「如來非陰、不離陰，此彼不相在。」這意思是說，名色不能獨存，必定要有所緣、有所取，才可能住世不壞；而名色之所取者，就是本識，也就是入胎識如來藏，又名阿賴耶識。但如來藏又往往被稱爲如來，所以 龍樹菩薩說：五陰不是眞實如來，因爲是生滅法，終歸無常空；眞實如來也不能離五陰而單獨存在於三界中運作。所以說：「如來非五陰，也不能離五陰」；若有人向五陰以外尋覓自心如來，就是愚人。但又顧慮學人聽聞此法以後，誤會如來是與五陰融合爲一體而成爲一法，所以又吩咐說：「五陰與眞實如來不相在。」意思是說，眞實如來與五陰雖然是同時同處共同運作而不相離的，但是五陰與眞實如來並非混同而成爲一個法，仍然同時同處而不是同一法，在三界中也不是可以分離而成爲二法的。這樣來顯示阿含道中的「五陰非我、不異我、不相在」的中道義。

許多人讀四阿含時，往往誤解「非我、不異我、不相在」的眞義，解釋爲：**五陰不是眞我，五陰不異眞我、五陰與眞我意識不相在。**這樣的解釋，難免識者笑話。但事實上，卻一直有人以種種方便，讓人覺得 佛所說的法義即是如此。應成派中觀師裡面較爲聰明的人，譬如印順，則往往迴避這一句聖教，從來不把這一句聖教提出來大加解釋或弘揚，以免顯示應成派中觀的破綻。所以，每一有情身中，確實都有如來藏眞我存在的，如來藏並不是印順妄說的爲了**接引恐懼無我斷滅的外道入佛法中，所以才方便施設。**因爲斷見外道是從來都不畏懼墜入無我中的，而常見外道是一直都執著覺知心、作主心的意識與意根的；想要這二種人來接受如來藏眞我，是很困難的。且不說斷、常二見的外道們，單說印順及其門徒們，想要讓他們接受不會墜入斷滅境界的如來藏眞我，就已經很困難了，他們都一直堅持意識心是不生滅的，墜於常見中，從來不曾遠離；然後再主張一切法空、都無所有，又成爲斷滅見外道。如今有一個確實可證的如來藏心體，而且正覺同修會的許多人也確實親證了，等待他們來共修，想要幫助他們親證，仍然無法使他們相信，怎有可能作爲方便接引畏懼落入斷見的外道來學習及親證呢？所以印順的說法，是違背當代現實事實的。

乃至　龍樹弟子　提婆菩薩，更以如來藏妙義而闡釋《中論》之正義，破盡一切外道及應成派中觀邪見，由是緣故而被小乘僧人殺害，再推說是被外道所害；可見如來藏妙理，其實是很難被佛門凡夫及外道們接受的；除非他們的前人祖師曾經根據傳聞而教導說應該求證如來藏，否則是很難被他們相信的。連佛教中的小乘僧人及密宗的印順法師，都不肯信受，卻期望外道能夠信受及修學，豈不是緣木而求魚？都不可得！所以印順的**方便接引外道說**是不如實的。

非唯如是，世尊三乘法教中，皆說如來藏法；乃至原始的聲聞佛法四阿含中，亦皆處處顯示有第八識如來藏，故知如來藏方是眞正佛法。是故我今以眞實之如來藏妙法，破密宗外道之**假如來藏**法，令密宗外道喇嘛教的所有法王、喇嘛、格西、活佛們，都無力以文字提出法義辨正。平實亦以如來藏妙義，兼破印順、昭慧等人弘揚的藏密應成派中觀邪見**假原始佛法**，而令印順、昭慧、證嚴、星雲、聖嚴等諸人都不能回辯自救；如是以**眞實如來藏**妙義，導正宗喀巴、印順、昭慧、達賴等人外於如來藏而有之緣起性空**虛相法**，令學人回歸二乘菩提解脫道原有的**不離本際的解脫果證**；如是建立二乘菩提，令諸外道不能謗爲斷見或常見；亦以如來藏妙義來建立大乘菩提，令二乘聖人不能非議大乘，亦令一切外道與印順、昭慧、達賴……等人不能破壞，不能再妄以**外道神我**誣衊之，都必須回歸萬法根本的如來藏識**實相法**，否則即無光明的弘法路途。

未證如來藏者，所說法義都極爲粗劣，不能與弘揚如來藏妙法者相提並論；唯恐大眾不信其法，故以誹謗**如來藏爲外道法**之手段，示現破邪顯正的表相，以邀愚人或初機學人之信受；此等否定第八識者乃是不肯探究本際眞相之愚人，亦是一闡提人。因爲當他們否定第八識如來藏的存在時，就已經同時把二乘涅槃推入斷滅法中了；如此一來，二乘涅槃就與斷見外道沒有差異了！這正是破壞二乘菩提的謗法者，**謗法者即是謗佛者**，這是四阿含諸經中，諸阿羅漢常常說到的**名句**。這都是因爲他們沒有如實證知二乘涅槃所致，因爲他們的聲聞解脫慧還沒有生起，我見還沒有斷除，所以就只能以意識思惟臆想，來推測二乘解脫道的法理，都難免墜入斷、常二見的外道法中。即使他們善於用佛法名相及出家身相來包裝，本質仍然是斷、常二見的外道。

如來藏—四阿含諸經所說識—入胎識，正是一切有情所觸、所知、所領受萬法的根源，正是一切有情名色之根本，所以阿含中說爲**名色本**。若離如來藏入胎識，尙無蘊處界能夠出生，尙無名與色的存在，何況能有眾多有情的存在？

何況能有種種世間萬法？若無蘊處界有情，則無世間萬法，則無十因緣及十二因緣法，何況能有因緣法所說的無明？若無如來藏，尚無蘊處界有情，則十二因緣法中的無明支，又將何所依止而能被聖人所斷？若無如來藏，而說有無明可破，則成無因論者。由此緣故，可以了知，不論是世間萬法或出世間無量法，一切法都必須依止如來藏為體，才能夠存在及被了知；而三乘佛法也都必須依止如來藏為體，才能被觀行及修證；三世一切諸佛，也都必須依止如來藏為體，才能斷除我見、我執無明，才能實證萬法的根源，才能了知萬法的實相，才有般若智慧可證，才有一切種智可證而成佛；否則，滅盡蘊處界而取證無餘涅槃之後，亦不許有如來藏獨存不滅，則將成為斷滅境界，同於斷見外道所說。

所以，一切世間、出世間萬法都以如來藏為體，不能外於涅槃本際的如來藏而存在，更何況能如大願、昭慧、聖嚴、證嚴、星雲、印順、宗喀巴、阿底峽、寂天、安惠、月稱、佛護等人而否定之？今由阿含部諸經中 世尊授記成佛的 彌勒菩薩所造大論中，自始至終都圍繞著如來藏而說，教人依止如來藏而修學解脫道及佛菩提道，可以證知如來藏妙法方是佛教正法。

第十三節　如來藏令二乘涅槃不墮斷滅空

如來藏不僅是十方三世一切法自性之所以能夠生、住、異、滅的眞實相，也是無餘涅槃的本際，更是修證二乘解脫道的正知見基礎；若離這個基礎，如同前面章節中所舉證的經文一般，我見與我執的斷除就都不可能成功；所以認清本識如來藏的存在實有，認清本識如來藏的常住不可壞性，對於修證解脫道的修證者而言，是一個必須具備的大前提，在本節中也將再舉經文來證實這一點。這是因爲解脫道的修證，若想避免落入常見外道境界中，就必須確實滅盡蘊處界一切法；若想避免落入斷見外道境界中，就必須確認有一個無餘涅槃的本際──本識──如來藏的常住而不可壞滅性；而這個本識確實是可證的，不是空口徒言的名相施設，否則，在遵 佛所囑而滅盡蘊處界時，就會成爲空無一法的斷滅境界了，就同於斷見外道所說一般無二了。

所以，對於解脫道的修證，一定要恪遵 佛囑，確認本識的存在（不必一定親證），才能遠離斷、常二見的妄想境界。但是，對於涅槃本際的認知雖然是修證解脫道的大前提，一切外道及今天佛門中的多數人，卻都無所認知；這種現象，不僅存在於今天的中國佛教界及南洋佛教界中，其實是古時就已經存在了！當年 世尊弘揚聲聞菩提的緣起性空法，曾被誤會佛法的外道謗爲斷滅空；如同今天佛門解脫道中的凡夫大師們一樣，在不承認本識存在的前提下，都不願意死掉意識心，所以總是將離念靈知心抱得緊緊的，不肯死掉，與古時謗法的常見外道一樣；這都是由於他們對 世尊所宣揚二乘涅槃法義的**本識大前提**無知所致；不幸的是，現代佛門的凡夫大師們，卻一直都在否定無餘涅槃中眞實存在的本際—常住不滅的**本識如來藏**，在實質上把聲聞菩提推入斷滅空中，來實現古時常見外道對聲聞菩提的誹謗。謗法的古事，有經文爲證：

世尊云：【「……師子！云何復有事，因此事故，於**如實法**不能謗毀：『沙門瞿曇宗本斷滅，亦爲人說斷滅之法。』師子！我說身惡行應斷滅，口、意惡行亦應斷滅。師子！若如是比，無量不善穢汙之法，爲**當來有**本，煩熱苦報、生老病死因，師子！我說此法盡應斷滅。師子！是謂有事，因此事故於**如實法**不能謗毀：『沙門瞿曇宗本斷滅，亦爲人說斷滅之法。』……」】（《中阿含經》卷四）

這正是古時外道由於無知，無根謗毀 世尊所傳聲聞菩提緣起性空法義的事例，謗 世尊正法爲虛相法、爲斷滅空。今**語譯**如下：【「……師子！爲什麼說還有別的事情，因為這種事情的緣故，對於**如實法**是不能加以誹謗毀壞而說：『沙門瞿曇說的法，其宗旨的根本是斷滅，也為眾人解說斷滅之法。』師子！我說的是身惡行應該斷滅，口、意惡行也應該斷滅，我不是說一切法空的斷滅。師子！像如此一類的無量不善穢汙的法，是**未來世會出現後有**的根本，也是煩熱苦報、生老病死出生的因由，師子！我說的是這些邪見與煩惱法全都應該斷滅（不是錯解一切法空而成為斷滅空）。師子！這就是說有些事情存在，因為這些事情存在的緣故，對於**如實法**是不能加以誹謗毀壞而這樣說：『沙門瞿曇說的法，其宗旨的根本是斷滅，也為眾人解說斷滅之法。』……」】

所以古時 世尊弘法時就已經有外道或佛門內未悟聲聞菩提的凡夫們，將世尊**如實法**的解脫法義，錯認為是蘊處界滅盡後而無如來藏獨存的一切法空斷滅境界了。但是 世尊說，有惡劣果報的緣故，所以不該對某些事情加以誹謗及毀壞，譬如誹謗及毀壞 世尊的法義說：「沙門瞿曇所說的法義，是斷滅見，他是根據斷滅境界作為中心思想而說解脫之道。」其實 世尊所說的二乘涅槃，雖然是要滅盡蘊處界及一切法的，但是滅盡一切法以後，卻是**常**、**恆**、清涼、**真實**的究竟出離生死境界，是**如實法**，並不是古時的常見外道及今時印順、大願所講的「滅盡蘊處界以後成爲一切法空」的斷滅境界，也不是他們私底下新創的滅盡蘊處界後仍有**意識細心常住不滅**的常見外道境界，所以是與印順、昭慧、達賴所說斷滅見的一**切法空**大不相同。若不能確信有本識常住不滅，就會誤以爲滅盡蘊處界以後是斷滅空，於是在想要遵照 佛囑來滅盡蘊處界時，心中將會有所恐怖，即使眞的現觀蘊處界的虛妄以後，仍將是不敢確實斷除我見與我執的。所以說，由於有第八識如來藏的緣故，使得二乘涅槃不墮斷滅空，大異於外道的斷見法。有何原始佛法中的根據而作是說？且以下舉經文爲證。

【比丘復問曰：「世尊！云何因內有**恐怖**耶？」世尊答曰：「比丘者，如是見、如是說：『**彼**　或昔時無，設有，我不得。』彼如是見、如是說，憂慼煩勞、啼哭椎胸而發狂癡，比丘！如是因內有恐怖也！」

比丘歎世尊已，復問曰：「世尊！頗有因內無恐怖也？」世尊答曰：「有也！」比丘復問曰：「世尊！云何因內無恐怖也？」世尊答曰：「比丘者，不如是見、不如是說：『**彼**　或昔時無，設有，我不得。』彼不如是見、不如是說，不憂慼、不煩勞、不啼哭、不椎胸，不發狂癡。比丘！如是因內無恐怖也！」

比丘歎世尊已，復問曰：「世尊！頗有因外有恐怖也？」世尊答曰：「有也。」

比丘復問曰：「世尊！云何因外（註）有恐怖也？」世尊答曰：「比丘者，如是見、如是說：『**此**是神，此是世，此是我。我當後世有。』彼，如是見、如是說；或遇如來，或遇如來弟子聰明智慧而善言語、成就智慧；彼，或如來、或如來弟子，滅一切自身故說法：捨離一切漏、一切我、我所作，滅慢使故說法。彼，或如來或如來弟子，滅一切自身故說法，捨離一切漏、一切我、我所作；滅慢使故說法時，憂慼煩勞、啼哭椎胸而發狂癡，如是說：『**我，斷壞，不復有。**』所以者何？彼比丘所謂長夜不可愛、不可樂、不可意念；比丘多行彼，便憂慼煩勞、啼哭椎胸而發狂癡。比丘！如是因外有恐怖也！」（註：五陰是外法，本識是內法。若恐懼外法五陰全部滅除時會成為斷滅境界，心中就有恐怖。）

比丘歎世尊已，復問曰：「世尊！頗有因外無恐怖耶？」世尊答曰：「有也。」比丘復問曰：「世尊！云何因外無恐怖耶？」世尊答曰：「比丘者，不如是見、不如是說：『**此**是神，**此**是世，**此**是我，我當後世有。』彼不如是見、不如是說；或遇如來，或遇如來弟子聰明智慧而善言語，成就智慧；彼，或如來、或如來弟子，滅一切自身故說法，捨離一切漏、一切我、我所作；滅慢使故說法。彼，或如來或如來弟子，滅一切自身故說法，捨離一切漏、一切我、我所作，滅慢使故說法時，不憂慼，不煩勞，不啼哭，不椎胸，不發狂癡，不如是說：『**我**斷壞，**不復有**。』所以者何？彼比丘，所謂長夜可愛、可樂、可意念；比丘多行「**彼**」，便不憂慼、不煩勞、不啼哭、不椎胸，不發狂癡。比丘！如是因外無恐怖也！」】（《中阿含經》卷五十四、大正藏 1-765 上中、766 上）

這一段經文，若無深妙智慧，一定是讀不懂的，或是一定誤會 佛陀的眞意。在此先依據前一段經文中的意義，將閱讀及思惟此段經文的要訣指出來，讀起來就不會產生誤會，也不會因爲錯誤的解釋而導致前後不通：這一段經文中說的「**彼**」，是指更前一段經文中說的**想像中**常住不壞的**精神**。常住不壞的精神就是入胎識，指的是無爲法、常住法、清涼法、恆不變易法，不屬於蘊處界所攝， 世尊將祂說爲「**我**」，不同於生滅性的蘊處界假我、**無我**。「**此**」是說凡夫比丘誤把蘊處界中的某一法或某些法，誤認爲是無爲法、常住法、清涼法、恆不變易法的「**我**、**精神**」，但其實仍是蘊處界所攝的生滅法，不是眞正常住的「**精神**、**我**」，不是無爲性、常住性、恆不變易、眞實的「**精神**、**我**」。「**我**」是指與蘊處界同時同處的無爲法、常住法、恆不變易法，這才是這段經文中說的常住法：因爲常住的緣故，所以說爲「**我**」；生滅而不常住的蘊處界我及一切法，都說爲**無我**。依照這個定義去讀這一段經文及前後段經文，就不會產生前後互相矛盾、衝突的地方；若不依循這個要訣來理解，將會產生前後說法矛盾不通的困擾。讀通了這段經文，就可以確實了知這些阿含部的經文，其實本來就屬於大乘經，但二乘聖人聽聞之後只懂得其中有關解脫道的義理，只能結集這個局部的經文而成爲二乘解脫道的法義了！

今先**語譯**（直譯而沒有增詞），請讀者比對前面經典原文來閱讀，才不會誤認爲平實如同印順一樣對經文的註解有所扭曲：【比丘又問說：「世尊！如何是因爲內法而有恐怖呢？」世尊答覆說：「這一類比丘，有這樣的看法、這樣的主張：『（**彼常住之精神**）可能是往昔並不存在的，假設眞的有常住法，而我不能證得。』他們這樣子知與見、也這樣子說出來，心中就憂慼煩勞、啼哭起來，雙手搥打自己的前胸而發出了狂癡的模樣來，比丘！這就是因爲內法不能證得而有恐怖的事啊！」

比丘讚歎了世尊以後，接著又請問說：「世尊！有沒有比丘是因爲內法而沒有恐怖的呢？」世尊答覆說：「有的！」比丘又請問說：「世尊！如何是比丘因爲內法而沒有恐怖呢？」世尊答覆說：「有一些比丘們，不是像這樣子知與見、也不是像這樣子說：『〔**彼精神**〕可能是以前不曾存在的，假設眞的有〔**彼精神**〕，而我不能證得。』他們不是像這樣的知與見、也不是像這樣子說出來，心中都不憂慼、不煩勞、不啼哭、不會雙手搥胸，不發狂愚癡。比丘！像這樣子的比丘們，就是因內法的眞實有，所以心中沒有恐怖啊！」（信受佛語所說無餘涅槃中有本識精神常住不壞，心中即無恐怖而願意滅除五陰自己全部，成就解脫果。）

比丘讚歎世尊以後，又請問說：「世尊！有沒有比丘們因爲外法而有恐怖的呢？」世尊答覆說：「有的。」比丘又請問說：「世尊！如何是比丘們因爲外法而有恐怖呢？」世尊答覆說：「有一些比丘們，是這樣的知見、這樣的說：『這五陰中的覺知就是常住的〔**精神**〕，這就是世間根本，這就是眞我。這個能覺能知的**我**、**精神**，應當在後世還會繼續存在。』他們那些比丘們，像這樣知與見、也像這樣子主張；他們有時遇到如來，或者遇到的如來弟子是聰明智慧而且善於言語、也成就了解脫的智慧；那些比丘們，或者遇到如來，或者遇到如來弟子，是滅盡一切自身蘊處界的緣故而爲他們說法：應當捨離一切有漏、捨離蘊處界中的一切假我、捨離蘊處界假我所造作出來的一切法。有智慧的比丘們是因爲滅除了我慢與結使的緣故而這樣說法的。那些聞法的比丘們，或遇如來或遇如來弟子是滅除了一切自身執著的緣故而說法，說應該捨離一切有漏、一切蘊處界假我、蘊處界假我所造作的一切法，都是滅除了我慢結使的緣故而說法時，他們聽了以後就憂慼煩勞、啼哭著以雙手搥胸而發狂愚癡，這樣子說道：『**我、精神**，斷壞以後不會再有了。』爲什麼而煩惱啼哭、搥胸狂癡呢？那些比丘所說的常住的精神（墜入蘊處界中而誤會離念靈知爲常住的精神），是處在黑暗長夜而不可貪愛、不可樂著、不可以被意識所懷念的；那些比丘們的心常常行於蘊處界我的境界中，聽了這些開示以後（而知道錯認常住的**精神**、**我**，誤以爲沒有常住的**精神**、**我**可以常住不壞），就憂慼煩勞、啼哭搥胸而發起狂癡的行爲來。比丘！像這樣子就是因爲蘊處界外法的無常而導致心中有恐怖啊！」

比丘讚歎世尊以後，復又問道：「世尊！有沒有比丘是因爲外法而沒有恐怖呢？」世尊答說：「有的。」比丘又復請問說：「世尊！如何是比丘們因爲外法而沒有恐怖呢？」世尊答覆說：「有一些比丘們，不像那些愚癡比丘這樣的知與見、也不像是這樣子說：『這蘊處界中的〔**覺知心我**〕是常住的，而認爲這就是世間的根本，這就是眞實我，而這個蘊處界所含攝的眞我應當在後世還會繼續存有。』他們不像那些愚癡比丘們這樣的知見，也不像愚癡比丘們那樣子說。他們或者遇到如來，或者遇到的如來弟子是聰明智慧而且善於言語，並且成就了智慧；他們遇到的，或者是如來，或者是如來弟子，都是滅盡一切自身貪愛的緣故而說法，是捨離一切有漏、捨離一切蘊處界我、捨離一切蘊處界我所造作的一切法，是滅除我慢結使的緣故而說法。那些有智慧的比丘們所遇到的，或是如來或是如來弟子，都是滅盡一切自身的緣故而說法，是捨離一切有漏、一切蘊處界我、蘊處界我所造作的一切法，是滅除我慢結使的緣故而說法時，那些聞法的比丘們都不憂慼，不煩勞，不啼哭，不搥胸，不發出狂癡的樣子來，也不像是愚癡比丘們這樣子說：『**能覺知的我**將會斷壞，不再有任何的自我存有。』爲什麼呢？那些有智慧的比丘們，所說的是：長夜之中確實是有**可愛**、**可樂**、**可意念**的**常住法**；比丘們心中常常運行於**那個常住法**中，就不憂慼、不煩勞、不啼哭、不搥胸，也不會發起狂癡的樣子來。比丘啊！像這樣子就是因爲外法的無常，但心中仍然沒有恐怖啊！」】

由此阿含部的經文中，已經證實了阿含經中確實是一直都有隱語密意宣說「**存有**」思想的，並且是由於蘊處界滅盡後的這個存有，使無餘涅槃不是斷滅，才能使得比丘們確實斷盡我見與我執。這部經文中說有些比丘是證得常住法本識的，因爲　佛說那些比丘是常常運作他們的心行於**彼法本識**中的。由此可見這部經從　佛陀口中說出時一定是大乘經典，但是二乘聖人聽聞以後卻結集成二乘聲聞解脫道的經典了！因爲親證本識的比丘，不可能仍是二乘聲聞人，一定會迴心進入大乘法中的，早就成爲菩薩而不再是聲聞人了！但結集此經的二乘聖人卻仍然沒有迴心大乘法中，所以集成於四阿含中。由此經文的旁證也可以證明大乘法的弘傳，是在　佛陀住世時就已經開始了，才會有二乘聖人親聞大乘經典而結集此經，故不是等到　佛入滅後數百年才漸漸發展出大乘法來的。

假使有人堅持說：「**蕭平實解釋這段經典，是曲解、誤解、錯解，這一段經典的原意是在說蘊處界緣起性空，不是他所說的有一法常住存有卻不是蘊處界法。**」那麼他們應當把這一段經文確實直譯出來，並加以解釋，看能否不產生自相矛盾之處？爲了那些難度的人，平實且再舉示這一段經文**緊鄰著**的前一段經文，來看看　佛陀的眞實意旨如何，就可以了知　佛陀在阿含道中有沒有說過存有的思想，有沒有說過**常住法**：【「復次，有六見處。云何爲六？**比丘者，所有色，過去、未來、現在，或內或外，或精或麤**（粗）**，或妙或不妙，或近或遠；彼一切非我有，我非彼有，亦非是神；如是慧觀，知其如眞。所有覺**（受陰），所有想（想陰），所有此，見『非我有，我非彼有；我當無我，當不有；彼（覺、想）一切非我有，我非彼有，亦非是神。』如是慧觀，知其如眞。所有此，見『若見聞識知（識陰及行陰）所得所觀，意所思念，從此世至彼世，從彼世至此世，彼一切非我有，我非彼有，亦非是神。』如是慧觀，知其如眞。所有此，見此是神，此是世，此是我；我當後世有，常，不變易；恒，不磨滅法；彼（五陰）一切非我有，我非彼有，亦非是神；如是慧觀，知其如眞。」】（《中阿含經》卷五十四）

由這一段經文中的說法，很清楚的反證：**五蘊無常故無我**的同時，已經表達確實有常住法與緣起性空的五蘊法並存的眞相了，因爲：五陰非**我**有，**我**非五陰有，這已經很明白的顯示有一個與五陰同時並存的**眞識存有**。說白一點兒，這部經典其實根本就是大乘經典，只是因爲被二乘人聽聞、結集而成的緣故，大乘法義就不存在了，所以就成爲偏重解脫道的小乘經典了！二乘聖人結集此經的主要目的，只是用來護持聲聞菩提及聲聞學人不墮入斷見中。今將此段經文語譯如下，佛意即可明了。心中有疑的讀者，當然可將經文一字一句比對平實的語譯，看看平實是否有故意曲解之處。假使懷疑平實有曲解之處，那麼您當然可以試著語譯看看，自然會覺察到平實的語譯才是最正確的語譯：

【「復次，另外還有六種見處。如何是六見處呢？比丘們的智見是：所有的色陰，過去世、未來世、現在世的色陰，或是內色陰或是外色陰，或是精妙的色陰或是粗糙的色陰，或是好的色陰或是不太好的色陰，或者近世的色陰或是遠世的色陰；那些色陰，全部都不是眞我所有，眞我也不是那些色陰所有的，那些色陰也不是常住的精神；應當像這樣子有智慧的觀察，如實的知道其本質。所有的受陰，所有的想陰，此受、想二陰，都應該看見一切受想陰『不是**眞我**所有，**眞我**也不是那些受想二陰所有的；這種受與想陰的我其實將來會壞滅而無我的，未來捨壽後將不能繼續存有。那個受陰與想陰，一切都不是**眞我**所有，**眞我**也不是那一切受陰、想陰所有，**眞我**也不是一般人所說的精神。』像這樣子有智慧的觀察，如實的知道其本質。所有這個識陰、行陰，應該要看見能夠見聞識知的識陰及行陰，這個識陰行陰所得與所觀的諸法，是意根與意識之所思念的，以爲可以從這一世去到另一世，或以爲能從前一世來到這一世；但是那個識陰與行陰，一切都不是**眞我**所有的，**眞我**也不是那個識陰與行陰所有，識陰與行陰也不是常住的精神。要像這樣子有智慧的觀察，如實的知道其本質。一切有情的此——眞我——不是五陰、精神；所有的五陰，若誤以爲是常住的精神，錯認五陰是世間的根本，錯認爲是**眞我**；就以爲這個假我應當在後世還會存有，以爲是常住法，以爲是不變易法；也誤認爲是永恆，是不磨滅法；但是彼五陰，一切的五陰都不是**真我**所有的，**真我**也不是彼五陰所有的，彼五陰也不是常住的精神；像這樣子有智慧的觀察，如實的知道其本質。」】

由這一段經文中，佛說**五陰與眞我不互相混合爲一個不可分的法**，已經可以看得出來：五陰是與眞我同時同處而**不相在**的，不是合爲一法而不可分離的，所以死後當然就互相分離而成爲**愛別離**，不能再互相擁有了。既然有一個眞我精神與五陰同在，而五陰無常故無我，卻反證出一個與五陰的**無常**、**無我**體性相反的眞我精神，那就是阿含經中所說的**存有**證據了！若有人主張這段經文中說的**我**（眞我），是講蘊處界中的覺知心或作主心，不是講第八識心，他將會自相矛盾、自相衝突而無法自圓其說的；因爲「**我**」與五陰不相攝屬而同時存在，才能說與五陰的關係是：**彼五陰非我有，我非彼五陰所有**。若這個「**我**」講的是五陰中的法，就成爲「五陰非五陰我所有，我非五陰我所有」，就成爲語意學上的笑話了！正因爲相待於五陰的無常故無我，所以一定是有一個眞我，祂是經文中說的「常，不變易；恒，不磨滅法」，才能與五陰相對而說爲

「非我有，我非彼有」。也是因爲如此，所以這部經文的稍後，佛又說到：【「如是正解脱如來，有因提羅及天、伊沙那，有梵及眷屬，彼求不能得**如來所依識**。如來是梵，如來是冷，如來不煩熱，如來是不異。我如是說，諸沙門、梵志誣謗我虛妄，言不眞實：『沙門瞿曇，御無所施設。』」】（《中阿含經》卷五十四）

這部阿含的經文中，佛甚至明說：你們外道所說的創造眾生與萬物的大梵天，其實就是這個我——釋迦如來的自心；所以自心如來這個我，就是你們所說的創造眾生與萬物的大梵天。這不是在大乘經中才這麼講的，而是在阿含中就已經這麼講的，所以當然不可以因爲大乘經中曾說自心如來是大梵天，就說大乘佛法是後來梵化而成爲大乘佛教，謗稱是與梵我合流而成爲大乘佛教。印順這樣子偏執而判教，是與事實不符的。所以，正解脱的如來是早就證得這個五陰假我所依的眞識、眞我、自心如來的；可是因提羅、天、伊沙那等婆羅門，各種修梵行者及他們許多的眷屬，勤苦而努力修行來尋找，卻都不能找得到「**如來所依識**」。所以如來在人間，當然是依這個眞識、眞我、自心如來才能存在人間及利樂眾生的；而外道主張能創造眾生的大梵天，其實都只是這個自心如來，而他們都找不到；所以他們所崇拜的大梵天正是自心如來，但這不能解釋爲大乘佛教的梵化，因爲這是印順所稱的**原始佛法**中的阿含經典所說的，不是「後來」的大乘法中才這樣子說的。這個識、我、如來，本來就是清淨性的，所以祂才是眞正的梵、大梵；祂本來就無煩無熱，所以是冷、清涼。因此 佛陀說：「如來不煩熱。」這個眞我，出生了如來的五陰而與如來的五陰同時並存、共同在運作著，是與如來**不一亦不異**的，所以 佛說：「如來是不異。」

但是，因爲阿含說的這個識很難證得，許多出家修行者、外道修行者，都無法證得，不能確實理解 佛所說的正理，所以就在誤會佛法的情況下，誣賴及誹謗 佛陀說法虛妄，又謗 佛陀說法不眞實，指稱 佛陀自住境界其實只是一切法都無所有，是「駕御於無所有，依無所有而施設種種說法」，與今天達賴、印順的思想並無二致。由此可知，「**如來所依識**」是非常難以親證的，連阿羅漢都無法證得，當然絕對不是外道們所能證得；所以 佛陀在世時常常受到外道的種種無根誹謗：「**其實是沒有這個識存有，佛陀只是施設而說，並無實質的常住識存有**。」達賴與印順所說，不就是那些外道的說法嗎？

如同平實早年出道弘法時一樣，有許多人不相信平實眞的親證如來藏了，所以繼續在否定如來藏的實有；而印順派的「大師」與學人們，也都認爲**眞我**、

眞識、如來藏、自心如來、常住法——精神，都只是 佛陀爲了攝受恐懼墜入斷滅的外道而方便施設的。但其實是他們不懂阿含道的密意，更不懂大乘佛菩提道的般若密意，當然更無法懂得**眞實唯識**的正義了。如今藉此阿含道中的經典，證明大乘經典所說**如來常住**的聖教並無錯謬——自心如來就是梵我外道所說的創造眾生的大梵天；如是證實大、小乘經典都確實是眞實說、如法說、不誑語說、不妄語說、誠實說、不互相矛盾說。如今證據列出來，事實俱在，印順派的所有「大師」與學人們都是無法加以否定的。

印順派及一神教學者否定如來藏及意根的原因，其實很簡單，只是因爲他們無法證得這二識，恐人因此而說他們未悟實相、不懂般若，這將會使他們失去在佛教界的領導地位；又恐怕滅盡蘊處界以後，墜入斷滅境界，只能再施設**不可知、不可證的意識細心常住不滅說**，安慰自己，也避免他人責備是斷滅見。但他們正好是上面經文所說的於外、於內有恐怖的凡夫，又因爲**否定如來藏**及**另行施設意識細心常住說**的緣故，所以斷不了我見，三縛結就跟著堅固的存在了！所以，有智慧的人，都應該隨順四阿含諸經中的**存有**說，應該隨順大乘經中所說的第八識如來藏說，實地參究而親證之；親證以後，現前印定而隨順之，才能於內、於外都無恐怖而印順眞正的佛法，就能會通大乘佛法，也能同時成爲二乘法中的見道者，這樣才是**眞正印順佛法**的佛弟子。

由前面所舉示的部分阿含經文中，已經很清楚的顯示了佛世時的比丘們普遍存在的現象：於外有恐怖，恐懼五陰、十八界滅盡後墮於斷滅境界中！所以，修學聲聞解脫道的一切「大師」與學人們，對於本識的存有，必須有絕對的信受與認知，才有可能於內、於外都無恐怖，才能篤定的相信自己在深心中確實是已經斷了我見或我執的；否則終究只能在意識層面上誤認爲自己眞的已斷我見、我執，捨壽後卻發覺其實根本就未曾斷除我見，中陰身時的覺知心就會否定阿含經中的法義，未來世將會因爲這個種子的現行，而不再信受意識應該滅除的正法義理。所以，這一節所舉示的比丘心中由於**外法**與**內法**的認知錯誤而產生的恐怖心理，是您必須深入思惟與觀行而加以理解的；對於平實爲何會在專講二乘菩提的這一部書中，一再的舉證阿含部經文來特別說明本識如來藏**存有**的義理，您由此就可以瞭解平實對您的用心了。然而如是二乘聖者所證的無餘涅槃境界，是否斷滅境界？古時已有焰摩迦比丘曾經心生疑惑，他曾這樣對許多人說：「阿羅漢滅度之後，無餘涅槃之中是空無、斷滅。」但是 佛陀已經在阿含道的解脫法義中，說明無餘涅槃境界不是斷滅境界，是**眞實**。有時更說**常住不變**、**清涼**，由是證明第八識如來藏、眞我、本識確實存在。有經文爲證：

【如是我聞　一時佛住舍衛國祇樹給孤獨園，爾時有比丘名焰摩迦，起惡邪見，作如是言：「如我解佛所說法，**漏盡阿羅漢身壞命終、更無所有**。」時有眾多比丘聞彼所說，往詣其所，語焰摩迦比丘言：「汝實作是說：『如我解佛所說法，漏盡阿羅漢身壞命終、更無所有』耶？」答言：「實爾！諸尊！」時諸比丘語焰摩迦：「勿謗世尊，謗世尊者不善。世尊不作是說，汝當盡捨此惡邪見。」諸比丘說此語時，焰摩迦比丘猶執惡邪見，作如是言：「諸尊！唯此眞實，異則虛妄。」如是三說。時諸比丘不能調伏焰摩迦比丘，即便捨去，往詣尊者舍利弗所，語尊者舍利弗言：「尊者！當知彼焰摩迦比丘起如是惡邪見言：『我解知佛所說法，漏盡阿羅漢身壞命終、更無所有。』我等聞彼所說已，故往問焰摩迦比丘：『汝實作如是知見耶？』彼答我言：『諸尊！實爾！異則愚說。』我即語言：『汝勿謗世尊，世尊不作此語。汝當捨此惡邪見。』再三諫，彼猶不捨惡邪見，是故我今詣尊者所。唯願尊者，當令焰摩迦比丘息惡邪見，憐愍彼故。」舍利弗言：「如是，我當令彼息惡邪見。」時眾多比丘聞舍利弗語，歡喜、隨喜而還本處。

爾時尊者舍利弗晨朝著衣持鉢，入舍衛城乞食；食已出城，還精舍，舉衣鉢已，往詣焰摩迦比丘所。時焰摩迦比丘遙見尊者舍利弗來，即爲敷座洗足，安停腳机奉迎，爲執衣鉢，請令就座。尊者舍利弗就座、洗足已，語焰摩迦比丘：「汝實作如是語：『我解知世尊所說法，漏盡阿羅漢身壞命終、無所有』耶？」焰摩迦比丘白舍利弗言：「實爾！尊者舍利弗！」舍利弗言：「我今問汝，隨意答我。云何焰摩迦！色爲常耶？爲非常耶？」答言：「尊者舍利弗！無常。」復問：「若無常者，是苦不？」答言：「是苦。」復問：「若無常、苦，是變易法；多聞聖弟子寧於中**見我**、**異我**、**相在**不？」答言：「不也！尊者舍利弗！受想行識亦復如是。」復問：「云何焰摩迦！色是如來耶？」答言：「不也！尊者舍利弗！」「受想行識是如來耶？」答言：「不也！尊者舍利弗！」復問：「云何焰摩迦！異色有如來耶？異受想行識有如來耶？」答言：「不也！尊者舍利弗！」復問：「色中有如來耶？受想行識中有如來耶？」答言：「不也！尊者舍利弗！」復問：「如來中有色耶？如來中有受想行識耶？」答言：「不也！尊者舍利弗！」復問：「非色受想行識有如來耶？」答言：「不也！尊者舍利弗！」

「如是！焰摩迦！如來見**法真實**、**如**，住無所得，無所施設。汝云何言：『我解知世尊所說，漏盡阿羅漢身壞命終、無所有。』為時說耶？」答言：「不也！尊者舍利弗！」復問：「焰摩迦！先言：『我解知世尊所說，漏盡阿羅漢身壞命終、無所有。』云何今復言非耶？」焰摩迦比丘言：「尊者舍利弗！我先不解、無明故，作如是惡邪見說。聞尊者舍利弗說已，不解、無明，一切悉斷。」復問：「焰摩迦！若復問：『比丘！如先惡邪見所說，今何所知見，一切悉得遠離？』汝當云何答？」焰摩迦答言：「尊者舍利弗！若有來問者，我當如是答：『漏盡阿羅漢色無常，無常者是苦，苦者寂靜、清涼、永沒。受想行識亦復如是。』有來問者，作如是答。」舍利弗言：「善哉！善哉！焰摩迦比丘！汝應如是答。所以者何？漏盡阿羅漢色無常，無常者是苦，苦、無常苦者，是生滅法；受想行識，亦復如是。」尊者舍利弗說是法時，焰摩迦比丘遠塵離垢，得法眼淨。

尊者舍利弗語焰摩迦比丘：「今當說譬，夫智者以譬得解。如長者子，長者子大富多財，廣求僕從，善守護財物。時有怨家惡人，詐來親附，為作僕從；常伺其便，晚眠早起；侍息左右，謹敬其事；遜其言辭，令主意悅，作親友想、子想，極信不疑，不自防護，然後手執利刀以斷其命。焰摩迦比丘！於意云何？

彼惡怨家爲長者親友，非爲初始方便害心、常伺其便至其終耶？而彼長者不能覺知，至今受害。」答言：「實爾！尊者！」舍利弗語焰摩迦比丘：「於意云何？彼長者本知彼人詐親欲害，善自防護，不受害耶？」答言：「如是！尊者舍利弗！」「如是，焰摩迦比丘！愚癡無聞凡夫，於五受陰作常想、安隱想、不病想、我想、我所想，於此五受陰保持護惜，終爲此五受陰怨家所害；如彼長者爲詐親怨家所害而不覺知。焰摩迦！多聞聖弟子，於此五受陰觀察，如病、如癰、如刺、如殺，無常、苦、空、非我、非我所；於此五受陰不著、不受，不受故不著，不著故自覺涅槃：我生已盡，梵行已立，所作已作，自知不受後有。」尊者舍利弗說是法時，焰摩迦比丘不起諸漏，心得解脫。尊者舍利弗爲焰摩迦比丘說法，示教照喜已，從座起去。」】（《雜阿含經》卷五）

在這一段經文中：【（舍利弗尊者問）：「（色陰）若無常、苦，是變易法；多聞聖弟子寧於中**見我**、**異我**、**相在**不？」答言：「**不也**！**尊者舍利弗**！**受想行識亦復如是**。」】這意思是說，有一個眞我與五陰同在；舍利弗尊者解說了這個道理以後，接著才說五陰都不是常住不壞的我，不可想要尋找出五陰中的某一陰是常住不變易的眞實我。也就是說色陰虛妄，乃至眾生最執著的識陰（見聞覺知心、離念靈知意識心）自我，也都是無常變易法，都不是眞實常住法，所以不可在五陰中認取某一法爲眞我，故說**多聞聖弟子不許對五陰的全部或局部見有實我**。但也不可以說五陰與眞實我互異，因爲五陰是與眞實我同時同處並存的，而且是由眞實我（入胎識、如來）出生的，是附屬於眞我入胎識的。佛也說**名色由識生**，意思是說識陰六識及受想行等名，以及色陰五色根、五塵都是由另一個本識中出生的，那個本識才是眞我，是與五陰有緊密關聯而不可分開在二處各自獨立運作的，分開了就只好死亡捨報了，所以五陰與眞我入胎識也不可以說是異，故說五陰不異於眞我，是故不可說是**異我**；但是眞我與五陰固然是同時同處並行運作的，卻不可說是相在而混合爲同一法；因爲五陰在將來壞滅時，眞我入胎識會捨離五陰而去到後世，於人間再度出生另一個全新的五陰，故不是與五陰共同壞滅的，所以不許說是**相在**，因此說：「**聖弟子於五陰中不應認爲是與眞我相在的。**」當然更不可以說是「**五陰與五陰相在或不相在**」，因爲這不符合語意學的約定俗成用法。焰摩迦比丘因爲後來聽聞舍利弗解說這個道理，於外無恐怖而不怕斷滅空，所以就證得心解脫而成爲三果人；您若原本是印順派、應成派中觀見而有心實證者，當然應該效法焰摩迦比丘改信眞我常住不滅，從此於外無恐怖，由此緣故就能確實斷除我見而證初果了。

在這一段經文中說：「**不可於五陰中『見我、異我、相在』。**」已經很清楚地說明確實有眞我（入胎識）常住不壞。正因爲有這個常住法、常住識，被佛陀稱爲「**如來所依識**」，當然二乘涅槃就因此而不會墜入斷滅境界中。由此緣故，二乘佛法才會使常見外道恐怖：入涅槃時，五陰、十八界、十二處、六入都必須滅盡，而常見外道是不肯滅盡蘊處界入的。這顯示二乘聖人所證的解脫道，大異於常見外道的五現涅槃。這也同時使斷見外道不能依附於佛法，因爲二乘涅槃是常住法、眞實法，不是斷滅境界，不同於斷見外道；而斷見外道其實也是不肯讓五陰自己全部滅盡的，仍然是依常見而生斷見的。所以如來所依識，一定是本識如來藏—入胎識—自心如來。假使有人不信受這個正理，主張說：「**如來所依識是指意識。**」那麼他將會墜入印順學派的窠窟中，不離斷、常二見；也會使他們所主張的法義本質，墜入斷滅法中，那麼他們所主張的如來就會成爲斷滅法。這固然符合印順的思想，但卻與四阿含諸經中所說的二乘解脫道是常、眞實、清涼、無爲、住不變異互相牴觸了！也與這一段經文中說的「**如來見法眞實、如**」的說法互相牴觸。修學南傳佛法者，若不信有如來藏，

於　彌勒佛出現於人間之前，都不可能證得聲聞阿羅漢果、下至初果，這意思是說，他們因爲不信有常住法**如來所依識**的緣故，一定無法斷除我見；由不信意根與意識滅盡後仍有第八識如來藏存在，心中恐墮斷滅境界故，唯有等候五十六億年（阿含《般泥洹經》言一億四千餘歲）後，親值　彌勒尊佛時，由於歷經久時修集善根故，屆時信受　彌勒佛所說聲聞法的涅槃確實有**如來所依識**在滅盡十八界以後眞實常住不壞，方能證得阿羅漢果；但已不如菩薩早已親證而起悲願，特地保留一分思惑而乘願世世不離人間，早已證入勝位也！

但今時不信如來藏妙法者，未來世中如是證果，必須有一前提：**在　彌勒菩薩成佛以前，他們僅只心中懷疑：有無常住的本識如來藏？不曾以言語或文字誹謗常住識如來藏勝法，將來值遇　彌勒佛時，方能親證聲聞阿羅漢果。**在　彌勒佛龍華三會的前後總共三會說法中，所聞都是小乘法（大乘法將會在聲聞法的龍華三會以後才會開始宣演），這些聲聞種性者屆時皆可親證聲聞眾所證之第四果，如　佛所說：**【「正使將來彌勒佛出現世時，如來、至眞、等正覺值遇彼會，使得時度。彌勒出現世時，『聲聞』三會：初會之時九十六億比丘之眾，第二之會九十四億比丘之眾，第三會九十二億比丘之眾，皆是阿羅漢，諸漏已盡。」】**

（《增壹阿含經》卷三十八）這意思是說，當來下生 彌勒尊佛的聲聞法開演，將會在龍華樹下三會說法，全屬聲聞法的解脫道，所以 佛陀說是**聲聞**三會；今時的聲聞人也都將會參與龍華三會的聲聞法勝會，但是所證只能是聲聞果而不得菩薩果。這些人在龍華三會時成爲阿羅漢，後來隨緣參與大乘法會時，將仍然無法證得本識妙法，難以進入**菩薩僧**數中；因爲這些人只對聲聞解脫道的法義相應，只能實證聲聞解脫道法義，不樂修證本識如來藏故。

二乘無餘涅槃本來就不是斷滅空，與印順所說的斷滅空、常見有，本質大不相同；除了上面舉證的阿含部經文以外，仍有其他阿含部經典可以作證：【如是我聞　一時佛住舍衛國祇樹給孤獨園。爾時世尊告諸比丘：「有五種種子，何等爲五？謂根種子、莖種子、節種子、自落種子、實種子。此五種子不斷、不壞、不腐、不中風，新熟堅實；有地界而無水界，彼種子不生長增廣。若彼種新熟堅實，不斷、不壞、不中風；有水界而無地界，彼種子亦不生長增廣。若彼種子新熟堅實，不斷、不壞、不腐、不中風；有地、水界，彼種子生長增廣。比丘！彼五種子者，譬**取陰俱識**。地界者，譬四識住；水界者，譬貪喜。四取攀緣，識住，何等爲四？於色中識住，攀緣色；喜貪潤澤，生長增廣。於受、想、行中識住，攀緣受、想、行；貪喜潤澤，生長增廣。比丘！識於中若來、若去、若住、若沒、若生長增廣。

「比丘！若離色、受、想、行、識，有若來、若去、若住、若生者，彼但有言數；問已不知，增益生癡，以非境界故。色界離貪，離貪已，於色封滯，意生縛斷；於色封滯、意生縛斷已，攀緣斷；攀緣斷已，識無住處，不復生長增廣。受、想、行界離貪，離貪已，於行封滯、意生觸斷；於行封滯、意生觸斷已，攀緣斷；攀緣斷已，彼識無所住，不復生長增廣。不生長故不作行，不作行已住，住已知足，知足已解脫；解脫已，於諸世間都無所取、無所著，無所取、無所著已，自覺涅槃：我生已盡、梵行已立、所作已作，自知不受後有。我說**彼識**不至東西南北四維上下，無所至趣；唯見法，欲入涅槃；寂滅、清涼、清淨、**真實**。」佛說此經已，諸比丘聞佛所說，歡喜奉行。】（《雜阿含經》卷二第39經）

此經的第二段經文語譯如下：【「比丘！如果離開色、受、想、行、識五陰的境界，而說另外有法（指六識或離念靈知意識）是來、去、住、生的法，那種說法其實都只是言說而已，三界中絕無這種事情（人間的識陰、離念靈知，不可能離開色受想行四陰而存在，若離五陰即沒有能夠來、去、住、生的法）；所以，說這種話的人，其實是不懂佛法的，當他們遇到有人提出質問時，他們自己也不知道眞實的法義，說了那些話以後只是徒然增長他自己的愚癡而已；這是因爲對五陰、識陰眞實了知的智慧，並不是他們所知道的境界。對於色法功能（色身及五塵的功能）的貪愛已經遠離了，遠離色法貪愛以後，對於色法的貪愛就被封滯了，意識所生被色法繫縛的結就跟著斷除了；對於色法的貪愛已經封滯、意識所生被色法繫縛的結斷除以後，對色法的攀緣就跟著斷除了；對色法的攀緣斷除以後，識陰對色陰就不再住著了，就不會再使識陰及色陰共同的生長與增廣。同理，識陰對於受、想、行三陰功能的貪著已經遠離了，遠離對受想行三陰功能的貪著以後，對於受想行三陰的貪愛就被封滯而不現行了，意根由此緣故而隨著意識對受想行三陰所生貪愛的觸也就斷除了。對於受想行三陰的貪愛封滯了、意識與意根所生對三陰功能的觸已經斷除了，意識對受想行三陰的攀緣就跟著斷除了；對三陰的攀緣也斷除了以後，那個意識等六識就沒有可以住著的地方，識陰六識及受想行陰就不會再生長與增廣。識陰與受想行陰都不再生長的緣故就不會造作身口意的種種行，識陰不造作種種三行以後就安住下來，安住下來以後就知足而不再攀緣任何一法了，知足以後不再樂於攀緣任何一法，就是證得解脫了；解脫了以後，對於種種的世間（五陰世間、山河世間）都不再有所攝取、都沒有任何執著，沒有攝取、沒有執著以後，自己覺知到已經實證有餘涅槃：我的出生到此世結束，已經不會再有出生了；清淨離欲無我的梵行，我這一世已經建立了，解脫道中所應該作的事情，我也都已經作完了；自己很清楚的知道，死後不會再入胎而受後有（識陰自己願意滅除，所以不再入胎受生、不再生起未來世的識陰六識）；我說那個能夠攝取五陰而與五陰同在一起的**取陰俱識**（第八識），因此就不會去到東西南北四維上下任何地方了，沒有一個祂會去的地方（不入胎也不去天界，不在三界中的任何一處出現），祂沒有所去的處所；這樣親證的比丘們，這時只看見涅槃法，只想要進入無餘涅槃中；當他還未捨報以前而暫時安住於人間時，他心中是寂滅、清涼、清淨、**真實**的。」佛說此經已，諸比丘聞佛所說，歡喜奉行。】

由這一段經文中的佛語開示，可知二乘涅槃之能不墮斷滅空中，都是由於有一個**取陰俱識**的緣故，因爲這一段經文的前一段經文中講的識是**取陰俱識**（攝取五陰而與五陰同在的識）的緣故，這個識當然不可能是五陰中的意識心，因爲意識是五陰中的識陰所攝的，是被取陰俱識所攝取的覺知心。正因爲有這個攝取五陰而與五陰同時同處的**取陰俱識**的緣故，所以 佛說：**比丘們滅除了我見、我執、我所執以後，等到捨壽的時節到來時，就不樂於再出現中陰身，不樂轉到下一世去**。或者是三果人中（註）智慧最勝妙與我執最輕微的人，在中陰身七天生命階段的最後一天時，滅除了意識與意根而入無餘涅槃；或如慧解脫阿羅漢捨壽後不會出生中陰身。當意根與識陰六識不欲入胎、不欲生天界受生而都滅盡了，成爲無餘涅槃時，**取陰俱識**如來藏離六塵、無見聞覺知，對一切法**不知不見**而獨住時，就從三界中消失不見了，誰也找不到祂，祂無形無色的獨存，所以 佛說：「**我說彼識不至東西南北四維上下，無所至趣**。」（註：三果人有許多種，多數要往生到後世或後後多世中才能滅盡五陰而入無餘涅槃）

證得慧解脫或俱解脫的二乘四果聖人，在入涅槃前的心態與所住心境是：「**唯見法，欲入涅槃；寂滅、清涼、清淨、真實**。」這時的聖者比丘所住心境是**眞實**而不是斷滅空，因爲聽聞 佛陀當面開示說有**取陰俱識**獨存而不至東西南北四維上下，**無所至趣而非斷滅**。因爲這一段經文中說的**無所至趣**的識，講的是**取陰俱識**而不是講識陰中的六識或第七識意根，因爲識陰的六識心及第七識的意根，都已在入無餘涅槃時自我斷滅了（意根在阿含諸經中從來都說是意，列在根中而不曾以識字來說過祂）。由此緣故，聖者比丘心無恐懼而無所依，滅了五陰自我全部，心中覺得**眞實**而不是**虛無**的斷滅空。由此阿含部的經文確實證明：都是第八識的**取陰俱識眞實存在**，所以使得二乘聖人所入的無餘涅槃不墮於斷滅空中，使二乘涅槃大異於斷見外道所說；也如同前面的經文中所說：比丘們由於有這個取陰俱識常存不滅，在捨盡蘊處界自我全部以後，這個識仍然存在而非斷滅空，所以心中無所恐懼而願意確實斷除我見與我執。所以這個**識是否常存**、**永住**的認知，與解脫道的能否實證，有著極密切的關聯，所有修學解脫道的大師與學人們，對此必須正視、重視；也由此故，平實在《阿含正義》書中，必須特別著墨說明，建立讀者對於解脫果實證的基礎，然後依此書中的法義確實觀行以後，才能眞的斷除我見或我執。

以此緣故，平實在此大聲疾呼：因爲有如來藏離見聞覺知，對一切法不知不見而獨存於滅盡十八界以後的無境界的境界中，所以使得二乘聖人捨壽後所入的無餘涅槃，永遠不會成爲斷滅境界，也不會墜入常見外道的五現涅槃中。如來藏有此大功德力，護持二乘菩提，令諸常見、斷見外道，永世不能攀緣及否定；實證者也可以因此而常住解脫果證中，永不退還世間常、斷見中。

第六章　三法印

第一節　諸行無常

解脫道所應斷的無明，都是由於對五陰的內容未能如實理解所致，所以確實理解五陰的內容就顯得非常重要了，這就應該從三法印來檢查自己是否如實理解五陰了。五陰中最難理解的，應該是行陰；而禪宗大師與學人也往往落入行陰中，自以爲悟，所以行陰的如實理解是很重要的。

想要眞實理解行陰者，都必須要先了知色、識、受、想四陰，才能確實了知行陰的眞實義，否則都是難免誤會行陰的。色陰，解脫道的行者們大多能知，但是往往亦有誤會者，也就是說，常常有人會執著色界天身，誤以爲色界天身是常住不壞法的緣故，不免落入色陰的行陰中；若是已證第四禪，捨壽後難免以入涅槃想而受生到無想天中，以無想天身而進入無想定中，不離輪迴。藏密的本尊、佛身、天身等觀想法門更是如此，具足意識行陰與色陰行陰的苦，因爲觀想的心是意識，觀想所住境界是意識的行陰境界；而來世縱使能眞的獲得色界天身，也仍然是色界色陰的行陰境界，不離行苦（但是他們其實不能獲得來世的色界天身或佛身，因爲觀想之法並不是獲得色界天身或佛身的方法，而是要依靠色界定才能獲得色界天身，要依靠一切種智才能獲得佛身）。在正覺同修會以外，很難得遇見有發起初禪的人；台灣南部有一位常在電視台上說法的法師，自稱已得初禪，其實是誤會了；因爲初禪發起後一定會有五支功德，其中一支功德是樂觸常在胸腔現起，但他卻始終沒有五支中的這一種功德，其餘四支顯然也是沒有的，怎能說是已得初禪的人？縱使將來眞有證得初禪的人，也是難可遇見遍身發的人；乃至等而下之，亦復難可得見運運而動的初禪善根發，以及後來終能漸漸遍身發起的人，何況是善根發時就全身遍發者？當知屬於未證言證。

更有荒唐事，就是自稱已經開悟的人，竟會誤將靜坐時的幻覺境界當作證得初禪天身。大約十年前，北部曾經有某老師主持禪七時，對大眾開示說：「**在禪七的第五夜，千萬別去睡覺；努力靜坐到後來，可能會出現色身變得很大的狀況**（註），**那就是證得色界天身了！**」然而這其實只是禪定修證過程中的幻覺而已，都是欲界定中出現的境界；若已轉入未到地定時，這類境界就不會再出現了。但是當時小有名氣的老師，竟然會有這樣嚴重的誤會；這就是不懂色陰實質的人，即使是眞的證得初禪遍身發境界，所以身中出生了色界天身而有樂觸，也仍然是虛假的法相，都不離身行，都是修證解脫道的人們應該了知的法相；所以對色陰行陰深入觀行而實際瞭解，是修學解脫道的初步功課。還有一種色陰的行陰，也是學禪的人常常誤會的狀況，就是看見禪宗祖師證悟的公案，總是在行來去止中悟入，於是就在動作上廣作文章，都是落入色陰的行陰中，如是自稱爲悟，都成爲大妄語人。（平實註：色身感覺變成很大，約如大樓一般高大。這只是觸覺上變得很大，其實色身仍然未變，也仍然尚未發起色界天身，故無樂觸生起及常常存在。）

色陰的內涵，一般來說是比較容易理解的；雖然色界天身的狀況，在不曾體驗初禪遍身發境界的人來講，也是只能靠思惟而理解，與實際上親證者對色界天身的理解，是相距很大的。但是最難瞭解的是行陰與識陰之間的關係，這是最容易誤會的。在瞭解色陰以後，想要讓您確實的瞭解行陰之前，其實是應該先說明識陰、受陰與想陰，然後再爲您說明行陰。

如何是識陰？經中說：【「彼云何名爲識陰？所謂眼、耳、鼻、口、身、意，此名識陰。」】（《增壹阿含經》卷二十八）

語譯如下：【「那是什麼法而被說是識陰呢？就是平常所說的眼、耳、鼻、口、身、意等六識，這六個心就稱爲識陰。」】由此阿含部的一段經文中開示，可以很清楚的瞭解：在阿含解脫道中所說的識陰，總共只有六個心；意根則是識陰出生的所依緣，是根而不說是識，所以不攝在識陰之中；由此可知，識陰的最正確說法，是眼識乃至意識等六個心。這六個心的內容與自性，請詳見第三章第四節對於五盛陰的開示，此處不再重複。

了知色陰與識陰以後，就可以進一步瞭解受陰了：【「彼云何名爲痛陰？所謂苦痛、樂痛、不苦不樂痛，是謂名爲痛陰。」】（《增壹阿含經》卷二十八）語譯如下：【「那個所謂的受陰究竟是什麼而被稱呼爲受陰？就是所說的苦受、樂受、不苦不樂受，這就是所說的受陰。」】當然，擴而廣之，由樂受及苦受而引生的喜受與憂受，也都是受陰所攝的。

接著應該瞭解想陰了：【「彼云何名想陰？所謂三世共會，是謂名爲想陰。」】（《增壹阿含經》卷二十八）語譯如下：【「是什麼而被稱呼爲想陰呢？就是所說的能思索三世諸法，能把三世諸法合會起來共同思惟的，這就是所說的想陰。」】

《增壹阿含經》卷二十八又云：【「云何名爲想？**所謂想者，想亦是知**；知青、黃、白、黑，知苦樂，故名爲知。」】語譯如下：【「什麼是想陰呢？想陰

所說想的意思，想也是知；了知青、黃、白、黑，了知苦樂，所以想又名爲知。」】

《中阿含經》卷七云：【「若有想，是想陰。」】語譯如下：【「假使有了知，就是想陰。」】又譯：【「假使有在思想事情，就是想陰。」】

《長阿含經》卷八云：【「復有六法，謂六想身：色想、聲想、香想、味想、觸想、法想。」】語譯如下：【「又有六種法，是說六種了知的功能：色塵的了知、聲塵的了知、香塵的了知、味塵的了知、觸塵的了知、法塵的了知。」】

阿含部《大集法門經》卷二云：【「復次六想，是佛所說。謂色想、聲想、香想、味想、觸想、法想。」】語譯如下：【「另外還有六種了知，也是佛所說的法。這是說色塵的了知、聲塵的了知、香塵的了知、味塵的了知、觸塵的了知、法塵的了知。」】

《長阿含經》卷十三：【「除去睡眠，繫想在明。」】語譯如下：【「除掉睡眠的貪愛，繫縛覺知心而處於清明相的了知之中。」】這是說，若想修證禪定，就不該貪著睡眠，應該把覺知心繫縛於清明的了知境界中，不落於昏沈之中。

《長阿含經》卷十七云：【「梵志！彼二禪想滅，三禪想生；以是故知，有因緣想滅，有因緣想生。」】語譯如下：【「梵志！他在二禪中的了知已經滅除了，三禪中的了知就出生了；由於這個緣故，就知道有因緣會使某種境界中的了知性滅除，也有因緣會使某種境界中的了知性出生。」】

《雜阿含經》卷八云：【「如內入處，如是外入處：色、聲、香、味、觸、法，眼識、耳鼻舌身意識，眼觸、耳鼻舌身意觸；眼觸生受，耳鼻舌身意觸生受。眼觸生想，耳鼻舌身意觸生想。」】語譯如下：【「譬如內入處的六根，同樣的道理，外入處的色、聲、香、味、觸、法六塵，眼識的了別、耳鼻舌身意識的了別，眼根與眼識的觸、耳鼻舌身意根與意識的觸也是一樣的；由於眼根與眼識觸色塵而出生了覺受，耳鼻舌身意根與意識觸法塵而都出生了各自的覺受；眼根與眼識觸色塵而出生了對境界的了知，耳鼻舌身意根與意識觸法塵而出生了各自的了知。」】

是故，想陰的範圍並非只侷限在語言文字的思想上而已，在阿含部的許多經典中所說的想陰，其實是說覺知，說的是六識在六根的支援下對六塵直接的了知，這種了知是語言生起之前就已經存在的，不是等到學會語言文字以後才存在的；這就像嬰兒出生後，意識出現時就能了知的；所以嬰兒都還沒有學過語言文字，就已了知出生時受擠壓的痛苦，他自然會哀哀大哭；當他肚子餓了，自然能了知肚子餓了，懂得大哭。被父母照顧慣了，他自然能了知父母對他是絕無惡意的；父母並未告訴他，誰才是最親密的人，他也藉由這種觸六塵而生的想陰（了知），自然會知道父母才是他最親密、最重要的人。這時的嬰兒都還沒有語言文字思惟及表達的能力，卻已經都懂得了！顯然還沒學會語言的嬰兒也是有想陰的，所以想陰並不只限定在語言思想的功能中。所以 佛說：「**云何名為想？所謂想者，想亦是知**；知青、黃、白、黑，知苦樂，故名為知。」由此緣故，在阿含中並不是在生起語言文字的思想以後，才說是想陰。

想陰其實是在胎兒末期及嬰兒初生之時就已存在的，並不是學會語言文字以後懂得用語言來思想時才出生的；若不是如此，胎兒就不可能因為胎身成長而使得母胎擁擠時，產生了出離母胎的動力，所以那時的想陰已經存在了，這個想陰是指了知：了知青黃赤白、了知擁擠的觸塵。語言文字思惟上的想陰，是在出生後一年、二年才開始學習的；但我們絕不可以因為語言思想的想陰是在二、三歲以後才有，就說想陰是在二、三歲學會了語言以後才有的，而是在母胎中六識少分初起時，就伴隨著少分的想陰存在了！所以想陰其實是包括二種的：語言文字的想陰及離念靈知。離念靈知就是離語言之思想而直接了知青黃赤白、香臭、甜苦、冷熱、硬軟、苦樂的，這是在母胎中就已少分存在的，如同在母胎後期時六識已經少分存在著，所以，想陰是包括六識的離念靈知自性的：想陰即是六識的了別性、了知性故，離念靈知正是六識心的自性故。

譬如無想定之滅卻六識心而離見聞覺知，謂之爲無想，因爲那時六識已經滅失而不存在了，所以無法了知六塵而被稱爲無想定；滅盡定亦然，正因爲意識已經不存在了，根本不會去了知六塵境界，連意根的受與想也滅盡了，所以被稱爲滅受、**想**定。亦如非想非非想定，似已滅卻見聞覺知心，意識似乎是不存在了，所以無法了知自己是否仍然存在，所以被稱爲非想；然而意識實非全滅，其實仍然有了知性、仍有想陰，只是不會起心動念反觀自己是否存在罷了！所以並非無想，名爲非非想；因此就合非有想與非無想，而命名爲非想非非想定。所以，離語言文字而直接了知六塵的離念靈知，正是想陰所攝的六識的想。

您已經瞭解想陰的眞實義了，最後來說明行陰：**【彼云何名爲行陰？所謂身行、口行、意行，此名行陰。】**（《增壹阿含經》卷 28）行陰有粗糙的，也有微細、極微細的行陰，綜而言之，大約有身行陰、口行陰、意行陰三種差別。其中又都各有微細的差別不同。身行陰之粗者：譬如追趕跑跳撞，種種體育運動都屬於極粗的行陰。身行陰之細者，譬如坐時觀賞戲劇、讀書、寫字等。身行陰之最細者，譬如眠熟時色身不動，又如靜坐時不動其身，或者悶絕時不動其身，乃至第三禪中色身絕無絲毫動搖，都屬於身行陰；爲何說此等爲身行陰之最細者，而非已無身行？這是說，在這些狀況下，都仍有身行在繼續運作，譬如呼吸、脈搏、新陳代謝等，所以說仍有身行的行陰存在。

口行陰之粗者，譬如大聲罵詈、大聲戲笑、歌唱吟詠等，都屬於口行陰之粗者。口行陰之細者，譬如心中語言文字不斷，或者憂愁、或者思慮、或者以語文思惟法義……等等，都屬於口行陰之細者，以其不形諸於外故。但不論是形諸於外或不形諸於外，都是行陰，因爲這已經是**表義名言**了！口行陰之更細者，譬如心中都無語言文字，亦不思慮、憂愁，但已對外境六塵了了分明，這就是口行陰的更細部分，因爲這都已是**顯境名言**所攝的了！口行陰之最細者，譬如四空定中——特別是非想非非想定中——對自己是否存在也無所覺知的了知性，因爲仍然維持著意識心的極微細了知存在，這也是口行陰，因爲尚有最極微細的覺觀存在，仍屬於**顯境名言**所攝的境界，所以也是口行陰所攝。此部分法義，在本節中將會舉示阿含中的經文爲證，此處不先重複宣講。

意行陰，通常是包含意根與意識的，不論是在阿含道或佛菩提道中，都是常常如此的。在阿含道中，常常把意根與意識合說爲意，但有時意字是說意識（與餘五識同說而將識字省略時），通常則是只指意根；必須依照前後字義、名義、句義來作區別，不可一視同仁而等視齊觀，否則往往會誤解經文中的原意。

意行陰之粗者，譬如緣於五塵之意識而有所愛著，亦如緣於貪瞋之意識而與貪瞋相應（譬如密宗的雙身法境界中，覺知心因爲成就第四喜淫樂而起貪愛心，希望永住於遍身淫樂的最大樂受境界；或如即將成就第四喜最大樂受時，卻因爲控制不當而射精，成爲毀破密戒而對自己起瞋，或對明妃、「佛母」的配合不當而起瞋，都是與貪相應的意瞋行陰），屬於粗重行陰；又如緣於語言文字之意識，因爲被無明籠罩而堅持自己的錯悟是正確的證悟，故對宣揚正法之賢聖起瞋、誹謗……等等，也都屬於意行陰的最粗重者。意行陰之細者乃是離念靈知心，是緣於欲界定、未到地定、初禪等至位的離念靈知心；舉凡緣於六塵、四塵覺觀之意識心，都是意行陰的微細者。更細的意行陰是二禪乃至無所有處定的等至位中意識心，都不觸五塵，但是卻仍有意識覺知心對定境中的法塵覺知了然。意行陰之最細者，譬如凡夫緣於無想定境的意根，這時意識已經斷滅而不存在了，只剩下意根存在於無想定中（無想定又名無知定）；俱解脫聖者擁有三界中最微細的意行，即是滅盡定中的意根，此時意識已經斷滅而不現前了，但是仍有意根存在，而此位中的意根又滅除自身的受與想二個心所法，所以大異於凡夫所入的無想定，這就是三界中最微細的意行。

換句話說，只要尚有前七識心的存在（第八識暫置不論），那就是意行的境界；只要還有呼吸存在，那就是身行的境界；只要還有覺觀存在，那就是口行（名言）的境界。所以，阿含道中說的**滅除三行成就涅槃解脫**，就是滅除身行、口行、意行之後，五蘊、十八界都全部滅失了，即是成就無餘涅槃的修證了！就是出離三界生死了！從此時起，窮盡最勝妙的天眼通，也都無法再看見他出現於三界中，因為他已經永滅蘊處界而不再受生了，已經永離分段生死了！

至於諸行無常的行，當然也是指身行、口行、意行，都是行陰。《雜阿含經》卷十二云：**【緣無明**（而有）**行者，云何為行？行有三種，身行、口行、意行。】**在這一段經文中說：緣於無明而有行，行就是指身行、口行、意行。這些行，即是十二因緣法中的行支；但這些行支，都是指有記業而言，屬於比較微細的行支；若不是有關善惡業的身口意行，而是無記性的業行，就不攝在因緣法所說的行支之中，只是五陰中的行陰了。一切善惡業的行，只有三種：身行、口行、意行。這三種有關善惡的行，都是五陰中的行陰。但是行陰卻包含無記性的身口意行，範圍比較廣泛，所以其中仍有種種差別，都須深入了知，以免未斷行陰而自以爲已斷。

譬如經中有說：【「彼天眼淨，觀眾生類死此生彼、顏色好醜、善惡所趣；隨行所墮，盡見盡知。又知眾生身行不善、口行不善、意行不善，誹謗賢聖，信邪倒見；身壞命終，墮三惡道。或有眾生身行善，口、意亦善，不謗賢聖，見正信行；身壞命終，生天、人中。行者天眼清淨，觀見眾生，乃至隨行所墮，無不見知，是爲苦行第一勝也。」】（《長阿含經》卷八）

語譯如下：【「他的天眼清淨，所以能觀察眾生不同種類死於此處而出生在彼處、出生後的色身是美好白淨或是醜陋黯黑的，也能觀察眾生造作善惡業以後捨報所往生的地方；隨著眾生身口意行的善惡，各自所墮的處所，他都全部可以看見，都全部了知。他又了知眾生若是身行不善、口行不善、意行不善，由於誹謗賢者或聖人，信受偏邪顛倒的惡見；所以身壞命終之後，墮落於三惡道中。或者也有眾生身行善良，口行與意行也是善良的，從來都不誹謗賢者與聖人，知見純正而信受奉行；所以身壞命終以後，出生在天界或人道之中。由於行者的天眼清淨而能觀見眾生的美醜，乃至隨著眾生所造的善惡業等不同行爲，以致所往生的處所各各不同，都沒有不能看見、不能了知的，這就是我所說的苦行第一殊勝也。」

這是指有記業的身行、口行、意行，不是無記業的身行、口行、意行。凡是有記業的身口意行，都會在捨報以後隨著業種的大小與因緣而開始受報。若是無記業的身口意行，不會影響正報；譬如不害眾生，也對眾生沒有做過增益的事情，譬如個人的飲食謀生、技藝學習、睡眠休息、運動健身、行住坐臥、觀察諸事、呼吸、大小便利……等事，固然會影響到此世的健康及未來世的世智辯聰，但不會改變往生處所及受善惡業報的結果，所以是不會被異熟識的因果業行所記錄而改變受報環境的，這就是無記業種。凡是無記業行，都不屬於因緣支的行支所攝，卻是五陰中的行陰所攝，有記業行才是因緣支的行支所攝。

以上是對一般初學解脫道的人而說三行，但是若已深入修學解脫道很久的人，詳細讀到這裡而且已經確實都瞭解前面所說的法義時，已經是到了應該正確而深入了知解脫道的時候了，這時對您而言，身行、口行、意行，就有更深入的說法，必須更清楚的了知較爲深奧的三行法義了。【復問：「云何身行？云何口行？云何意行？」答言：「長者！出息入息名爲身行，有覺有觀名爲口行，想、思名爲意行。」復問：「何故出息入息名爲身行？有覺有觀名爲口行？想、思名爲意行？」答：「長者！出息入息是身法，依於身，屬於身，依身轉，是故出息入息名爲身行。有覺有觀故則口語，是故有覺有觀是口行。想、思是意行，依於心，屬於心，依心轉，是故想、思是意行。」復問：「尊者！覺觀已，發口語，是覺觀名爲口行。想、思是心數法，依於心，屬於心想轉，是故想、思名爲意行。」】（《雜阿含經》卷二十一）

語譯如下：【又問：「什麼是身行？什麼是口行？什麼是意行？」答覆說：「長者！鼻中呼氣及吸氣名爲身行，有覺有觀稱爲口行，了知（想即是知）與思量名爲意行。」又問：「什麼緣故而說呼吸名爲身行？爲什麼說有覺有觀名爲口行？爲何又說了知（想）與思量名爲意行？」答覆說：「長者！氣息的出入是身體的行爲，依於色身而呼吸，屬於色身的呼吸，必需依附色身才能運轉，由這個緣故而說出入息名爲身行。眾生因爲有覺有觀的緣故才會開口言語，由這個緣故而說有覺有觀就是口行。想（了知）與思量（決定、作主）都是意的行爲，了知與思量性都是依於意根與意識心，是屬於意根與意識心的功能，也是依於意根與意識心而運轉的，由這個緣故而說了知（想）與思量的功能都是意根與意識心的行爲。」又問：「尊者！覺察及觀照以後，心中發行出來就成爲口中的言語，這個覺察及觀照就名爲口行。想（了知）與思量是意根與意識的心所有法，依附於意根與意識心，屬於意根與意識心的心所有法運作，所以想（了知）與思量名爲意行。」】

由這一段經文的開示，已經可以很深入而且確實了知身口意行了！接著應該瞭解口行與修證俱解脫的關聯。由於覺觀是口行所攝的緣故，俱解脫阿羅漢入滅盡定時，先滅口行，次滅身行，後滅意行：【復問：「尊者！云何入滅正受？」答言：「長者！入滅正受，不言『我入滅正受，我當入滅正受。』然先作如是漸息方便，如先方便，向入正受。」復問：「尊者！入滅正受時，先滅何法？爲身行？爲口行？爲意行耶？」答言：「長者！入滅正受者，先滅口行，次身行，次意行。」】（《雜阿含經》卷二十一）

語譯如下：【復問：「尊者！如何是進入滅正受？」（滅正受即是滅盡定，又名滅受想定）答覆說：「長者！進入滅正受時，心中不會說：『我已進入滅正受，我正在進入滅正受。』但是要先作這些漸漸息滅三行的種種方便，如同先前所作的種種方便，趣向進入正受境界中。」又問道：「尊者！進入滅正受時，是先滅除哪一個法呢？是先滅除身行？或是口行？或是意行呢？」答覆說：「長者！進入滅正受時，是先滅除口行，然後滅除身行，最後是滅除意行。」】

一般人的想法，總是以爲取證滅盡定時，是先滅除色身的行爲，然後滅除心中的言語，不需要滅除意行；因爲一般人所以爲的意行，是意識覺知心中的言語，不是指意識心的了知性繼續存在著。而且一般學佛人所認知的身行，都只是指色身的動轉，不曾涉及色身的呼吸，但色身的呼吸及脈搏仍然都是身行。而一般大師與學佛人所知的口行，則是單指口中的言語，從來不曾涉及覺觀部分。至於意識的存在本身，其實就是意行，但是眾生都不曾了知這個義理，總是誤認爲意識心中沒有語言文字，或是不對諸法作思惟抉擇時，就是沒有意行了。可是，當意識覺知心存在之際，縱使都沒有言語而住在四禪八定中，也都是意識心對一念不生境界的意行，否則是無法住在四禪、四空定中的；這其實是意識心刻意保持在定境中制心一處而不動，仍然是意識心的行爲；所以意識心存在之時，正是意行；所以禪宗錯悟者常常住在離念靈知的靜坐境界中，往往誤以爲是沒有口行的境界，也是錯誤的認知。

那些一生努力弘揚聲聞解脫道「原始佛法」（註）的印順派法師與居士們，或是弘揚南傳佛法的法師與居士們，卻都對四阿含諸經中的這些道理無所了知；當他們讀到平實註解這些四阿含經文中的 佛陀開示時，想來應該是會汗顏的，除非是無慚亦無愧的人。綜而言之，凡是意識覺知心存在之時，就是有意行存在了；想要滅除意行，只有滅除意識覺知心的存在，以外別無他途。但這卻是一般人做不到的，也是無法接受的；這也是印順派的法師與居士們所無法接受的，所以一般人與印順派的法師居士，都是絕對無法修證滅盡定及無想定的；除非轉易知見而如實信受阿含眞義。（註：原始佛法其實應該包含第二、第三轉法輪諸經，因爲同樣是 佛陀親口所說而被聲聞聖人共同聽聞的佛教最早期法義。）

無想定中也是滅除意識心行的，因爲在無想定中，意識心已經自我滅除了，已經沒有意識覺知心存在了！然而一般人，乃至大師（譬如南懷瑾先生……）們，也都誤以爲覺知心中沒有語言妄想存在了，那就是證得無想定了！殊不知覺知心中沒有語言妄想時，仍只是欲界定而已，意識心及五塵都還是存在著，連未到地定都還沒有生起，怎能自我高推是無想定呢？無想定是在息脈俱斷而證得第四禪，並且對四禪境界的入出定都已經很嫻熟了，才能進一步滅掉意識覺知心，那才是眞正的無想定，不是像南先生書中講的**沒有語言文字時就是證得無想定**。無想定中，滅除了意識心行，因爲意識覺知心已經滅除而不存在了！並且這時也已滅除口行了，因爲無想定中沒有任何的覺觀；不止是沒有五塵覺觀而已，連定中的自我覺觀也都滅除了，因爲無想定中是沒有意識覺知心存在的。而且，身行也都滅盡了：色身固然還存在，但是色身已經沒有呼吸與脈搏了，心跳停止了！所以完全沒有身行、口行、意行（意根之心行除外）。這絕對不是南先生講的還在欲界境界中的離語言文字而且仍有呼吸的境界。

只要還有身行、口行、意行，不論這三行已經多麼微細了，都仍然不離行陰的**行苦**。而**行苦**的內容是學佛人最難了知的，特別是在末法時代的今天。末法時代之所以被稱爲末法時代，是由於眞善知識稀少，而一般人所以爲的大善知識，總是像南先生……等人一樣的誤會般若與禪定；不論是大法師或大居士都一樣，很難得見到眞正的大善知識。而眞正的大善知識所說的法義，都與一般學佛人及一般大師們的說法不同，也很難獲得一般學佛人的認同。因爲眞善知識的法義常常會遭受凡夫大師與凡夫學人的誹謗與抵制，導致一般學佛人因爲尚無眼目而盲從之，拒受眞善知識的正法；甚至於盲目的跟著凡夫大師們抵制正法，心中卻洋洋自得的以爲已經成就護法的大功德了，不知自己早已被誤導而跟著大師成就破法大惡業了。

所以，十二因緣法中的**行**，與解脫道中求入滅盡定所講的**行**，其中分際應該有所了知，才不會永遠停留在解脫道的初機學者中，才能進前實證解脫道的見道而取證初果，乃至取證慧解脫、俱解脫。但是因緣法中的**行**，講的是一定會與來世異熟果報有關的身口意行，那是會導致來世受生的正報變化的：**造惡業的身口意行，會墜入三惡道中受報；造善業的身口意行，會上升欲界天享受天福；修習禪定的行，會上升色界、無色界享受天福；護持正法的行，會獲得人身或欲界天身；以護法之名而造作破壞正法的行，會墜入地獄受苦**。這些都是屬於影響正報的行爲，由身口意三法，或二、或三配合實行而完成的行爲，就是因緣法中的**行**支。

但是行支是說身口意所造的行爲本身，都是有關善惡業的行爲，都屬於五趣人天果報的行爲。可是解脫道中講的**行**，卻與因緣法中的行有所不同。這種行，無關善惡業；但凡色身的功能、覺觀的功能、意識覺知心的存在，就是身行、口行、意行。所以，色身雖然沒有在造作善業、惡業、無記業，只要色身還在呼吸、心臟還在跳動，那就是還有**身行**；所以，滅除**身行**的境界，是在進入第四禪或在四禪前的未到地定的深定中，才會滅除的，四禪後才能證入的無想定中更是如此。**覺觀**就是**口行**：當學人修定之前，常常與人言語閑聊；這些閑聊的口行，都是因爲先有覺觀，而**覺觀即是顯境名言**；然後生起了表達心中意思的念頭，才會口出音聲、發而爲語，成爲表義名言。可是當學人開始學佛而正在修定之時，往往心中難免語言妄想不斷；這些語言妄想都是由於有覺有觀而導致的，假使對於外境五塵沒有了知的欲望，心中也沒有什麼煩惱，五塵覺觀就會滅除而進入二禪等至位中，連心中都不會有語言文字的出現，何況會有口中的言語出現？所以說**覺觀就是口行**。當心中自言自語時，就是口行中的一種；而這種口行，都是由於有覺有觀而出生的，所以有覺有觀時，縱使還沒有語言出現在覺知心中，就已經是口行不斷的境界了。**意行**，不是單指意識覺知心不斷的觀察、思量、判斷應該作什麼事？而是說，當意識覺知心存在之時，即使是禪定的等至位中不觸外五塵，那也還是保持著覺知心的了知性，這個了知定境的了知性正是意行；所以，當覺知心意識住於了知性當中一念不生時，仍然是意識心的**心行**。若想證得無想定或滅盡定，就必須滅除意識心，使祂不現起而沒有了心行，否則是證不了無想定與滅盡定的。

但是，想要修除身行、口行、意行，單憑定法的修行，是極爲辛苦而且不堅固的；所以外道們修證禪定時，往往是投入畢生精力去修的，可是成果往往不彰；而且即使證得禪定以後，若不每天練習及入定，往往不久之後就開始退失了！所以，眞想修證禪定的佛弟子，應該在滅除煩惱的法中用功修行，才不會使已證的禪定退失。而且，修證滅盡定的人，必須要先證得四禪及四空定，或者有眞善知識的指導，而在第四禪中直接證入滅盡定。所以，眞實修證滅盡定的人，一定要懂得修除身行、口行、意行的眞實道理，始能知所進道。

欲修除身、口、意行的人，應當先了知行陰以及行陰的四聖諦內涵，然後才能修除之。欲如實了知行陰，請詳知這一段經文的開示：【「云何知**行**如眞？謂有**三行**：身行、口行、意行，是謂知**行**如眞。云何知**行習**如眞？謂因無明便有行，是謂知行習如眞。云何知**行滅**如眞？謂無明滅，行便滅，是謂知行滅如眞。云何知**行滅道**如眞？謂八支聖道，正見乃至正定爲八，是謂知行滅道如眞。尊者舍梨子！若有比丘如是知行如眞，知行習、知行滅、知行滅道如眞者，是

謂比丘成就見，得正見；於法得不壞淨，入正法中。」】（《中阿含經》卷七）

語譯如下：【「如何是已經如實的知道行了？這是說有三種**行**：身行、口行、意行。確實知道這三種行，就是我所說的眞實知道**行**了。如何是如實的知道**行的熏習**？是說因爲無明就會有身口意行，這就是說，已經如實的知道行的熏習了。如何是如實的知道**行的滅除**？是說無明滅除了，行就會跟著滅除，這就是說已經如實了知行的滅除。如何是如實的了知**行滅除的方法**？是說如實了知八支聖道，也就是正見乃至正定共有八種方法，這就是說如實的了知行滅除的方法了。尊者舍梨子！假使有比丘像這樣如實的了知行的苦，了知行的熏習積集、了知行的滅除、了知行滅的方法，都已如實了知的話，就是說這位比丘已經成就正確的見解了，他已經獲得正見；他於解脫的正法已經獲得不會被毀壞的清淨信，他已進入正法之中了。」】

換句話說，假使還沒有正確的了知身口意行的苦、集、滅、道，就會落入五陰之中，誤將五陰中的某一陰或某一陰的功能，認作是常住法，那就是還沒獲得正見的人，不能眞的滅除行陰，還不是進入解脫道正法的外門修行者。這就是說，他仍然被無明籠罩著，所以不明白**滅行**的道理，就希望**意行**永遠存在不滅（想要永遠保持意識心常住不滅。譬如印順個人及印順派中的所有人，特別是證嚴法師出書公然主張意識心是常住不滅心）。而這種現象已經普遍存在於今時的佛教界，不論大師與學人，都難以豁免，不能自外於這一類無明，所以才說現在是末法時代；這是因爲大師們都被無明籠罩而說是末法，不是因爲學人都被無明籠罩而說是末法時代。

以上所說的種種義理，也是在破除您對於行的無明，千萬別因爲平實如實講出現代佛教的現象，就因爲名師情執而生起瞋心、癡心，重新再被無明籠罩，以免障礙了您自己的道業；而且平實說的也是眞話，您可以自行檢查一切大師們所說的法義，就會認同平實的如實說。接著要說的內容，也仍然是在破除您對於行陰的無明；本書前後所說的一切法義，也都是破除您在解脫道、阿含道中的無明，因爲您被大師們誤導以來已經很久了，先入爲主的觀念若不打破，那些無明都將會繼續存在而無法滅除，那麼您辛苦閱讀本書以後，將對您無所助益，可能還會因爲貪愛您所歸依的名師，而對正法的弘法者起瞋，乃至造作謗法惡業，都會障礙您的道業，乃至影響來世的果報；所以請您務必有耐心的細心研讀本書，讀後還得要細心的如理作意思惟，並對名師所說加以檢查。

一、云何名為「行」？行有三種：**身行**、**口行**、**意行**。關於**身行**：始從色身造作善惡業及無記業，導致後世或有異熟果報的改變，或無改變，都是身行。**身行**存在之時，本身就是苦；因爲身行都是無常的法性，無量世以來的身行，從來沒有常住不變異、不壞滅的法性，所以身行是苦；究竟寂滅才是離苦，所以求解脫道而**不是行菩薩道**的人，都應該尋求永滅身行的智慧與方法。

關於**口行**：始從與人言語，次如修學禪定而心中言語妄想不斷，末至心中保有覺察及觀照的自性，都是屬於口行；口行都是無常之法，也都與**涅槃離知**、**離見**、**離苦**不相應。無量世以來的口行覺觀，從來沒有常住不變異、不壞滅的法性，所以口行是苦，只有口行究竟寂滅了才是眞的離苦；所以求解脫道而不是行菩薩道的人，都應該尋求永滅口行的智慧與方法。

關於**意行**：始從思量判斷善惡的心行，次如學習世間法而使覺知心不斷學習的心行，末至修習禪定過程中，始從二禪不觸五塵的等至位，末至非想非非想定中的覺知心都不了知自己的存在，這都必須有意識覺知心存在而運作著，才有可能使這些境界相生起及繼續存在；但是覺知心不論是有念抑或離念而不觸外五塵，仍然都是意行所攝的範圍。因爲意識覺知心存在之時，就已經有意識覺知心的**意行**出生及存在不斷了；乃至意識心住於非非想定中而不了知自己的存在之時，也仍然是意行，仍然是意識住於離五塵、離證自證分的境界相中，所以仍然是意識心的行爲。而意識心自身以及意識心所住的一切境界，都是無常之法，無常即是苦；始從無量世以來的意行，從來沒有常住不變異、不壞滅的法性，所以意行的本身不離**行苦**。只有意識滅除而成爲究竟寂滅的境界，才是眞實離苦，所以求解脫道而不是行菩薩道的人，都應該尋求永滅意行的智慧與方法。懂得這個道理，並且也有實地加以如理作意觀行而證實這些道理的人，就是三行的無明已經滅除的人，他的見地就會生起，一定會成爲聲聞法中的法眼清淨者，他就是初果人了！

二、云何名為「行集」？行集有三：身行集、口行集、意行集。**身行集**是說，不斷的攀緣外法，使得身行不斷；一直停不住身行，總是忙個沒完，這就是最粗糙的身行集。若是修學解脫道的學佛人，心中靜不下來，常常莫名的煩悶而不想靜坐，才剛剛靜坐一會兒就想要下座了；才剛思惟一點點法義以後就心煩，不想再繼續思惟與觀行了；每天都是這樣而無法使心靜下來，不斷的想要找事情做，使身行不斷的造作，這就是身行集。乃至終於修得第四禪以後，恐懼呼吸、脈搏斷滅而導致死亡，又退出第四禪而回到三禪境界中，使呼吸、脈搏又復現起以後才安下心來，這也是身行集。為何這些都說是身行的集？是因為這樣不斷使身行出現的行為，會由於熏習而成為習慣性，使身行更難斷除，更無法安住於遠離粗糙身行的寂靜境界中，何況能靜坐修定？何況能滅除身行中最微細部分的呼吸與脈搏？所以，錯誤的知見，以及不停的重複造作身行，使身行不能斷除，心就不肯讓身行斷除，無法取證慧解脫果；更無法取證滅盡定，俱解脫果就遙遙無期，所以說是身行的集。身行的集繼續不斷，有身之苦就繼續不斷的存在，永遠無法滅除；這就是因為心中不想讓身行滅除，所以才會有身行的苦集。

關於**口行集**：最粗糙的口行集，就是與他人對罵，口不擇言，而且是常常如此而不肯斷除，就成為最粗重的口行集。較細一點的口行集，譬如一般人覺知心中總是不斷有語言文字妄想生起，心中自言自語，這也是口行集。更微細一些，譬如靜坐之時心中不斷有語言生起，斷了又生、生了又斷，總是放任心中不斷有這些語言生起，這也是口行的集。乃至已離語言，心中長時間一念不生，可是卻貪著於靜坐中的定境離念靈知，愛樂定境中的輕安覺受境界，使得五塵覺觀一直具足存在而不肯捨棄；乃至證得無所有處定時，不肯捨棄覺知與觀照，意欲使覺知及觀照的功能常住不斷，這也是口行的集。

關於**意行集**：是寶愛覺知心（意識）自己，捨不得讓自己斷滅，所以時時都以意識覺知心爲中心，誤認覺知心是常而不壞的心，時時寶愛意識心而不肯滅除自我；因此說，證嚴、聖嚴、星雲……等印順派法師們，不單有身行集而到處奔忙，不單有口行集而不離覺觀，以致於無法證得禪定，也都是墜入意行集之中。昭慧法師又自己發明一個「常住」的業果報系統，其實也是墜入意識與意根的境界中，不肯斷除意行，這就是意行的苦集。至於修定、喜愛定境的人，也都是在意行的苦集過程中，所以愛樂每天進入定中而寶愛定中的覺知心自己；在定中時如此，在定外也是一樣，不斷的與別人爭執說：**意識心是常住不壞的，只要是永遠能離開語言文字而證入初禪乃至第四禪中，那就是涅槃心**。這就是意行的集，因爲他們所說都是錯誤的法義，以錯誤法義而不斷的堅持，就是意行集。

由於有身行的集，所以就一定會有來世的色身出生，永遠離不開**有色法**的欲界或色界境界，永遠被拘束於欲界及色界中，無法突破欲界、色界境界。由於有口行的集，就一定會繼續受生於三界中，無法突破無所有天以下的境界，永遠被無所有天及以下的境界所拘束，不能解脫生死。由於有意行的集，導致永遠無法突破非想非非想天的境界，永遠被拘繫於非非想天及以下的所有境界中，永遠無法出離生死。

行者當知：但凡有身，有身即是無常，無常即是苦，所以身行應該滅除，因此就不該恐懼第四禪及四空定中沒有了呼吸就會死亡（其實不會死，因爲仍有入胎識持身不壞）。但凡仍有覺觀，就不能遠離一切苦受；最微細的覺觀，也還是不離行苦的，是無法遠離無常的，所以一切覺觀都不離**苦苦**或**行苦**。但凡有意識存在不滅，就一定會與三苦相應；而且意識心本是緣生法，緣生法就不離緣滅性，即是無常，無常即是苦；**假令**有法能使意識心單獨常住，也還是不離**行苦**、「**有**」苦。若是一直想要保持意識覺知心常住不滅，就是意行的集；意行有集，就會不斷受生於三界中，不斷領受苦苦、壞苦、行苦；若想保持意識心永遠的單獨存在，或者不願意證實意識心是緣生法、是間斷法，這都是意行的集。由於意行的集，就會在死後想要繼續保持意識覺知心的存在，就只能不斷的受生於三界中，永遠無法出離三界生死。所以，求解脫道而不是行菩薩道的人，都應該切實永滅身、口、意行的集，因此都應當尋求永滅身口意行的智慧與方法。懂得這個道理，並且有實地尋求滅除**身口意行集**的智慧與方法，確實加以實行而滅除三行的集，不久就會成爲聲聞法中的二果及三果人。

三、云何名為「行滅」？行滅的意思是說，**身行滅**、**口行滅**、**意行滅**。身行滅有二：慧解脫的身行滅、俱解脫的身行滅。口行滅及意行滅亦復如是，各有慧解脫與俱解脫二種。如何是慧解脫**身行滅**？這是說，已經確認身行無常，不離行苦；對於種種不同的身行，都已確實加以思惟觀察，都不執著於極粗糙身行，乃至對於極微細身行的呼吸與脈搏也無所執著，此一確認不疑即是慧解脫的身行滅。如何是俱解脫的身行滅？是說慧解脫聖者進而證得四禪、四空定，已確實滅除最微細身行的呼吸與脈搏，由於已斷三縛結的見地，加上根性極利的緣故，可以取證滅盡定；或者根性遲鈍，但因有大善知識的教導，所以能於第四禪取證滅盡定，是名俱解脫者的身行滅盡。若不是利根人，又無大善知識教導，就只能繼續向上進修四空定，在無所有處或非非想處取證滅盡定。

如何是俱解脫的**口行滅**？這是說，已經證得滅盡定者，滅除一切覺觀之後，住於滅盡定中，是名俱解脫的口行滅。如何是慧解脫的口行滅？這是說，尚無能力取證第二禪的定境者，無力滅除五塵覺觀，但已有智慧思惟五塵及法塵覺觀都是生滅法，都是緣生故必緣滅，都無常恆不壞的法性；只要有覺觀存在，即是口行所攝，如是思惟了知已，不再對六塵中的一切覺觀有所執著，是名口行滅。如是所滅口行，尚非究竟滅；更有慧解脫及俱解脫之中的種種差別不同；這是說，慧解脫阿羅漢於證果後，進修俱解脫；或證初果、二果之人，滅除欲界覺觀，所以遠離舌味、鼻香、男女根細滑觸，實證初禪等至以後，亦是口行滅。然此亦非究竟，尚有證得三果者修得二禪等至，遠離五塵，不對五塵有所執著，亦是滅除口行。亦有三果或四果人進修三禪、四禪乃至四空定，對於色界及無色界的定境中覺觀，只餘多分、少分乃至極少分，或如俱解脫阿羅漢滅除了覺知心自己而入滅盡定中，都是滅除口行者，只是滅除口行的究竟或不究竟而已，如是說口行滅。另有凡夫實證無想定者，也是口行滅；但因色陰的身見未斷故，作涅槃想而「入涅槃」以後就生到無想天中，成為無想天人；但無想天人有色而無名，未滅除色陰，仍不能成為解脫者。

如何是**意行滅**？這是說慧解脫的意行滅與俱解脫的意行滅。俱解脫的意行滅，是說已經實證滅盡定，於定中滅除意識全分，同時也滅除了意根的受、想心所法等二分，所以是意行已滅。如何是慧解脫的意行滅？這是說，慧解脫聖者，對於識陰已有如實觀行，確認識陰六識都是緣生法：若無六塵、無明、意根與五色根爲緣因，若無入胎識爲生因，就不可能有識陰六識在人間出生，所以識陰（特別是指意識）是緣生法，將來就一定會有永滅不現的時候（譬如死後入胎永滅）；所以說意識等六識，都是緣生而無常的法性，本非眞實有我；由能如理作意思惟的緣故，所以慧解脫阿羅漢滅除了意行，從此以後不再對意行有所貪愛，捨報時一定能滅除意識，不再受生，令未來際永遠不再能生起意識覺知心，意根因此就隨之而滅盡，是名意行滅。

於慧解脫與俱解脫之間的情況，與口行滅的親證者一樣，都有各種實證上的意行滅的分證；譬如已經證果的聖人們，當他證得初禪、二禪乃至四空定時，都各有不同的滅除意行的證境，都是滅除意行者。所以滅除意行的意思，有慧解脫者斷我執的滅除意行，也有俱解脫者依滅盡定而現前斷除意識的一切意行；二者中間各依證果後所得禪定高下而有差別，所異的只是未入無餘涅槃以前，斷意行的現量境界上的親證差別而已。

四、云何名為「行味」？行味是說，對於行的法味有所貪愛，是名行味。

行有何**法味**？譬如世人貪愛種種活動，常欲四處遊行玩樂，此即是身行的法味；亦如欲界世人愛樂男女細滑觸，特別是西藏密宗的法王、喇嘛、格西、上師們，遵照宗喀巴在《密宗道次第廣論》中的規定，先受三昧耶戒（這是藏密祖師自行施設的密戒，不是佛戒，也與解脫的實證無關，反而會遮障解脫的實證而導致下墜三惡道），然後受慧灌（密灌）而與異性上師或異性同修之間合修雙身法；依照宗喀巴的規定，密宗行者人人都應該每日八個時辰中繼續不斷的保持在交合的過程中，繼續引生淫樂而不許停止；唯除即將漏洩精液之時，方可暫停；如是耽樂於交合過程中的**身行**，自以爲是極有「佛法」證量；也以此事來攝受座下弟子，師徒之間產生了親密而不可被他人挑撥破壞的性伴侶關係，是故密宗喇嘛及久學者，悉皆樂於此過程而不疲倦，這就是身行的法味—**行味**。

如何是**口行**的法味？即是愛樂覺觀境界。譬如古今禪宗的錯悟者，每認爲靜坐到一念不生時，心中都無世俗煩惱負擔，極爲輕安（仍非初禪），並且越坐越有精神，所以樂在其中，這就是口行的法味，愛樂定境中的覺觀故。他們不知大乘禪宗的證悟，所悟的心體是第八識如來藏，祂是離一切六塵覺觀的，乃至無覺無觀的二禪等至中的對內覺觀也都不與祂相應，所以大乘經中說「法離見聞覺知」，又說「一切諸法無覺無觀，無覺觀者是名心性」；但因他們不懂**覺觀即是口行**的緣故，所以墜入覺觀之中，即以粗淺的欲界定中離念靈知境界，作爲禪宗開悟的境界，都是墜入口行之中，正是貪著口行的法味。亦如證得初禪至三禪的人，愛樂禪定中的定境法塵覺觀，出定之後同時愛樂等持位的身中樂觸，這也是墜入口行法味中的人。

對於口行的法味最爲愛樂而執著不捨的人，則是藏密的喇嘛、法王、上師們，他們常常思惟觀察著：有哪一位異性弟子是英俊（美麗）而能與他們常常共修雙身法？然後設法使中意的異性弟子祕密與他們合修雙身法。這是在合修雙身法之前，就已經**愛樂口行**的了，所以常有喇嘛們觀視俊美的異性弟子時，眼光異於平時，這是常有的現象；這其實已經墜入覺觀之中，成爲解脫道中貪愛**口行法味**的貪欲者了，這就是不懂遠離口行法味的愚癡人。及至後來祕密合修雙身法時，雙方都一心追求人間男女欲細滑觸的最激烈、最長久樂觸，這就是最重貪著**覺觀境界**的人，就是解脫道中所說不知遠離**口行法味**，而且是最極貪著**口行法味**的愚人。

如何是**意行的法味**？這是說，貪愛覺知心自己，一直住於我執之中，常常想要使覺知心處在五欲中或世間技藝中，領受其中的法味，這是世間人愛樂意行的法味。若是修行人，譬如外道的五種現見涅槃，第一種是最低層次的外道五現見涅槃，即是西藏密宗的樂空雙運、樂空不二的雙身法境界中的意識心；他們自以爲意識心可以長時間住於雙身法中的第四喜樂極大樂觸境界中，那時觀察意識正在領受淫行的第四喜最大樂觸，此時的樂觸是無形無色的，所以是空性；而這個領受最大樂觸的意識覺知心也是空無形色的，祂也是空性；當意識覺知心住於淫樂第四喜境界中，與淫樂合而爲一時，就是樂空不二，就說淫樂與意識心二者都是空性；藏密法王們都認爲這種淫樂的境界就是報身佛所住的**快樂果報**，所以他們的意識覺知心必須一直住於淫樂的最高樂觸中而不可離開，那時現前領受「涅槃」的「快樂」，說那時的意識心就是涅槃心。

他們因爲這是現前可證可見的「涅槃」，所以說是現見涅槃；這正是外道的五現見涅槃中最低的層次，最多只能與欲界定相應；這其實正是**意行的法味**，但因藏密不懂樂空雙運時的覺知心存在之時正是意行境界，不知其緣起及無常的法性，也因爲被無明所籠罩的緣故，所以每天樂在其中，淪墜於意行中，繼續樂空雙運的意行苦集而不知遠離，解脫遙遙無期。

第一種的外道五現見涅槃中，還有一種就是誤將欲界定中的離念靈知心，誤認為涅槃心；所以有大師主張說，證得一念不生境界而能長時間保持不生妄想雜念時（定的粗住心—欲界定），就是涅槃心。也有大師主張：前念已過、後念未起，於此前後念中間的短暫時刻離念靈知，就是涅槃心。這些都是現在的佛門大師們所主張的，但這仍然是墜入**意行的法味**中而不自知。前者的一念不生時間，比較長久而不變，法味較濃，易於引生執著；後者的法味極淡，不易引生執著，但都能引生證悟的假象，誤以為自己已經證聖，產生過慢與增上慢。都是由於身行及口行所配合的意行法味而引生的。

第二種外道的五現見涅槃心，就是貪著愛樂初禪境界中的覺知心意識，在定中愛樂初禪不受香塵、味塵的一心不亂境界，以意識心可以常住於此無念境界中，以為即是涅槃，但其實仍是意識心存在的境界相。殊不知意識覺知心存在之時，所領受的種種意識自心的定境中境界相，也都屬於意行的範圍，都是墜入意行的法味之中。第三種外道的五現見涅槃心，就是貪著愛樂二禪等至位中的定境，由覺知心自住的境界中所生的法味，不接觸五塵，輕安無比而無負擔，因此而心喜湧動，其實也只是意行的法味；但是外道無知，誤以為是現前可知可見的涅槃，名爲第三種外道的五現見涅槃心之一。第四種及第五種外道的五現見涅槃心，就是貪著愛樂三禪及四禪中的定境法味，誤以爲就是涅槃境界，就誤認禪定中的意識覺知心爲涅槃心，認爲是現前可知可見的涅槃境界，即是第四及第五種外道現見涅槃。這其實仍然是墜落於意行的法味中，但是外道們並不瞭解這個道理，所以對這五種現前可見的自以爲是涅槃境界的覺知心自我，歡喜領受其中的法味，墜入**意行法味**的貪愛中。以上是說三行的法味—**行味**。

五、云何名爲「行患」？五陰中的**行陰**，是**由色陰與識陰和合運作而有**，所以行陰是緣生法；而行陰共有三種行：身行、口行、意行。如何是**身行的過患**？身行是由入胎識駐身，攝受身根與壽命，然後依於意根及意識的分別與思量，才有行來去止等種種身行的行陰；乃至三禪等至定中，仍然還有呼吸與心跳，都屬於身行所攝；到了第四禪時，息、脈俱斷了，才算是停止身行。身行有何過失與災患？譬如人類身行的行來去止都是緣生法，都是依於色蘊與識陰的和合運作才有；乃至進入三禪中，仍有呼吸與脈搏；或是進入眠熟位中，意識已斷，但仍有呼吸與脈搏，這也是由於色陰與意根的和合而有的身行；若離意根與色身，不論是三禪等至定境中，或是眠熟位中，都將不會再有身行的息、脈存在；命尚不存，何況能有呼吸及出定或出定及睡醒後的行來去止？所以，身行是依眾緣而生的，眾緣尚且不是長存的，何況是依眾緣而有的身行，怎能是常住而安樂的法性？所以身行是無常、是苦、是無我，不可愛樂。

身行之最細者，莫過於呼吸與脈搏；而呼吸、脈搏是由欲界愛或三禪境界以下的境界愛而引生的，都是不離意根的身行，卻是這些眾生不能一時或無的行陰；但眾生並不明白這些道理，愛樂貪著種種所知以及不曾了知的身行，由此緣故無法出離生死，常在三界中生死不斷，所以身行有極多過患。以上所說身行過患，只是極略說；關於極細的內容，都屬於本識處在欲界與色界中的心行，必須有道種智才能知之，三明六通大阿羅漢尚不能知，也不許一切菩薩寫在論中、書中，故此不述。身行的存在，必須有入胎識造身與持身，也必須有入胎識配合意根的作意，繼續流注入胎識自身及意根與色身的種子，才能有出入息而維持這個微細身行；由此緣故，可知這種極微細的身行仍是緣生法，何況是極粗糙的行來去止等身行？既是緣生則必緣滅，若眾緣離散時，身行就一定會壞滅，所以身行是無常；無常就是苦，是苦就不是眞實我，不可久住，不得安樂，這就是身行的過患。又由種種身行而引生種種苦患，造作種種惡業，其種類繁多，不勝枚舉，讀者閱後應當在日常生活中，歷緣對境一一細觀，了知其過失及其能引生災患的緣由，然後才可以確實的遠離身行的過患。

如何是**口行的過患**？譬如藏密喇嘛們與異性弟子合修雙身法，他們雖然口稱樂空**雙運**，但其實仍是以淫樂的最大樂觸及最長久樂觸，作為所追求的最大的目標，特別是注重於第四喜的淫樂享受，列為一生中必須追求及保持不失的目標；但這只是覺觀的境界，正是諸大阿羅漢們所說的口行境界，攝屬行陰。這些覺觀境界都是因緣所生法，假藉第八識所生的色身淫根、意識心的貪愛淫樂覺觀、意識心貪愛自己而不願滅除、愛樂意識覺知心永存的無明、入胎識假藉身根所變現出來的意識覺知心與淫觸的觸塵，再加上藏密上師所說的樂空雙運（樂空不二）的邪教導，然後才能有樂空雙運中的樂觸與「空性」的虛假認知的覺觀。凡是有世俗智慧的人們，都可以在淫樂技巧教導下獲得現觀及親自證實樂空雙運境界，這種境界是由極多的外緣與生因入胎識的配合，才可能出生的，而目前喇嘛們對雙身法的實修教導都是錯誤而不能達到第四喜境界的。由此可知一切覺觀的境界都是緣生法，因此藏密的樂空雙運淫樂境界當然不能自外於緣生緣滅的無常性；因爲緣生法即是無常必滅之法，不可愛著，這就是覺觀——口行——的過患。特別要指出的是，藏密的樂空雙運行爲，正是促使藏密法王與喇嘛們盡此一生就下墜三惡道的行爲，因爲不但是三界中最重的淫貪，而且是師徒亂倫、同學雜交、五倫亂倫、違背世間法律、破壞三綱五常、破壞佛教正法的大惡行；盡其一生努力實修雙身法，死後不下墜三惡道者絕無可能，竟說能夠轉世再來人間當活佛、法王，都是虛言假語、欺世盜名之輩。

乃至證得第四禪等至，住在息、脈俱斷，不觸五塵的色界天人覺觀中，如是口行仍然不是常住法，仍是緣生法；四禪天的境界縱使三災之所不及，也仍是生滅法，將來報盡時，下墜人間或三途中，仍然不離三界生死苦。而且在覺知心存在之時，就已經不離**行苦**的刹那刹那識種流注的念念變異了！即使藏密喇嘛們每日與女弟子合修雙身法而享受第四喜樂觸時，其實也仍然是苦中作樂、樂中藏有大苦的，永遠不得輕安的，只是他們自己不能覺知罷了；縱使他們宣稱都沒有痛苦而只有感覺快樂，那也是不離行苦的，因爲都是無常而且極爲粗重、叢鬧之法，不是涅槃究竟寂靜、究竟離苦的出世樂。所以說，凡是存有五陰之時，凡是具有覺觀之時，即是口行，即是無常，即是**行苦**。若不能了知**口行**（覺觀）的過失，執著於覺觀，不論其覺觀是外道法中禪定境界中的清淨覺觀，或是如同藏密喇嘛們的雙身法染污覺觀，久後都必定要受天界生死輪迴或下墜三惡道之苦，煩惱無量。讀者應該依此道理，深入生活中，一一細心觀察口行的過失。覺觀只是識陰的自性，口行的根源，正是識陰的心所法，絕對不是常住不壞法；故說覺觀虛妄，常能引生口行，不應貪著。唯有遠離對於覺觀的貪愛，才能滅除深細的口行。

如何是**意行的過失**？修學解脫道的行者（修學菩薩道者除外），若是對於意行不能了知過患，就無法證得四果下至初果，不論他的說法如何勝妙而善能誘惑學人。當意識心存在之時就已是意行的行苦存在了，更何況一定會領受種種苦受。譬如藏密大力推廣雙身法，而且高推爲更勝於 釋尊的證境，妄說雙身法中的淫樂第四喜境界就是報身佛的**快樂果報**境界；但其實都是在執著意行，怎樣都不肯滅除意識的心行，更別說是滅除意根的心行了。地獄眾生只要有意識心存在，就一定會受種種地獄中的尤重純苦折磨，每日想要脫離怨憎會而不可得；餓鬼道眾生只要有意識心存在，就一定會受飢渴等痛苦及求不得苦；畜生只要有意識心存在，就一定會有求不得苦、恐懼被吞食……等苦；人類只要有意識心存在，就一定會有五陰熾盛之苦等八苦，也一定會有三苦，所謂苦苦、壞苦、行苦。天界眾生只要有意識心存在，就一定會有壞苦與行苦，都無法避免，這就是意行的粗略過失。但是意行的最大過失，就是由於愛戀自己而導致常住於三界中生死不斷，在五趣六道中輪迴不斷，因此衍生了無量無數的痛苦，難以計數，這就是意行的過失。

眾生們都不願意遠離或滅除意行，一心想要保持意行的永遠存在；特別是外道的五現見涅槃邪見，一心想要住於意識的行陰之中。意行之所以令人執著，主要是因爲意識心行存在之時，會使人感覺到**自我是眞實存在的**，並且能與累世熏習的意識習性相應，所以眾生們都不願意滅除意行。乃至號稱最勝妙修行法門的佛教界末法時代的師徒們，不論師父與弟子都一樣，都是不願意滅除意行的，所以都一心想要保持意識常住於一念不生、不起煩惱妄想的境界中，想要一直遠離昏沉與掉舉而保持著警覺性、了知性，這樣子住於輕安境界中而自以爲悟入佛法了！可是阿含中明說不知亦不見的自性清淨心才是無餘涅槃中的本際，說「比丘不知不見，如是知見。」那些大師與徒弟們，總是主張意識心修行變清淨了以後，就可以成爲無餘涅槃中的清淨心；然而 佛的聖教中明白的開示：無餘涅槃境界中是已經滅盡識陰的，意識覺知心當然是應該滅除而不復存在的妄心。大師們怎能誤以爲意識心一念不生時就是涅槃心？

而在大乘法中眞悟的古今賢聖們，所悟的都是第八識心，而第八識心正是離六塵見聞覺知的，也是從來都不曾與煩惱相應的，是不曾墜入意行之中的。菩薩固然因爲發願常在人間自度度他而不滅除意行，所以不入無餘涅槃，但菩薩們的意識心都是轉依於滅除意行境界的，只是爲了度眾利生才故意維持著意行。只有不瞭解意行過患的人，才會執著意行，不肯滅除意識覺知心，不肯使意識覺知心永遠不再出生，所以不能離開生死，這正是意行的最大過患；可憐的是今時南、北傳佛法中，絕大多數的大師與學人們，總是不肯滅除或否定意行，總是墜入意行之中，不斷的加強他們對意行的執著，所以一直強調意行，說離念靈知不可以滅除、不應滅除、無法滅除，都是愚於解脫道的俗人。

六、云何名爲「行出」？所謂行出，就是了知行陰的內容，以及了知身口意行中必然存在的苦痛；也了知行陰的苦集、行陰的過患、行陰眾苦的滅除，然後能尋求滅除行陰眾苦的方法，終於能得出離行陰境界，實證解脫果，這就是行陰的出離。想要證得行陰的出離，就得要以八正道的方法來實行，因爲八正道就是滅苦之道，是在確實瞭解行陰以後滅除行陰眾苦的方法，所以八正道的修行方法，首要之事是在建立正見。學法者若無正見，一向都被大師們作了邪教導，一向住於無明之中，永遠不能如實瞭解五陰的內容，更別說是五陰的苦、集、滅、道，則將會產生邪精進：趣向外道輪轉生死的邪見中，而且是趣向會導致下墮三途的邪見中，卻自以爲是在修行正法、護持正法；接著就會因爲邪精進而在最後無法獲得正定：無法使自心住於正見之中而決定不移，往往隨著名師住於邪定聚中。若能依正見而遠離無明邪見深坑，才會懂得滅除三行而親證解脫果，捨壽之後，或是七次人天往來，或是一來，或是不來，或是現生取證無餘涅槃。這才是修學南傳佛法解脫道的大師與學人們都應該深入聞熏及思惟的法義，而不是一向都沈浸在身行、口行、意行的境界中，每天不離三行而作著證果解脫的白日夢。假使能如理作意而確實的思惟及觀行三行的內容、三行的韻味、三行的苦、三行的集、三行的過患、三行的滅除、三行的出離法要，就能眞實獲得初果乃至四果的解脫果實證。以上六法，眞學解脫道的大師與學人們，都應該深入觀行，並且如理作意的深入思惟，尋求斷除三行的智慧與實證，才有可能實證解脫道的果證，了卻生死大事。

從五陰中的身行、口行、意行的緣生緣滅而無常，實際現觀以後，若有閑暇，亦無妨隨緣而為世人解說器世間諸行的無常，方便漸次接引眾生進入佛門解脫道中修學。器世間的無常，譬如經中說：【「復次，有時二日出世。二日出時，諸溝渠川流皆悉竭盡，不得常住。是故一切行無常，不久住法，速變易法……。」】（《中阿含經》卷二）這是世尊為防比丘貪著欲界天、色界天、無色界境界，如是舉盡三界境界之無常相，以世界悉檀來勸喻比丘勿貪著欲界天而修十善業，勿貪著禪定境界而生色界、無色界天。於《長阿含經》中，亦如是以三界不同的境界相，說明都是無常之法，不可貪著；如是而說世間無常者，《長阿含經》中共有二十三次之多。所以這也是修學解脫道的人們應該稍加注意的。

修除行陰方是可喜的：【「沙門思惟身口意淨，無復喜怒，寂然意定，不起不為，行陰已除，是第四喜。」】（《佛開解梵志阿拔經》）語譯如下：【「出家人思惟身行、口行、意行而全部都清淨了，從此時開始，不再有喜怒的情緒了，心地一直都是寂靜的狀態，意識覺知心一直都是定於一境而不攀緣的，所以意識不會常常生起種種欲望，就不再造作種種身行、口行、意行了，這時行陰已經滅除了，這就是第四喜。」】所以，解脫道中的第四喜，是滅除行陰的，已經把身行、口行、意行都滅盡了！而藏密的雙身法第四喜，卻是不滅身行、口行、意行的，三行全都具足存在著，而且是在染污貪愛中繼續實現身行、口行、意行等行陰的；他們最擅長以假代眞，把所有取自印度教外道的雙身法，套上佛法的名相，欺騙世人說是眞正的佛法、最究竟的佛法、超勝於顯教的佛法，所以解脫道中的第四喜，就被取代爲雙身法第四個層次的淫樂貪著的覺受境界了。

然而　佛說的一至四喜，是從識陰遠離四識住的清淨境界來說的；當識陰對於色陰無所執著時，是第一喜；當識陰對受陰無所執著時，是第二喜；當識陰對想陰與行陰無所執著時，是第三喜及第四喜，這第四喜即是慧解脫阿羅漢的境界，是遠離六根、六塵及識陰心所法的清淨而無覺觀的境界；但是藏密卻一心想要追求淫觸的最大樂受，強烈的墜入識陰、色陰及受想行陰中，一喜也無，竟然套用解脫道的四喜名相而轉易爲外道淫樂法，成爲最嚴重破法者，成爲最嚴重的壞人法身慧命者。由此緣故，說藏密不是佛教，是喇嘛教，也是印度教性力派邪說的餘孽；一向違背二乘菩提，與解脫道背道而馳，是增長輪迴種子的邪教，也一向違背大乘菩提離見聞覺知的寂靜境界，一向悖離佛法而欺騙世人說是佛法；並且恬不知恥的貶抑佛教，常以他們所傳的三界中最下賤法，高推爲超勝於佛教正統佛法的「最高佛法」。

於三法印之外，另外還可從諸行無常衍生「**諸行是苦**」，亦是解脫道之法印；這是依諸行的本質而說**無常**、**苦**、**無我**，然後開示應滅盡諸行；**諸行若已滅盡**，**則是實證二乘涅槃**，如是名爲**四法本末**，有本有末而成就阿含解脫道。這不是平實新創之法，而是阿含道中本就開示過的解脫法，是故經云：【「今有四法本末，如來之所說。云何爲四？一切**諸行無常**，是謂初法本末，如來之所說。一切**諸行苦**，是謂第二法本末，如來之所說。一切**諸行無我**，是謂第三法本末，如來之所說。**涅槃爲永寂**，是謂第四法本末，如來之所說。是謂，諸賢！四法本末，如來之所說。」】（《增壹阿含經》卷十八）

云何**諸行無常**？不論身行或口、意行，在現量或比量上，都可以被確定不是常住不變的。即使宗喀巴在他的《菩提道次第廣論》及《密宗道次第廣論》中，堅決的說樂空雙運淫樂境界中的樂覺與領受樂覺的意識心都是常住的，但是一切有智慧的學人們，都可以現前觀察而證實**樂覺只是由身行與意行的不斷運作才能繼續存在著**，身行與意行若暫時停頓或滅除了，樂覺就消失了，所以樂覺絕對不是宗喀巴講的常住不壞法；更何況身行與意行的生起，是要以無常的五色根及無常的識陰爲緣，才能生起及存在的；五色根及意識六心尚且是無常法，何況是依五色根及意識六心而有的身行與意行，如何能是常住不滅的？宗喀巴眞是腦筋不清楚，胡言亂語而不自知，公然寫在菩提道與密宗道的次第廣論中，迷惑了藏密所有的法王、喇嘛、上師、格西與「佛母」。如今平實據理依教辨正以後，他們仍然不能理解其中的邪謬，繼續樂在其中而不知醒覺，反而不顧平實辛苦救護他們的好意，反過來辱罵平實是邪魔外道，如同陷墜深坑中的愚狗，對伸下手來挽救牠的善心人士，猛咬不放一般，只能說是愚癡到極可憐的地步了，只能嘆息他們的愚癡而無可奈何。他們竟然愚癡到不能瞭解那個領受淫樂境界的意識心也是緣生法而常常斷滅的，並且是夜夜眠熟時一定會斷滅的；而祂存在之時正好是上面所舉的阿含部經文中所說的意行境界，意識心與意行境界都是無常而不能久住的生滅法，也無法常住而不間斷、不變異，所以說諸行無常；無常則爲非法，與解脫道及佛菩提道都不相應。

云何**諸行是苦**？謂諸行往往會與痛苦相應，往往是痛苦的行陰不斷的存在著，很少是快樂的行陰不斷的存在著。即使是快樂覺受的行陰繼續存在而永遠不會中斷，也仍然是住於識種刹那刹那流注的變異境界中，終究無法永住不斷，仍然不離行陰的無常苦，所以說諸行是苦。這也是說諸行無常，無常就不是自己所能控制的，即使是心中很想要讓現前身口意的樂行保持不斷、不壞，也不能如其所願，所以是行苦。云何**諸行無我**？這是說，身口意行都是由色陰與識陰六識來共同成就，或由意識單獨與色身來共同成就的，本是緣生法；緣生之身口意行，就不可能是常住法，當然是稍後或未來一定會壞滅的法，所以身口意行並沒常住不壞的眞我自性，因此身口意行當然是無我性的，不可貪愛。

意識存在之時亦是行陰所攝，有念靈知、離念靈知都是意識心的性用，必須有意識心存在，才會有離念靈知的性用存在，所以離念靈知只是意識或識陰六識的心所法罷了。意識心的存在，已是行陰中的意行所攝的境界，何況是意識心的性用─覺觀─離念靈知，當然更是行陰所攝的意行妄法，所以離念靈知正是前面阿含部的經文中說的口行─覺觀。六塵存在之時亦是行陰所攝，同樣是屬於口行，因爲六塵正是口行─覺觀─所取的境界相，也是不離壞苦與行苦的，也是念念變異的無常性，所以是苦；這對於解脫道的行者來說，也是一樣要滅盡的，否則就不能實證無餘涅槃解脫功德。至於意根存在時的意行，雖然阿含部的經文中並沒有明說，但是從滅盡定的滅除意根部分心行，又從無餘涅槃必須滅盡五陰全部、必須滅盡十八界全部來看，也就是連意根也要滅盡，確實可以說意根存在之時也是行陰所攝的，但已不是識陰所顯現的行陰了！所以仍可歸納在行陰中的意行裡面，這也就是上面阿含部經文中說的意行。

云何言**涅槃爲永寂**？一切行無常，所有行陰都是無常，無常則是苦，是故應滅。當身行、口行、意行都滅盡時，十八界法都已經不存在了，還能有六識與六塵存在嗎？連意識與意根都滅除了，還能有意識心來領受樂空雙運中的淫樂覺受嗎？這時是色陰滅除了，意識與意根也滅除了，六塵也不再生起了，絕對的寂靜而不再有一法繼續存在了，所以在這一段經文中說的道理就是：諸行滅盡以後，十八界、五陰、六入、十二處都已經全部滅盡了，這就是**涅槃爲永遠寂滅**的道理。這是已經滅盡我見與我執的人，才能做得到的事情；一般未斷我見的凡夫大師們，都是不樂於如是永寂境界的；所以他（她）們才會繼續不斷的對平實抗爭說：**意識心是不滅的**。這豈僅是印順派的大師與學人們所墮的邪見，也是目前中國兩岸禪宗大師們及所有密宗法王、喇嘛們所墮的邪見；人人都不願意滅除意行與口行，都斷不了我見，座下的弟子們也就可想而知了！

第二節　諸法無我

這一節中要爲您說明**身無我**、**識無我**、**受無我**、**想無我**、**行無我**，您詳細閱讀及思惟以後，可以獨處於安靜處，現前觀察五陰的無我性，現前取證解脫的功德，今依照順序一一說明。誤計蘊處界自我眞實的人，名爲我見者。不斷我見的人，有誤計色身爲不壞我，有誤計識陰爲不壞我，有誤計識陰的自性爲不壞我，有誤計三受、五受爲不壞我，有誤計能思想、能知能覺（想陰）爲不壞我，也有誤計行陰爲不壞我，這些人都有過失，不離無明。這是說，這些人都墮於凡夫眾生所誤計的**常住不壞我**中，錯把五陰全部或五陰中的部分法性誤認爲常住而永遠不會變異、不會壞滅的眞實我，都已成就我見。

誤計色、識、受、想、行等五蘊法爲常住不壞我的人，都是因爲不如實知五陰的內涵，以及不如實知五蘊皆悉虛妄的緣故。這種誤計，是古時就已經存在的了，是極普遍的事情；譬如古時還沒有佛教出現以前，常有外道因爲天人來到人間開示眞心（如來、如來藏、眞我）的意義，但是因爲前佛所傳的佛法在人間已經滅失，眾生證悟眞心如來的因緣也還沒有成熟，所以外道們聽受天人偶然前來人間教導以後，也都想要有所修證；但因爲天界的菩薩們，或往世證得聲聞初果、二果的天人，只是偶爾會來人間對往世有緣的人，在定中或夢中說法；所說有限，也沒有系統性的佛法教導，所以外道們總是無法斷除我見，總是錯將五陰中的某些法誤認爲是常住的眞我、如來。這是古時很普遍存在的事情，直到 佛陀出現於人間以後，這個狀況才有了改變。可是 佛陀入滅幾百年後，單是解脫道正法的流傳，就已開始產生嚴重誤會的情況了；因此就有了聲聞解脫道佛法的種種誤會，於是出現五百年間聲聞部派佛教的衆說紛紜。

然而大乘法仍然與聲聞部派佛教同時在繼續弘揚著，也一直存在著誤會大乘佛法的凡夫大師們妄說佛菩提的現象。更可笑的是，聲聞法中的大師們，不懂大乘佛法與二乘佛法的差別，妄將大乘佛法解釋爲二乘菩提法，如同今天的印順派法師與居士一般，將二乘聲聞法的解脫道取代大乘佛法，妄認爲：**大乘佛法無異於二乘菩提，同樣都只是解脫道而已，沒有法界實相之可親證，沒有萬法根源的本識存在，一切眾生五陰都是無因唯緣就能出生的，都不必有本識入胎攝取父精母血來製造胎身，不須有入胎識爲因，單有父精母血二緣就能製造及出生胎兒，單有胎兒色身就能無因而生識陰等六識**。意謂**由色能生心**；再於這個誤會的基礎上，對大乘佛法妄加月旦，妄說大乘佛法是從阿含的聲聞解脫道演變出來的，妄說大乘佛法一代又一代弘傳時有所演變，妄說大乘佛法是佛滅後數百年才開始弘揚如來藏妙義，說是被外道同化而漸漸與外道神我合流；這些說法與主張都與正確法義流傳的史實相違，因爲連阿含部聲聞經中都已明白記載著：有菩薩以本識爲根本而度化外道入佛法中。這是佛世就已存在的史實，才會被聲聞聖人結集在四阿含中，所以大乘佛法一樣是 佛陀親說的。

聲聞法的四阿含中也處處有本識弘揚及菩薩弘法的明文記載，怎能妄說大乘經典中的菩薩們所弘揚的本識如來藏是後來新創的？徵之於今天正覺同修會所弘揚的法義，悉皆符契三乘經典中的本識法義，悉皆符契 彌勒、無著、玄奘……等菩薩所弘揚的如來藏本識法義，證明古今眞悟者所弘揚的本識法義，是從來一味而無改變的；有所改變的，永遠都只是二乘中的凡夫妄以解脫道來理解、來解釋大乘佛法而導致有異，永遠都只是錯悟三乘佛法的凡夫大師們妄以識陰所攝的虛妄法來理解及解釋大乘佛法而有所異。但這些誤會佛法的歷代凡夫大師們，包括古時的佛護、清辨、月稱、安惠、寂天、阿底峽、蓮花生、宗喀巴，以及今時的印順、聖嚴、證嚴、星雲、昭慧等人所說的言論，都只是誤會佛法者所說的戲論，並非眞正的佛教法義，怎能取來作爲佛法有所演變的考證資料？古時誤會三乘佛法的凡夫法師們，很懂得攀緣及寫論來造勢，以致在當代很有名氣，但是他們所說的法義根本就不是佛法；造成這個情況的原因，都是由於他們對五陰的內容沒有如實的理解與現觀，不知五陰中的一一法都是虛妄法，錯將五陰中的某一法（譬如意識細心）建立爲常住的眞實法，才會有歷代的應成派中觀師古今一貫的主張說：意識覺知心是常住不滅法。

這種誤會佛法的情況，在 佛陀出現於人間之時，就已經普遍的存在著，要到 佛陀弘法大約十年以後才開始有了明顯的改變。古時這種誤會佛法的情形，有經文爲證：【「**心識**（註）爲行，行受名色，但**因緣寄託**，**生母腹中**。更相憂念，父母言我子，子言我父母；精神展轉，皆不自識。宿命善者，復生爲人，則富貴長壽；其不善者，則苦短命，各由本業。天地人物，一仰四氣：一地、二水、三火、四風；人之身中，強者爲地，和淖爲水，溫熱爲火，氣息爲風。生借用此，死則歸本；計其本末，各自爲他，凡人不覺。天地之間，生者如夢，命祿至短，擾擾而死。譬如風吹海水，波浪相逐；生死亦然，往來無休。」】（《佛開解梵志阿拔經》）（註：二乘法中說的心、意、識，是指三世的意識，都是指第六意識。）

語譯如下：【「過去心、現在識的運作過程，就是十二因緣法中的行支；由於過去心、現在識在種種行的熏習下成爲習慣而不願使自己滅失，所以眾生就一定會入於母胎而領受了此世及未來世的名色，都只是假藉種種因緣而有所寄託，使得本識入胎而生於母腹之中；出生後就一再輾轉的互相憂愁掛念，父母總是說這是我的子女，子女總是說這是我的父母，其實往世往往不是父母與子女的關係，但是雙方的精神都是輾轉從往世滅失以後而在這一世中全新出生的，所以都不能自己認識往世互相之間的因緣。多世修行善法善業的人，死後重新再出生爲人，就得到富有尊貴及長壽的果報；若是往世常造不善業的人，生在人間時就常受痛苦而又短命，都是各自由於所造本業的果報。天地間的人類與動物，全都要仰賴四種氣：第一是地大、第二是水大、第三是火大、第四是風大；人的色身之中，堅固強硬的部分就是地大，互相混合而不堅固的就是水大，身中的溫熱就是火大，呼吸的氣息及身中的運動能量即是風大。人生在世時都要借用這些四大，死亡以後就又回歸到本來的四大狀態；如果是詳細的算計四大的本末，其實是各自被四大以外的心識所運用的，而四大其實並不是眾生所能永遠擁有的，然而凡夫之人都不能覺知這個眞相。在天地宇宙之間，人生的過程都如同作夢一般，生命與福祿都是很短暫，人們總是煩憂的擾擾不休一世，然後死掉。譬如大風吹動海水，使海水生起波浪而有前後浪互相追逐；世世的生死也是這個樣子，死後他往、出生再來，永遠都沒有休止的時候。」】

在解釋此段經文之前，必須先把第一句中的**心**與**識**加以說明；弄清楚心、意與識以後，對於這一段經文中的法義認知，才不會違背 佛陀說法時的眞意：於二乘法中，**心**、**意**、**識**都同樣是指第六意識覺知心，不同於大乘法中說**心**是第八識、**意**是第七識意根、**識**是第六意識心。有阿羅漢說，過去世的意識是**心**，現在世正在了別的意識是**識**，未來世將會同樣出生、存在而了別諸法的意識是**意**。但也有更多的阿羅漢說：「過去名**意**，現在名**識**，未來名**心**。」但以後者爲多數的阿羅漢說法並不正確，因爲未來應該名爲**意**，意識有**意願**繼續受生三界中，想要使意識繼續存在；這個**意願**存在著，但是仍然尚未實現，只能說是存在於現在的意識心中，成爲未來世現行的動力，所以應該說未來世的意識名爲**意**。過去世的意識已經滅失，不再繼續運作了，也不可能再度出生；但因過去世曾經存在及運作過，如今已經消失而不能再出現了，也不可能再有作用了，所以已經沒有意願的存在，也不可能再有意願出生；但在過去世確實曾經運作過，所以應該說為**心**，不該說為意。現在世的意識正在了別，了別即是識，所以應該說現在的意識是**識**。

如是，應以前者阿羅漢所說的為準：**過去世意識名為心，現在世意識名為識，未來世意識名為意**。若說過去名為意，現在名為心，在這一段經文中，就無法自圓其說了；因為這段經文中說的是過去世意識及現在意識的行，導致此世及後世的意識心繼續出生。假使說過去名意，現在名識，就與這段經文不能契合；因為，經文說的是「**心**、識」二法曾經有行而引生此世或後世的意識，不是說「**意**、識」二法曾經有行而引生此世或後世的意識；假使**意**是說過去世的意識，這一段經文就應該說「**意**、識」二法曾經有行而引生此世或後世的意識，但經文說的是「**心**、識」而不是「意、識」，所以過去世意識應該說是**心**，不應說是**意**。只有「過去世的**心**、現在世的**識**」，才可能有動力來引生此世與後世的意識，而且已經是過去了，往世的意願已經實現而滅失了。若說**心**是未來世的意識，未來世的意識尚未出現，當然不可能有任何的**行**出現而熏習諸法，怎能符合經文所說？所以必須依前者阿羅漢的開示為準！雖然前者阿羅漢的說法只是少數人的說法，多數阿羅漢的說法卻都屬於錯誤的後者。

言歸正傳，這段經文的意思是說，識陰六識心的**存在**及**運作**，都是行陰所攝；識陰六識爲體，其存在及運作就是識陰的行陰。藉著識陰的造作善惡諸業，或是熏習種種無記業，使得心識樂於其中，不樂於自我滅失，所以世世都有無量無數的心行，因此就跟著有了無量無數的識陰運作種子存在，使得識陰不能安住不動，使得識陰不斷的出生及運作，因此就一定會在死後繼續入胎，以求繼續擁有色身與受想行識，繼續使來世五陰存在於人間或三界中，受諸苦樂果報，所以經中說：「**心識爲行，行受名色；但因緣寄託，生母腹中。**」由於這個緣故，就會輪轉生死而不斷絕。但是生死輪轉的最大原因，都是由於無明所罩而錯認五陰中的某些法爲常住實有的自我，不知五陰諸法及五陰輾轉出生的萬法，都沒有眞實常住的我性，都是緣生緣滅的無常法；無常即非眞我，故說無我，這就是二乘菩提阿含解脫道中應該親證的智慧，以此智慧來破除無明。

無明若斷了，就不會再錯認五陰爲常住的眞實我，也不會再錯認五陰輾轉出生的任何一法是眞實常住的我，初步確認五陰中的每一法都沒有眞實性、常住性時，我見就會斷除了！我見斷除以後，三縛結就眞的斷除了，才有可能進而斷除我執（除非已經先具足證得四禪及四空定而降伏了我執，才能在斷我見之際同時斷除我執），才能接受這個正確的觀念：**把五陰的所有陰，把十八界的所有界，把十二處的所有處，把六入的所有入，全部滅盡而永遠不再有陰、界、處、入的出生了，就成爲無餘涅槃。**未確實斷除我見的人，都無可能確實的接受這個見地。有了這個見地，並且把對於五陰、十八界、十二處、六入的所有自我貪愛都滅除了，才能解脫三界生死的纏縛。這才是眞正的解脫道，才是眞正的阿含道，才是眞正的聲聞佛法（南傳佛法）的正義。不應有一絲一毫保持五陰中某一法繼續存在的念頭，乃至建立識陰中的意識另有細心可以常住，或建立識陰中另有意識極細心常住的念頭，都不可以有；否則即是我見未斷的凡夫，永遠都不可能是分證解脫的初果預流聖者，因爲意識的所有粗心、細心、極細心，永遠都是意識妄心，不可能被轉變成常住不壞的本識眞心。

古時常常有人不墜入意識心中，但是卻誤計覺受爲眞實常住我，自以爲已斷我見，其實是墜入識陰的覺受中，反而是墜入識陰的心所法中；古時如是，今時也是一樣的情況。但是他們的觀念有大過失，因爲他們誤計而堅定的認爲色身與受覺是常住不壞法，一樣是我見，仍是五陰中的受陰，並未出離我見。譬如佛云：**【「阿難！夫計我者，齊幾名我見？名、色與受俱，計以爲我。有人**

言：『受非我，我是受。』或有言：『受非我，我非受。受法是我。』或有言：『受非我，我非受，受法非我；但愛是我。』阿難！彼見我者言『受是我』，當語彼言：『如來說三受：樂受、苦受、不苦不樂受。當有樂受時，無有苦受、不苦不樂受；有苦受時，無有樂受、不苦不樂受；有不苦不樂受時，無有苦受、樂受。』所以然者，阿難！樂觸緣生樂受，若樂觸滅，受亦滅。阿難！苦觸緣生苦受，若苦觸滅，受亦滅。不苦不樂觸緣生不苦不樂受，若不苦不樂觸滅，受亦滅。阿難！如兩木相攢則有火生，各置異處則無有火。此亦如是，因樂觸緣故生樂受，若樂觸滅，受亦俱滅；因苦觸緣故生苦受，若苦觸滅，受亦俱滅；因不苦不樂觸緣生不苦不樂受，若不苦不樂觸滅，受亦俱滅。阿難！此三受，有爲、無常，從因緣生，盡法、滅法，爲朽壞法，彼非我有，我非彼有，當以正智如實觀之。」

「阿難！彼見『我』者，以受爲我，彼則爲非。阿難！彼見我者言：『受非我，我是受』者，當語彼言：『如來說三受：苦受、樂受、不苦不樂受。若樂受是我者，樂受滅時，則有二我，此則爲過。若苦受是我者，苦受滅時則有二我，此則爲過。若不苦不樂受是我者，不苦不樂受滅時，則有二我，此則爲過。』阿難！彼見『我』者言：『受非我，我是受。』彼則爲非。阿難！彼計我者作此說：『受非我，我非受，受法是我。』當語彼言：『一切無受，汝云何言有受法？』汝是受法耶？」對曰非是。「是故阿難！彼計我者言：『受非我，我非受，受法是我。』彼則爲非。阿難！彼計我者作是言：『受非我，我非受，受法非我，但愛是我』者，當語彼言：『一切無受，云何有愛？』汝是愛耶？」對曰非也！「是故阿難！彼計我者言：『受非我，我非受，受法非我，愛是我』者，彼則爲非。阿難！齊是爲語，齊是爲應，齊是爲限，齊是爲演說，齊是爲智觀，齊是爲眾生。阿難！諸比丘於此法中如實正觀於無漏心解脫。阿難！此比丘當名爲慧解脫。如是解脫心比丘，**有我亦知，無我亦知，有我無我亦知，非有我非無我亦知**。何以故？阿難！齊是爲語，齊是爲應，齊是爲限，齊是爲演說，齊是爲智觀，齊是爲眾生。如是**盡知已**，無漏心解脫比丘**不知不見，如是知見**。」】（《長阿含經》卷十第二分《大緣方便經》第九）

如佛所云：「阿難！夫計我者，齊幾名**我見**？名、色與**受俱**，計以爲我。」這意思是說，誤計眞實常住我的人，還有哪些狀況仍然是我見呢？就是不懂五陰的眞實內涵，不知道名色一定會與受陰同時同處，當他知道名、色都是虛妄法時，就把受陰執著為常住不壞的眞我。但受陰是與色陰同時同處的，是與名中的其餘諸法同時同處的，若離色陰及其餘的名等眾法，受陰就不可能存在。而且受陰中有苦、樂、捨受（不苦不樂受），或者說有五受：苦、樂、憂、喜、捨受。這三受或五受的受陰，都是依於色陰與識陰才能出生及存在的，而且這三受、五受，都是常常變異而不是常住不變的，都是常常滅失而互換不停的：樂受常常會消失，成為捨受；樂受常常消失而被苦受取代，捨受常常消失而被樂受取代。所以，受陰是虛妄法，並無實我，也不是常住不壞法；於悶絕、無想定、滅盡定……等種種情況下都會消失不現，當然是虛妄法，絕無常住不壞的實我體性。常住不壞的實我體性，一定是從來不與苦、樂……等受相應的心，一定是從來不與六塵相應的清淨心，所以也絕無貪厭的心行，究竟寂滅，才能安住於離一切法的無餘涅槃境界中，永遠住於 佛說的**不知**亦**不見**的境界中。

也有誤計能知能覺為我的人，這些人都是墜入想陰中的凡夫，我見未斷，所以也有大過失。您若想要眞的斷除我見、三縛結，成為實證初果解脫的佛弟子，對於古今凡夫大師們誤會五陰的情況，都應該加以了知，才不會像他們一樣墮於我見中，取證初果見地才不會遙遙無期。近百年來的中國禪宗，常常有大法師、大居士們錯把想陰誤計爲常住不壞的眞我；譬如袁煥仙及他的得意弟子南懷瑾，亦如心中心法的元音居士與徐恆志居士、上平居士……等人；亦如台灣的聖嚴法師錯把一念不生當作是開悟，落入意識心中；亦如惟覺法師錯把識陰的自性功能，認作是眞如佛性，所以常常這樣說：「**師父在上面說法的一念心，諸位在下面聽法的一念心，就是眞如佛性。**」又常常這樣說：「**清清楚楚、明明白白、處處作主的心，就是眞如佛性。**」這些人都已墜入識陰或識陰的自性中，以識陰爲眞實常住我的人，當然是未斷我見的凡夫；但是以識陰的自性作爲眞實常住我的人，譬如心中心法的上師與學人們，都說：「**能知能覺、靈明覺了的能見、能聞……乃至能覺、能知之性，即是佛性。**」都屬於識陰六識的功能，在《楞嚴經》中，佛說「非自然生、非因緣生」，是由如來藏自然而然的藉因緣而出生的，所以是如來藏所生的緣生法，緣生則必緣滅，絕非常住法，當然能見、能聞……乃至能知、能覺……等自性，都不是常住不滅的眞實我，所以這些人都是**自性見者**，所傳的都是**自性見外道法**。若想要確實斷除我見而滅除三縛結，應當詳細加以現觀，了知能見之性、能聞之性、乃至能覺能知之性，都確實是識陰六識的自性，就可以確實斷除我見而斷三縛結。

若已經如實觀察以後，心中仍有所疑，不肯確實斷除自性見的話，平實給您一個建議：在確實觀察識陰六識的自性以後，再詳細觀察：識陰的六識心王，除了能見、能聞、能嗅、能嚐、能覺、能知六塵的自性以外，還有沒有別的自性？而其他的各種自性是否都附屬於這六種自性而存在的？若六識沒有六種自性以外的其他自性了，而其他的貪、瞋、慢、疑……等心所法的自性又都是附屬於這六種自性而存在於識陰六識上，當然能見、能聞乃至能覺、能知的六種自性全都是識陰六識的自性；這六種自性既然是識陰六識所有的自性，當然是虛妄法：**識陰六識尚且是緣生法，何況是識陰六識所有的自性，當然更是虛妄法**。這樣確定以後，我見當然就會斷除，三縛結也就跟著斷除了！這時的您，若還不能稱爲初果人，還有誰可以說是初果人？

從此以後，那些大師們，誰是已經斷除我見的？誰沒有斷除我見？您都可以從他們的著作、言語開示中，確實照見而沒有懷疑，這就是 佛陀以密意說的於諸方大師不疑的意思；將來若有因緣聽見有某大師說法時，確實是不墜入我見中的，您也可以確定他是眞的已斷三縛結、已證初果的聲聞聖者，您絕對不會懷疑他有沒有斷我見！您已經能於諸方大師不疑。由這樣檢驗諸方大師的行爲中，您也可以確認自己是否已經眞的斷了三縛結。但是此時，平實卻要勸請您：**趕快迴心轉入大乘法中，千萬別在死後生到欲界天中，千萬別想七返人天而取證無餘涅槃**。因爲您既然已經證實初果是確實可證的，涅槃也是確實可證的，對佛法已有清淨信了，何不進一步**求證無餘涅槃中的本際**？確認無餘涅槃中不是斷滅境界，而不只是信受佛語說有本際就只想斷除我執而在捨報時或在未來世入涅槃。若能如此迴心大乘，將來親證無餘涅槃中的本際—入胎識如來藏—就能同時擁有阿羅漢所沒有的般若智慧了！從此可以生生世世不離人間、不離胎昧而常行菩薩行了！從此以後對於胎昧就可以沒有恐懼了！

關於某些人對五陰中的部分法性有所誤計，較爲深細的是誤計身行、口行爲常住不壞的眞實我，這當然也有大過失，如同上一節**諸行無常**所言，您應當已經知道了，也現觀過了，在這一節中就省略而不重複再說了。至於滅除識陰的貪愛，經云：【「**沙門自念：得佛清化，斷諸緣起；癡愛盡滅，識陰已除。是第五歡喜也。**」】（《佛開解梵志阿拔經》）依循佛的開示，識陰的自我執著是應該滅除的；但是凡夫眾生都對識陰執著不捨，無法否定，更不可能滅除識陰。至於佛門中的老修行者，已經滅除色、受、想、行四陰的執著了，成就第四喜了，也知道應該滅除識陰的執著而證第五喜，成就解脫道的初果乃至阿羅漢果；可是他們往往口中說願意否定識陰、滅除識陰，卻往往在識陰中，再把識陰的變相執著爲常住我、不壞我、眞實我，並且不斷的爲自己的看法辯護，堅稱不是識陰自身，堅稱不是識陰的自性，這其實仍是我見凡夫，心口不一：**口中說已經否定識陰，口中說已斷我見；其實仍然繼續執著識陰爲常住不壞我，當然是有大過失的**。這種人與解脫道的證境絕不相應，一定是斷不了我見與三縛結而自認爲已經斷除我見與三縛結的，所以識陰我執的滅除是更重要的。

五陰變易無常，無常是苦，苦故無我，斯名諸法無我：【「何謂五陰？一、色，二、痛，三、想，四、行，五、識。**此五覆人，令不見道**。沙門自思，覺知無常；身非其身，愚癡意解；心無所著，色陰已除，是第一喜。沙門思念，自見身中五藏不淨，貪欲意解，善惡無二，痛陰已除，是第二喜。沙門精思，見恩愛苦，不爲漏習，無更樂意，想陰已除，是第三喜。沙門思惟，身口意淨，無復喜怒，寂然意定，不起不爲，行陰已除，是第四喜。沙門自念，得佛清化，斷諸緣起，癡愛盡滅，識陰已除，是第五歡喜也。」】（《佛開解梵志阿拔經》卷一）

五陰之所以被稱爲陰，正因爲這五個法（色、受、想、行、識）會遮蓋眾生的解脫智慧、實相智慧，使眾生墮入這五法中，被這五法遮障而使解脫及實相的智慧不能生起，所以把這五法稱爲五陰，「陰」就是陰蓋而暗冥的意思；正因爲這個緣故，佛開示說：「**此五覆人，令不見道。**」所以，五陰中的任何一法，都會障覆學佛人的智慧，您若是眞的想要取證解脫果，千萬別墮入五陰的所有陰中，也不可墮入五陰的某一陰中，否則就會使您無法在阿含解脫道中見道。二乘的見道就是斷除我見，因此而使三縛結都斷盡。五陰自身尚且是無常而沒有眞實常住的我性，何況是藉著五陰而輾轉出生的萬法，當然更不可能有眞實常住的我性，所以說**諸法無我**，不只是**五陰無我**而已。

諸法無我者，亦如經云：【「復次，有六見處。云何爲六？比丘者，所有色，過去、未來、現在，或內或外，或精或麤，或妙或不妙，或近或遠；彼，一切非我有，我非彼有，亦非是神；如是慧觀，知其如眞。所有覺（受陰），所有想（想陰），所有此，見『**非我有，我非彼有**；我當無我，當不有；彼（覺、想）一切**非我有，我非彼有，亦非是神**。』如是慧觀，知其如眞。所有此，見『若見聞識知（識陰及行陰）所得所觀，意所思念，從此世至彼世，從彼世至此世，彼一切**非我有，我非彼有，亦非是神**。』如是慧觀，知其如眞。所有**此**（本識），見**此**是神，**此**是世，**此**是我；**我**當後世有，**常**，不變易；**恒**，不磨滅法；**彼**（五陰）一切非我有，我非彼有，亦非是神；如是慧觀，知其如眞。」】（《中阿含經》卷五十四）

語譯：【「復次，有六種見處。是哪六種呢？身爲比丘的人，所有的色法（色身及五塵），不論是過去的色法、未來的色法、現在的色法，身內的色法或身外的色法，精細的色法或粗糙的色法，勝妙的色法或不勝妙的色法，近世的色法或遠世的色法；那些色法，一切都不是眞我能永遠擁有的，眞我也不是那些色法所有的，那些色法也都不是眞實常住的精神；像這樣子有智慧的觀行，眞實的知道色法。所有覺知（受陰），所有的了知（想陰），所有這些受陰與想陰，都應該確實觀見：『祂們不是眞我所有，眞我也不是祂們所有的；而色、受、想陰的我將來都會滅失而沒有自我的存在，未來也將會因爲證得解脫而不再存在；那些受陰與想陰（覺、想），一切都不是眞我永遠擁有的，眞我也不是受陰與想陰所永遠擁有的，而受想二陰也不是眞實常住的精神。』像這樣子有智慧的觀行，眞實的了知了。所有這些我們所看見的：或如見聞識知（識陰及行陰）的所得與所觀，或者意識所思念的一切法，或者從這一世到那一世，或是從那一世到這一世，那些受陰、想陰等法，一切都不是眞我所擁有，眞我也不是那些受陰、想陰所擁有的，受與想也都不是常住的眞實精神。像這樣有智慧的觀行，眞實了知色、受、想陰。所有這些色、受、想陰所在之處，都要這樣看見：這個是常住的精神，這個是五陰世間的根源，這個是眞實常住的眞我；眞我將會在後世繼續存有，是常住的，是不變易的；是永恒，而且是不會被磨滅毀壞的法性。那些受陰、想陰等諸法一切都不是眞我永遠擁有的，眞我也不是五陰等法所擁有的，受想等陰也不是眞實的精神；像這樣子如實的智慧觀行，眞實的了知。」（此段經文中，**此**與**彼**是相對而說的：**此**是常、是恆、是我，彼是五陰。）】**我與無我**，二俱難說；其中的眞實義極難使人明白領受，只有親證**眞我**的人，才是最能確實瞭解**我與無我**正理的人。確實瞭解**我與無我**正理的人，才是眞正懂得阿含解脫道的聖者（但仍只是大乘別教中的賢人）。由此緣故，世尊不爲外道無法緣者說勝妙法：

【如是我聞　一時佛住王舍城迦蘭陀竹園。時有婆蹉種出家來詣佛所，合掌問訊。問訊已，退坐一面，白佛言：「瞿曇！欲有所問，寧有閑暇見答以不？」佛告婆蹉種出家：「隨汝所問，當爲汝說。」婆蹉種出家白佛言：「云何瞿曇？命即身耶？」佛告婆蹉種出家：「命即身者，此是無記。」「云何瞿曇？爲命異身異耶？」佛告婆蹉種出家：「命異身異者，此亦無記。」婆蹉種出家白佛：「云何瞿曇？命即身耶？」答言：「無記。」「命異身異？」答言：「無記。」「沙門瞿曇有何等奇？弟子命終即記說言：『某生彼處，某生彼處。』彼諸弟子於此命終捨身，即乘意生身生於餘處。當於爾時，非爲命異身異也？」佛告婆蹉：「此說有餘，不說無餘。」婆蹉白佛：「瞿曇！云何說有餘？不說無餘？」佛告婆蹉：「譬如火，有餘得然，非無餘。」婆蹉白佛：「我見火無餘亦然。」佛告婆蹉：「云何見火無餘亦然？」婆蹉白佛：「譬如大聚熾火，疾風來吹，火飛空中，豈非無餘火耶？」佛告婆蹉：「風吹飛火，即是有餘，非無餘也。」婆蹉白佛：「瞿曇！空中飛火，云何名有餘？」佛告婆蹉：「空中飛火，依風故住，依風故然。以依風故，故說有餘。」婆蹉白佛：「眾生於此命終，乘意生身往生餘處，云何有餘？」佛告婆蹉：「眾生於此處命終，乘意生身生於餘處，當於爾時，因愛故取，因愛而住，故說有餘。」婆蹉白佛：「眾生以愛樂有餘，染著有餘。唯有世尊得彼無餘，成等正覺。沙門瞿曇！世間多緣，請辭還去。」佛告婆蹉：「宜知是時。」婆蹉出家聞佛所說，歡喜隨喜，從坐起而去。」】（《雜阿含經》卷 34 第 957、962 經）

語譯如下：【如是我聞　一時佛住王舍城迦蘭陀竹園。時有婆蹉種姓的出家人來詣佛所，合掌問訊。問訊已，退坐一面，向佛稟白說：「瞿曇（世尊出家前的世俗名稱）！我有事情想要請問，您有沒有閑暇來聽聞而回答呢？」佛告訴婆蹉種出家：「隨你所問的問題，我將會爲你說明。」婆蹉種出家白佛言：「是什麼道理呢？瞿曇！命根就是色身嗎？」佛告訴婆蹉種出家：「說命根就是色身的話，這是與解脱道修行無關的無記法。」「是什麼道理呢？瞿曇！是命根不同色身、色身也不同於命根嗎？」佛告訴婆蹉種出家：「說命根與色身互異的說法，這也是與解脱道的修行無關的無記法。」婆蹉種出家又重新再問一遍說：「是什麼道理呢？瞿曇！命根就是色身嗎？」佛答覆說：「這也是無記法。」「命根與色身是互異的嗎？」佛仍然答覆說：「這個問題也是無記法。」婆蹉種出家外道又說：「出家修行的瞿曇又有什麼奇特呢？當弟子命終時就記說：『某某人已出生於那個地方，某某人已出生於那個地方。那些弟子們在這裡命終捨身，就乘著意生身（中陰身）而出生於其他的地方。』正當在他們往生彼彼處所時，難道不是命根不同於色身、色身不同於命根嗎？」佛告訴婆蹉：「這是說尚有餘法未滅盡，而不是說一切法滅盡而沒有剩餘諸法。」婆蹉稟白佛陀說：「瞿曇！如何是所說的有餘未滅盡？而不說他們已經滅盡而無遺餘？」佛陀告訴婆蹉：「譬如火，假使還有剩餘的木柴，就可以繼續燃燒，不是沒有餘柴時而能繼續燃燒。」婆蹉稟白佛陀：「可是我卻看見有的火是沒有剩餘木柴時一樣可以繼續燃燒。」佛告訴婆蹉說：「如何是你所看見的火沒有剩餘木柴也可以燃燒？」婆蹉稟白佛陀說：「譬如很大一堆的熾猛火焰，快速的大風來吹時，大火被吹飛到空中，豈不是沒有剩餘木柴時的火嗎？」佛告訴婆蹉：「大風吹飛了火，就是有餘，不是無餘。」婆蹉白佛：「瞿曇！空中飛著的火，爲什麼說是有餘？」佛告訴婆蹉：「空中飛著的火，是依附於風的緣故而暫時存在，也是依附於風的緣故而暫時燃燒的。因爲是依附於風的緣故，所以說這種火也是有餘的。」婆蹉向佛稟白說：「眾生於此處命終之後，乘著意生的中陰身往生到別的地方，爲什麼說是有餘？」佛告訴婆蹉：「眾生於這個地方命終，乘著中陰身而出生於別的地方，在那個時候，他們是因爲自我貪愛的緣故而取後有，是因爲自我貪愛而住於三界中，由這個緣故而說他們仍有餘陰未滅。」婆蹉白佛說：「眾生由於愛樂自己而使五陰仍有剩餘未滅，染著於剩餘的五陰諸法（中陰時的諸法）。唯有世尊您是證得那個一切無餘的境界，成就了正等正覺。出家修行的瞿曇！世間有許多的事緣，請容許我告辭回去。」佛告婆蹉：

「應當知道此時正是時候。」婆蹉出家聞佛所說，歡喜隨喜，從坐起而去。」】

以上經文所說法義，都只是徹底否定五陰的常住性、眞實性，只是宣揚斷除五陰我執的粗淺法義，但外道及佛門中的一切凡夫們都已無法了知了，更何況是五陰及萬法之所從來的法界實相的入胎識、本識？當知更難了知，《雜阿含經》卷十第 262 經所說的中道正理亦如是。由四阿含諸經許多這一類的法教，可以瞭解二乘法都是無我教，偏在滅盡五陰的涅槃解脫上面來說。除非是二乘聖人聽聞大乘經以後，不懂大乘經中的實相法，只能記持有關解脫道的內容，後來結集成爲二乘經時，才會有蛛絲馬跡看出其中的大乘法義身影。若他們所聽聞的經典是純說二乘涅槃的法義，就不會有大乘法義的身影存在其中。所以當　佛陀純說二乘解脫法義時，都是不宣說實相心如來藏眞我的；若是在二乘法中偶爾對清淨識、涅槃心有所言說時，也都只是純粹用來建立二乘法，使二乘法不會墜入斷滅空罷了，都不會說到實證方法與內容的。

譬如經云：【……世尊歎曰：「善哉！善哉！若異學來問汝，汝等應如是答。所以者何？此所說觀，一曰摶食麤細，二曰更樂，三曰意念，四曰識也。此四食，何因？何習？從何而生？由何有耶？彼四食者，因愛、習愛，從愛而生，由愛有也！愛，何因？何習？從何而生？由何有耶？愛者，因覺、習覺，從覺而生，由覺有也！覺，何因？何習？從何而生？由何有耶？覺者，因更樂、習更樂，從更樂生，由更樂有也！更樂，何因？何習？從何而生？由何有耶？更樂者，因六處、習六處，從六處生，由六處有也！六處，何因？何習？從何而生？由何有耶？六處者，因名色，習名色，從名色生，由名色有也！名色，何因？何習？從何而生？由何有耶？名色者，因識，習識，從識而生，由識有也！識，何因？何習？從何而生？由何有耶？識者，因行，習行，從行而生，由行有也！行，何因？何習？從何而生？由何有耶？行者，因無明，習無明，從無明生，由無明有也！是爲緣無明有行，緣行有識，緣識有名色，緣名色有六處，緣六處有更樂，緣更樂有覺，緣覺有愛，緣愛有受，緣受有有，緣有有生，緣生有老死、愁慼、啼哭、憂苦、懊惱。如是，此等大苦陰生，緣生有老死。此說緣生有老死，於汝等意云何？」比丘答曰：「世尊！緣生有老死，我等意如是。所以者何？緣生有老死也。」「緣有有生，此說緣有有生，於汝等意云何？」比丘答曰：「世尊！緣有有生，我等意如是；所以者何？緣有有生也。」「緣受有有，此說緣受有有，於汝等意云何？」比丘答曰：「世尊！緣受有有，我等意如是。所以者何?緣受有有也。」「緣愛有受,此說緣愛有受,於汝等意云何?」比丘答曰:「世尊!緣愛有受,我等意如是。所以者何?緣愛有受也。」「緣覺有愛,此說緣覺有愛。於汝等意云何?」比丘答曰:「世尊!緣覺有愛,我等意如是。所以者何?緣覺有愛也。」「緣更樂有覺,此說緣更樂有覺。於汝等意云何?」比丘答曰:「世尊!緣更樂有覺,我等意如是。所以者何?緣更樂有覺也。」「緣六處有更樂,此說緣六處有更樂。於汝等意云何?」比丘答曰:「世尊!緣六處有更樂,我等意如是。所以者何?緣六處有更樂也。」「緣名色有六處,此說緣名色有六處,於汝等意云何?」比丘答曰:「世尊!緣名色有六處,我等意如是。所以者何?緣名色有六處也。」「緣識有名色,此說緣識有名色。於汝等意云何?」比丘答曰:「世尊!緣識有名色,我等意如是。所以者何?緣識有名色也。」「緣行有識,此說緣行有識。於汝等意云何?」比丘答曰:「世尊!緣行有識,我等意如是。所以者何?緣行有識也。」「緣無明有行,此說緣無明有行。於汝等意云何?」比丘答曰:「世尊!緣無明有行,我等意如是。所以者何?緣無明有行也。是爲緣無明有行,緣行有識,緣識有名色,緣名色有六處,緣六處有更樂,緣更樂有覺,緣覺有愛,緣愛有受，緣受有有，緣有有生，緣生有老死、愁慼、啼哭、憂苦、懊惱可得生，如是此淳大苦陰生。」世尊歎曰：「善哉！善哉！比丘！汝等如是說。所以者何？我亦如是說：緣無明有行，緣行有識，緣識有名色，緣名色有六處，緣六處有更樂，緣更樂有覺，緣覺有愛，緣愛有受，緣受有有，緣有有生，緣生有老死、愁慼、啼哭、憂苦、懊惱可得生，如是此淳大苦陰生。」

「生滅則老死滅，此說生滅則老死滅。於汝等意云何？」比丘答曰：「世尊！生滅則老死滅，我等意如是。所以者何？生滅則老死滅也。」「有滅則生滅，此說有滅則生滅。於汝等意云何？」比丘答曰：「世尊！有滅則生滅，我等意如是。所以者何？有滅則生滅也。」「受滅則有滅，此說受滅則有滅。於汝等意云何？」比丘答曰：「世尊！受滅則有滅，我等意如是。所以者何？受滅則有滅也。」「愛滅則受滅，此說愛滅則受滅。於汝等意云何？」比丘答曰：「世尊！愛滅則受滅，我等意如是。所以者何？愛滅則受滅也。」「覺滅則愛滅，此說覺滅則愛滅。於汝等意云何？」比丘答曰：「世尊！覺滅則愛滅，我等意如是。所以者何？覺滅則愛滅也。」「更樂滅則覺滅，此說更樂滅則覺滅。於汝等意云何？」比丘答曰：「世尊！更樂滅則覺滅，我等意如是。所以者何？更樂滅則覺滅也。」「六處滅則更樂滅，此說六處滅則更樂滅。於汝等意云何？」比丘答曰：「世尊！六處滅則更樂滅，我等意如是。所以者何？六處滅則更樂滅也。」「名色滅則六處滅，此說名色滅則六處滅。於汝等意云何？」比丘答曰：「世尊！名色滅則六處滅，我等意如是。所以者何？名色滅則六處滅也。」「識滅則名色滅，此說識滅則名色滅。於汝等意云何？」比丘答曰：「世尊！識滅則名色滅，我等意如是。所以者何？識滅則名色滅也。」「行滅則識滅，此說行滅則識滅。於汝等意云何？」比丘答曰：「世尊！行滅則識滅，我等意如是。所以者何？行滅則識滅也。」「無明滅則行滅，此說無明滅則行滅。於汝等意云何？」比丘答曰：「世尊！無明滅則行滅，我等意如是。所以者何？無明滅則行滅也。是為無明滅則行滅，行滅則識滅，識滅則名色滅，名色滅則六處滅，六處滅則更樂滅，更樂滅則覺滅，覺滅則愛滅，愛滅則受滅，受滅則有滅，有滅則生滅，生滅則老死滅，愁慼、啼哭、憂苦、懊惱可得滅，如是此淳大苦陰滅。」

世尊歎曰：「善哉！善哉！比丘！汝等如是說。所以者何？我亦如是說：無明滅則行滅，行滅則識滅，識滅則名色滅，名色滅則六處滅，六處滅則更樂滅，更樂滅則覺滅，覺滅則愛滅，愛滅則受滅，受滅則有滅，有滅則生滅，生滅則老死滅，愁慼、啼哭、憂苦、懊惱可得滅，如是此淳大苦陰滅。」世尊歎曰：「善哉！善哉！若汝等如是知，如是見；汝等頗於過去作是念『我過去時有，我過去時無』？云何過去時有？何由過去時有耶？」比丘答曰：「不也！世尊！」世尊歎曰：「善哉！善哉！若汝等如是知，如是見，汝等頗於未來作是念『我未來當有，我未來當無』？云何未來有？何由未來有耶？」比丘答曰：「不也！世尊！」世尊歎曰：「善哉！善哉！若汝等如是知、如是見，汝等頗於內有疑惑『此云何？此何等？此眾生從何所來？趣至何處？何因已有？何因當有』耶？」比丘答曰：「不也！世尊！」世尊歎曰：「善哉！善哉！若汝等如是知，如是見，汝等頗故殺父母、害弟子阿羅漢、破壞聖眾、惡意向佛出如來血耶？」比丘答曰：「不也！世尊！」世尊歎曰：「善哉！善哉！若汝等如是知，如是見，汝等頗故犯戒、捨戒、罷道耶？」比丘答曰：「不也！世尊！」世尊歎曰：「善哉！善哉！若汝等如是知，如是見，汝等頗捨此，更求外尊、求福田耶？」比丘答曰：「不也！世尊！」世尊歎曰：「善哉！善哉！若汝等如是知，如是見，汝等頗作沙門梵志如是說『諸尊！可知則知，可見則見』耶？」比丘答曰：「不也！世尊！」世尊歎曰：「善哉！善哉！若汝等如是知，如是見，汝等頗吉祥爲清淨耶？」比丘答曰：「不也！世尊！」世尊歎曰：「善哉！善哉！若汝等如是知，如是見，汝等頗爲諸沙門梵志吉祥相應諸見雜、苦雜之雜煩熱、雜懊惱，彼是眞實耶？」比丘答曰：「不也！世尊！」世尊歎曰：「善哉！善哉！若汝等如是知，如是見，汝等頗身生疹患、生甚重苦乃至命欲斷，捨此更求『外頗有彼沙門梵志持一句咒，二句、三句、四句、多句、百句，持此咒令脫我苦』，是謂求苦、習苦、得苦盡耶？」比丘答曰：「不也！世尊！」世尊歎曰：「善哉！善哉！若汝等如是知，如是見，汝等頗受八有耶？」比丘答曰：「不也！世尊！」世尊歎曰：「善哉！善哉！若汝等如是知，如是見，汝等頗如是說『我等恭敬沙門、敬重沙門，沙門瞿曇是我尊師』耶？」比丘答曰：「不也！世尊！」世尊歎曰：「善哉！善哉！若汝等自知、自見、自覺，得最正覺，汝等隨所問答耶？」比丘答曰：「如是！世尊！」世尊歎曰：「善哉！善哉！我正御汝等，於**畢究竟，無煩無熱，恒、不變易法**，正智所知，正智所見，正智所覺。因此故，我向者說：『我爲汝說法，**畢究竟，不煩熱，恒、不變易法**，正智所知，正智所見，正智所覺。』」】（《中阿含經》卷五十四）（此段經文文長，又復易解其義，故不語譯。）

在這一大段經文中，　世尊非常詳細的開示十二因緣法；如同前面所舉示的五陰無我一般，老婆無比的一一說明，反覆說明十二有支都是生滅法、都是無常法、都是苦法，教導比丘們應該滅盡十二有支；若能將十二有支一一滅除了，就能出離生死輪迴。但是卻在最後說明：滅盡十二有支以後，已經是無我、無人了，又怎能說「釋迦世尊是我師」呢？所以那時就不可以再說「釋迦世尊是我師」了！但是，這樣滅盡一切法以後，純然無我之中，是不是斷滅空呢？顯然不是！　世尊說的是：滅盡十二有支以後，蘊處界一切法都滅盡了，在捨壽以後並非印順所說的一**切法空**的斷滅後的空無，而是「**畢究竟、無煩無熱**」的「**恒、不變易法**」；若是斷滅後的空無，又怎能說是**畢究竟**、**無煩無熱**？又怎能說是**恒**而且是**不變易法**？顯然滅盡蘊處界以後，仍有本際常存不滅，但卻是畢竟究竟的無煩無熱的常住而不變易的法。當然也不是宗喀巴所說的仍存淫樂覺受中的覺知心意識，因爲意識心在樂空雙運中，是住在變易法的淫樂境界中，也是有煩而必須時時加功用行才能使樂受不退的，故不是無煩；並且是有熱而必須時時領受及追求淫樂的，不是無煩熱的；而淫樂的覺受境界也是變易而非常的，所以非恒而必須時時加以動作來保持的，當然不是恒、不變易法。

這意思，如同前面所舉證的 世尊開示一樣，都是在說明：五陰無我之中實有另一個眞我常住不壞，所以是**恒**、**不變易法**，稱爲**本識**、**涅槃本際**。只是在二乘法中，阿羅漢們都不必親證這個眞我本識罷了！所以就不在這個眞我上面多所著墨，往往都只是略說一、二句就帶過去了！目的只是護持二乘法，免於斷見外道的依附、朋比，也免於常見外道的批評、毀謗。因爲滅盡一切法以後仍有實際常存不壞，不是斷見外道的滅後空無；但也因此而可以免除常見外道的朋比、攀附，因爲常見外道落在五陰之中，特別是落入識陰的神我之中，都是生滅法，都是二乘菩提所破斥而應該滅盡的，所以佛門的解脫道也是常見外道無法朋比及攀附的。如是，雙具「蘊處界無我與涅槃實際的眞我」，具足了**無我**與**眞我**，令一切外道不能攀附、朋比，也不能加以破斥。這樣的二乘阿含解脫道，才是眞正的阿含道、眞正的原始佛法、眞正的南傳佛法，眞正的聲聞出世間智慧。所以，依五陰十八界、四聖諦涅槃、無我中有眞實我，來成就二乘菩提，令諸外道所不能破；令諸二乘聖者心得安隱，無所疑慮而得斷盡我執，實證四果、捨報而入無餘涅槃中。

第三節　涅槃寂靜

在人間常常可以聽聞到的常見外道「五見涅槃」，並非大乘經論中才開始宣說的，早在四阿含中已經說過了，有經文爲證：【「復有餘甚深微妙大法光明，何等法是？諸有沙門、婆羅門於末劫末見，現在生泥洹論，說眾生**現在有泥洹**，彼盡入五見中。於末劫末見，說現在有泥洹；於五見中，齊是不過。彼沙門、婆羅門，因何事於末劫末見，說眾生現有泥洹，於五見中，齊是不過？諸有沙門、婆羅門，作是見、作是論說：『我於現在五欲自恣，此是我得**現在泥洹**。』是第一見（藏密古今所有法王、喇嘛盡入此中，無一人能自外於此）。復有沙門、婆羅門作是說：『此是現在泥洹，非不是。復有現在泥洹，微妙第一，汝所不知，獨我知耳。如我，去欲惡不善法，有覺有觀，離生喜樂，入初禪，此名**現在泥洹**。』是第二見。復有沙門、婆羅門作如是說：『此是現在泥洹，非不是。復有現在泥洹，微妙第一，汝所不知，獨我知耳。如我滅有覺觀，內喜、一心，無覺無觀定生喜樂，入第二禪，齊是名**現在泥洹**。』是爲第三見。復有沙門、婆羅門作是說言：『此現在泥洹，非不是。復有現在泥洹微妙第一，汝所不知，獨我知耳。如我除念、捨喜，住樂，護念一心，自知身樂；賢聖所說，入第三禪，齊是，名**現在泥洹**。』是爲第四見。復有沙門、婆羅門作是說言：『此是現在泥洹，非不是現在泥洹。復有微妙第一，汝所不知，獨我知耳。如我樂滅、苦滅，先除憂喜，不苦不樂，護念清淨，入第四禪，此名**第一泥洹**。』是爲第五見。若沙門、婆羅門，於末劫末見，生現在泥洹論；於五見中，齊是不過；唯佛能知，亦復如是。」】（《長阿含經》卷十四第 21 經—梵動經）

如是外道或附佛法外道的五種現見涅槃，用來嘲笑佛門聲聞法中的聖人不能現在涅槃，必須死後方得涅槃；但他們其實是根本就未曾證得涅槃，未來死後也不能實證涅槃。因爲這些外道們所說的五種現見涅槃的可知與可見，都是輪迴生死的虛妄說，誤認作不生不滅的涅槃。這種外道涅槃，在末法時代的佛門大師中，也是常可見到的；大乘密教部的《楞嚴經》中亦曾破斥如是五種現見涅槃，然因此套書中既已明言「不引述大乘經典」，於此略而不述；今且引述上面《長阿含經》中 佛說的外道五種現見涅槃經文爲證，**語譯**如下：

【「還有其他的甚深奧而且很微妙的大法光明，什麼法是這個甚深微妙光明呢？有許多的沙門（出家修行人）、婆羅門（在家修行人），在末劫時產生了末小的見解，就是當前現在出生的涅槃論，他們說眾生眼前的現在就已經有涅槃了，他們全都攝入五種微末邪見中。這些外道都是在末劫時產生的微末邪見，說現在眼前就有涅槃；所有出家與在家修行人所說的涅槃都攝入這五種邪見中，他們所說的涅槃都只能到達這五種爲止，不會超過這五種。

那些出家修行人、在家修行人，是由於什麼事情而在末劫時有微末之見，說眾生眼前現在就有涅槃，於五種現前涅槃邪見中，只能到這五種爲止、不能超過這五種？有許多的出家修行人、在家修行人，以這樣的見解、以這樣的議論，主張說：『我於目前現在五欲自恣之時（藏密法王或喇嘛們，與異性徒弟上床合修樂空雙運之時），這就是我證得現在涅槃。』這是第一種微末之見。另外有一類出家、在家修行人這樣子說：『你說的這個是現在涅槃，並非不是涅槃。但是另外還有一種現在泥洹，微妙第一，是你所不知道的，只有我知道。譬如我，去掉了貪欲等惡劣不善諸法，有覺有觀，離欲界生而出現了心喜身樂，進入初禪定境中，這個就稱爲現在眼前親證的涅槃。』這是第二種微末之見。還有一種出家、在家修行人這樣子說：『你說的這個是眼前現在的涅槃，並非不是涅槃。但是還有一種眼前現在的涅槃，微妙第一，是你所不知道的，只有我知道。

譬如我滅掉初禪中所有的五塵覺觀，心內大喜、一心不亂，離開了五塵的覺觀而擁有禪定所生的喜樂，進入第二禪等至之中，所有的涅槃都是到此最爲究竟，這就是我說的眼前現在的涅槃。』這就是第三種微末之見。還有一類出家、在家修行人這樣子說：『你說的這個也是眼前現在的涅槃，並非不是涅槃。但還有一種眼前現在就存在的涅槃，微妙第一，是你所不知道的，只我知道。譬如我除掉很微細的妄念，也捨離二禪中的心喜，安住於身中生起的快樂境界，保護憶念而住於一心無念境界中，自己很清楚的知道有色身中自生的快樂；這就是賢聖們所開示的境界，進入了第三禪中，所有究竟的涅槃就只能到此爲止，這就稱爲眼前可證的現在涅槃。』這就是我說的第四種微末的涅槃見。還有一類出家、在家的修行人這樣子說：『這也是眼前現在的涅槃，並非不是現在涅槃。但還有一種眼前就可證得的涅槃，微妙第一，是你所不知道的，只有我知道。譬如我把三禪的身樂滅除了、一切苦受也滅除了，我先除掉憂受與喜受，在四禪捨受境界中，住於不苦不樂境界中，護念這個境界，不使任何境界生起，住於這種離一切境界的清淨境界中，進入第四禪，這就是我說的至高無上的第一涅槃。』這就是第五種微末的涅槃見。如果有出家或在家修行人，於末劫之時生起這五種微末的涅槃見，建立了眼前現在的涅槃論；他們都會落入這五種涅槃微末之見裡面，沒有人能超過這五種；涅槃是只有佛才能知道的，同樣也是沒有人能超過佛所知道的涅槃。」】

以上經文所說的五種現見涅槃，都不是 佛所傳授的二乘涅槃，也不是 佛所弘傳的大乘現在本來涅槃；都只是凡夫誤會的涅槃，因爲都是生滅境界法，也是意識境界法；而三乘涅槃都是不生亦不滅的，是常住法，是無爲法，也是第八識如來藏離見聞覺知的絕對寂靜法。 佛在此段阿含部經文所說的五見涅槃（或名五現見涅槃），意思是說：一切出家、在家修行人，往往誤會涅槃的正理，錯將世間生滅變異境界，認作是不生不滅的涅槃境界。第一種人是將欲界五塵中正在享受五欲的覺知心，錯認爲涅槃心，認爲五欲中的覺知心是常住不滅的，是不會斷滅的，是可以永遠不斷享受五欲的；認爲住於五欲中長時間享受五欲的覺知心意識就是涅槃心，所以享受五欲的受樂境界就是涅槃境界，這是第一種涅槃見，也是最粗糙、最低賤的外道涅槃見。西藏密宗雙身法的樂空雙運享樂境界，正是這種外道的現見涅槃，卻謊稱是大乘法中最究竟的現在涅槃。但大乘菩薩的現在涅槃，是滅盡我見與我執而仍然住世時就已是涅槃，是指第八識自身從來不生不滅、離生離死，現在就已經分明的顯現出不生不滅了，不必等到捨壽時才住於不生不死的涅槃中；而藏密的現在涅槃，卻是未斷我見與我執，而以意識享受男女欲樂的境界，作爲涅槃的實證，連聲聞涅槃都證不到，何況是大乘的第八識現在涅槃？卻反而貶抑大乘及聲聞乘，說他們的外道境界是比三乘涅槃更勝妙的最究竟法，眞是無知而顚倒的愚人兼凡夫。也有佛門中的大法師，以爲不離五塵境界的覺知心意識是常住不壞的，是永遠不滅的，是可以入住無餘涅槃境界中的，這就是花蓮的證嚴比丘尼，並且寫在書中公開流通宣揚；但這個五塵中的覺知心意識，其實是生滅法、變異法、有爲法，與涅槃的不生不滅完全相左，所以她也是外道五種現見涅槃中的第一種。

第二種現見涅槃，是修除欲界五欲的貪愛，以未到地定爲助緣，證入初禪境界中，香、味二塵滅除了，鼻舌二識也滅除了，住於初禪等至之中；若是出在初禪等持位時，身中就一直都會生起樂受；他已經遠離欲界境界了，將來捨報後不會再出生於欲界中，因此心中生起歡喜心，名爲離生喜樂定。但凡夫不知眞實涅槃，誤以爲這就是涅槃境界。然而初禪等至及等持位中，都仍然是覺知心所住境界；這個境界中的樂受，在定力失去或欲心再起以後，仍然會下墮於欲界中，不是可以永遠不墮入欲界的，所以也是變異法。而且初禪等持位中的胸腔樂受也是因緣所生法，不是本來已在的法，將來終究也會壞滅，不是不生不滅的涅槃。初禪的樂受境界也是有爲法，不是涅槃的無爲法；所以這第二種現見涅槃的初禪境界仍然是微末之見，不是眞實涅槃，是外道誤會的涅槃。

第三種現見涅槃，是捨離初禪的身樂，離開五塵而使前五識斷滅了，只剩下意識覺知心獨住於定境中，五塵與五識都滅盡了，住在二禪等至的定境中，一心不亂而無五塵及定境外法塵的攀緣，心中大喜而住於定境中；凡夫不知，誤以爲這就是寂靜的涅槃相。但其實只是第二禪等至的定境，仍然是依色界境界而安住，仍然是依生滅性的覺知心意識而有的境界，仍是三界中的生滅有爲法，而等持位中的樂觸也是虛妄不實的緣生法。將來捨報以後，覺知心意識尚且會壞滅，不能生到未來世去，何況意識所擁有的二禪等至及等持定境？當然不是常住的不生滅法。而且，這個境界也必須依靠色身、定力、意識覺知心共同運作才可能證得或存在，所以也是有爲法；而涅槃是無爲法，不可能以有爲法來成就的，所以這第三種的現見涅槃，其實也是外道涅槃。

第四種現見涅槃，是捨離二禪等至位中的心中大喜，進入三禪等至位中，一樣是不墜落於五塵之中，再度發起了二禪等至位中所捨棄的初禪身樂，卻仍然保有二禪中的大喜，同時發起身中更微細的樂觸，因此而領受了身心俱樂的境界，凡夫們往往誤以爲這就是涅槃之樂。可是這仍然是生滅法、有爲法、變異法：當定力出生以後，這個境界就出生了，是有生；當定力退失以後，這個境界就失去了，是有滅，正是生滅法！當定力增長或減退時，這個三禪中的境界相是會變異的，當然是變異法；若沒有色身與意識心配合定力的修證或保持，就無法存在，所以是有爲法。既是生滅、變異、有爲，就與眞實可證的涅槃純屬不生滅、不變異、無爲性，不能契符，當然是誤會了的涅槃。

第五種現見涅槃，是捨離三禪的身心至樂，只住於捨受之中，正念一心而不再有極微細的妄念生起了，善護自心不墮入一切法的想念境界中，也不再有微細的善惡法罣礙了！沒有身樂與心樂，息、脈都停止了，寂靜的住於自心內境中。這時的親證者，往往誤以爲就是究竟的涅槃了！但是覺知心意識卻仍然存在不滅而極寂靜，所以就被凡夫們稱爲最究竟的涅槃了！但這仍然是生滅、變異、有爲性的境界，道理如同第四種現見涅槃是一樣的，仍然與不生滅、不變異、無爲性的眞實涅槃大不相同。

以上所說的五種現見涅槃，都是凡夫妄想所知的涅槃，都不是眞正的涅槃證境；但是目前可以看見的是，西藏密宗的「報身佛」境界正是第一種現見涅槃，住於最強烈的五欲樂受中，而說正在享受最強烈五欲境界的覺知心就是涅槃心，妄說是報身佛的快樂果報涅槃境界。顯教中的法師們也同樣有所誤會，往往錯認具足六塵境界中的覺知心，只要離開語言文字妄念時，就是涅槃境界了，正是我見未斷的人自己高推證境。至於初禪到四禪的證境，目前仍然沒有看見有一位大法師或小法師或密宗的法王、喇嘛能夠親證而講出來、寫出來。雖然有台灣南部某法師自稱證得初禪，但是從其所說的初禪境界加以推究，仍然是誤會初禪的妄語說。所以目前的大乘佛教中，若有大師自稱已證得涅槃(註)，都屬於誤會涅槃，並非親證。（註：涅槃即是**圓滿寂靜**的意思，簡稱爲圓寂。圓寂並不是捨報的代名詞，而是親證涅槃的人捨報入無餘涅槃的意思，或是菩薩生前就已證得本來自性清淨涅槃了，捨壽時可以**方便**使用圓寂的名相，一般法師與居士捨報時都不該濫用，以免誤犯大妄語的過失。）

眞正的涅槃，是完全寂靜無我的；涅槃的實證，必須依照佛教經典的聖教爲依止，不可稍有違背，否則就不是眞正的涅槃。在大乘菩薩法中，自七地下至三賢位的第七住位，所證的都是本來自性清淨涅槃，不同於二乘人的有餘及無餘涅槃；初地至七地菩薩，都有能力取證慧解脫果或俱解脫果，但都故意保留一分思惑不斷，留惑潤生而一再受生於人間，所以方便說是不證有餘、無餘涅槃，但不是不能實證，而是故意不取證。此書中既然是宣揚二乘解脫道的法義爲主，所說的法義不屬於大乘法，所以都不引述及說明大乘菩薩們所證的涅槃；只依聲聞佛法四阿含諸經的聖教，來闡釋二乘法的無餘涅槃。二乘無學聖人進入無餘涅槃以後，是滅盡十八界的境界；在無餘涅槃中，不僅已無五色根的色身，亦無六塵境界、亦無意根與六識存在，已無覺知心存在，是故絕對寂靜，滅盡一切法，故名**涅槃寂靜**。而無餘涅槃中的本際—本識如來藏，是從來都不會生起六塵中的覺觀自性的，是從來都與六塵不相應的，所以從來離見聞覺知而不生不死，只有祂獨住無餘涅槃境界中，絕無絲毫六塵，故說涅槃寂靜。

若是有覺有觀、有六塵、有知，就不是眞實證得涅槃，所以初禪的實證者，乃至第四禪的實證者，並非親證涅槃，有經爲證：【「如是，阿難！若有比丘攀緣厭離，依於厭離，住於厭離；**止息身惡故**，心入離定，故離欲、離惡不善之法。有覺有觀，離生喜樂，得初禪成就遊。彼依此處，**觀覺興衰**。彼依此處觀覺興衰已，住彼必得漏盡。

設住彼不得漏盡者，必當昇進，得止息處。云何昇進得止息處？彼覺觀已息，內靖、一心，無覺無觀，定生喜樂，得第二禪成就遊；彼依此處，**觀覺興衰**。彼依此處觀**覺**興衰已，住彼必得漏盡。

設住彼不得漏盡者，必當昇進，得止息處。云何昇進得止息處？彼離於喜，欲捨，無求遊，正念正智而身覺樂，謂聖所說、聖所捨、念樂住室，得第三禪成就遊。彼依此處，**觀覺興衰**。彼依此處觀**覺**興衰已，住彼必得漏盡。

設住彼不得漏盡者，必當昇進，得止息處。云何昇進得止息處？彼樂滅、苦滅，喜、憂本已滅，不苦不樂，捨、念、清淨，得第四禪成就遊。彼依此處，**觀覺興衰**。彼依此處觀**覺**興衰已，住彼必得漏盡。

設住彼不得漏盡者，必當昇進，得止息處。云何昇進得止息處？彼度一切色想，滅有礙想，不念若干想，無量空，是無量處成就遊。彼依此處，**觀覺興衰**。彼依此處觀**覺**興衰已，住彼必得漏盡。

設住彼不得漏盡者，必當昇進，得止息處。云何昇進得止息處？彼度一切無量空處，無量識，是無量識處成就遊。彼依此處，**觀覺興衰**。彼依此處觀**覺**

興衰已，住彼必得漏盡。

設住彼不得漏盡者，必當昇進，得止息處。云何昇進得止息處？彼度一切無量識處，無所有，無所有處成就遊。彼若有所覺，或樂或苦、或不苦不樂，彼觀**此覺**無常，觀興衰、觀無欲、觀滅、觀斷、觀捨。彼如是觀**此覺**無常，觀興衰、觀無欲、觀滅、觀斷、觀捨已，便不受此世。不受此世已，便不恐怖；因不恐怖，便般涅槃：生已盡，梵行已立，所作已辦，不更受有，知如眞。猶去村不遠，有大芭蕉；若人持斧破芭蕉樹，破作片，破爲十分，或作百分。破爲十分或作百分已，便擗葉葉，不見彼節，況復實耶？阿難！如是比丘若有所覺，或樂或苦或不苦不樂；彼**觀此覺無常**，觀興衰、觀無欲、觀滅、觀斷、觀捨。彼如是觀**此覺無常**，觀興衰、觀無欲、觀滅、觀斷、觀捨已，便不受此世。不受此世已，便不恐怖。因不恐怖已，便般涅槃：生已盡，梵行已立，所作已辦，不更受有，知如眞。」

於是尊者阿難叉手向佛，白曰：「世尊！甚奇、甚特！世尊爲諸比丘依依立依，說捨離漏，說過度漏。然諸比丘不速得無上，謂畢究竟盡。」世尊告曰：「如是阿難！如是阿難！甚奇甚特！我爲諸比丘依依立依，說捨離漏，說過度漏。然諸比丘不速得無上，謂畢究竟盡。所以者何？人有勝如故，修道便有精麤。修道有精麤故，人便有勝如。阿難！是故我說人有勝如。」佛說如是，尊者阿難及諸比丘聞佛所說，歡喜奉行。」】（《中阿含經》卷五十六）

在經文中，佛說可以在初禪中觀察能知能覺的心（此覺）是有興衰的，是與欲相應的，是生滅性的，是應斷除的，是應捨的，是不該愛戀存留的，所以說比丘們都應該「觀**此覺無常**，觀（此覺）興衰、觀（此覺）滅、觀（此覺）斷、觀（此覺）捨」，才能眞實證得涅槃。此覺，指的正是識陰及其心所法的受與想，以及識陰與心所法的受想所顯示出來的行陰。阿含解脫道的法義，聞熏及思惟到此地步，正知正見應該已經確立了，此時不斷我見，更待何時？難道還要死抱著識陰我、受想行陰我？還要繼續誤認離念靈知意識心是常住不滅法嗎？您在每一世都有全新的識陰我，但這個我產生了不正思惟，一直寶愛自己，留下我見與我執的種子，正是害您世世出生**與苦相應之五陰我**的害人精；所以，您在這個時候，可千萬要認清這個我（此覺）是多麼邪惡，佛也說這個覺知心如同毒蛇一般，想要成就阿含解脫道的南傳佛法學人，以及想要成就佛菩提道的菩薩們，都得要小心的看待此覺，免被此覺毒蛇所害而遠離正法、趣入邪見。

若在初禪等至位中可以如是現前觀察此覺的虛妄，我見即斷；若是我執本來就很小的人，因此就可以獲得阿羅漢的慧解脫果證。若是初禪定境中無法如理作意的現觀，也可以轉入第二禪的等持位中深入現觀此覺的虛妄性，取證初果乃至第四果解脫。若是二禪中仍不能取證解脫果，還是可以再轉入第三禪、第四禪等持位中，繼續觀修。在初禪中相應的此覺法相，較為粗韌難斷，較難斷除我執；在二禪中相應的此覺法相稍微細脆一些，在四禪中的此覺法相最細脆，是最容易斷除我執的；所以 佛陀特地指出一再往上觀修的方便，學人可以參考運用。這其實是因為各人的根性有勝劣差別的緣故，所以廣開不同的觀行條件，以利學人。

但是，人有**勝如差別**，法也有**勝如差別**；假使自身的根性不夠好，也可以依止眞善知識，請求眞善知識給予更適合自己的觀行方法，給予更細緻的觀行內容與次第，可以使自己獲得同樣的證境，這就是**法有勝如**的意思；所以，依於自己根性的猛利，或者依於眞善知識別別教導的更勝妙法義，各都可以獲得成就，因此而說**依依立依**，是依所依的善知識功德而建立所應依止的善法，如是而為比丘們說**捨離漏**。由此緣故 佛說：【**人有勝如故，修道便有精麤。修道**

有精麤故，人便有勝如。】所以，修道的結果是有成績或無成績的，是增上修或下劣修的，都是由於所依的善知識與教導法義的不同而有高下差別。

在這一段經文中，特別強調覺知心的虛妄，並且特地列舉欲界中、初禪天、二禪天、三禪天、四禪天境界中的覺知心都是虛妄法；特別強調**此覺**是無常、興衰的不實法，也是一定會與苦、樂、捨受相應的心，所以**此覺**一定無法遠離痛苦的，以此緣故，佛特別教導我們：「彼如是觀**此覺無常**，觀興衰、觀無欲、觀滅、觀斷、觀捨已，便不受此世。」所以**現觀此能覺能知的意識心虛妄**，是**阿含解脫道的所有修行人都必須特別加以留意的**，千萬不可忽略。無餘涅槃的境界中是完全沒有覺觀的，三界中的一切覺觀全部滅除，故名涅槃寂靜。在無餘涅槃境界中其實是沒有任何境界的，因爲連六塵也不存在了，連覺知心也不存在了，已無能知與所知，是完全無境界的，方便名爲無餘涅槃的「境界」；因爲在無餘涅槃中是已經滅除五陰、六入後的無境界相，所以說涅槃寂靜。

佛陀教導的這五種境界相，都是作爲親證解脫果的藉緣而已，不是以這五種境界相作爲修證之標的；然而外道**五現涅槃**法中的後四法境界，都是禪定境界，始從初禪的滅香塵、味塵與鼻識、舌識，名爲有覺有觀三昧；中如第二禪、第三禪的等至位滅五塵與五識，末至第四禪的等至位進一步再滅除身行的息與脈，都名爲無覺無觀三昧，都屬於世間禪定境界，不是涅槃解脫的實證。然而二至四禪的無覺無觀三昧，其境界中並非完全沒有覺觀，其實都是仍有意識覺知心存在，念念之中都與定境中的法塵相應，所以仍有定境中的覺觀，只是沒有欲界中的五塵覺觀或初禪中的三塵覺觀，方便說爲無覺無觀三昧，所以這類無覺無觀三昧都是依欲界五塵覺觀的滅除而說爲無覺無觀，並非沒有色界中的覺觀；因此，二至四禪中的意識覺知心，都是對自心所住的定境法塵了了分明的，那就已經墮入**此覺**的境界中了，當然是有意識覺知心存在的，當然無法斷除我見與我執，是無法與聲聞涅槃相應的。外道由於我見未斷，所以誤認涅槃境界，誤將欲界定及四禪以下定境，認作涅槃境界；誤將無常的三界法意識覺知心，認作可以住於涅槃中的三界外的常住心，所以成爲外道五種現見涅槃中的凡夫，永遠不離三界生死苦。

這種情況，正是今時大、小乘佛法地區的修禪人所墮境界，無一倖免，藏密則是等而下之。觀乎台灣四大山頭及南傳佛法的弘揚者、大陸各大名師都難倖免，由他們的月刊、宣傳文字及電視弘法所說，都可以一一證實這種現象。

然而，佛陀早已說過「涅槃寂靜」，覺知心既然繼續存在著，那就一定會與六塵或定境法塵相應；即使是修得第四禪的等至境界，乃至修得非想非非想定的等至定境，也仍然無法免除覺知心意識的繼續存有，當然不是寂靜的涅槃境界。覺知心存在時一定有覺，**此覺**的存在，一定要依於六塵的具足或多分、少分才能存在；若無六塵之一或全部，是無法存有的；所以欲界或初禪乃至第四禪定境中的覺知心存在時，一定有六塵或定境法塵的存在，當然不是絕對寂靜，不符合涅槃寂靜的法印。三界中最高層次、最極細的意識覺知心，無過非想非非想定中的覺知心，過此境界就沒有意識存在了！而意識存在時，至少得要有定境法塵，意識才可能存在，否則即無可能存在；既與定境法塵相應，既是依定境法塵爲緣才能存在，仍有能知與所知，一直都有此覺存在，當然還不是究竟寂靜的境界。以此緣故，說**此覺**存在之時，絕非實證無餘涅槃的境界。

但是滅除了**此覺**，就一定是無餘涅槃嗎？也不盡然！因爲在四禪後的無想定中也是滅除了意識覺知心而沒有**此覺**存在的，但仍然不是無餘涅槃。即使是阿羅漢入了滅盡定，意識覺知心完全滅盡，但因爲還有意根的三個心所法繼續在運作中，雖然已無意識**此覺**，卻仍然不是無餘涅槃境界，何況意識（離念靈知心）仍然存在而有**此覺**，當然更不符合涅槃寂靜的聖教。必須是**此覺**已經完全滅除了，滅除後確實可以**永遠不再生起**了，導致意根隨之滅除，才可以說是寂靜的無餘涅槃。二乘涅槃的證得，一定要由滅除我見與我執才能獲得；我見的滅除，就是全盤的否定離念靈知心的眞實性，全盤否定受、想、行、識的眞實性，最主要的是如同這一段經文中 佛說的**永遠**滅除**此覺**，**此覺**即是離念靈知心以及祂的心所法「受、想（想亦是知）」，以及運作過程中顯示出來的行陰。猶如本章第一節中所說：覺觀即是口行；仍是行陰所攝而應該滅除，才能取證無餘涅槃的寂靜的境界，才能出離三界生死苦，所以**滅除此覺**是解脫道中極重要的正見；而滅除此覺的首要，則是滅除我見；我見不滅而言滅除此覺，都是奢談。至於滅除我見的方法，即是如實細觀五陰無我；滅除我執的方法，則是滅盡對自我五陰的喜貪；所以《雜阿含經》卷五如是開示：

【佛告火種居士：「我爲諸弟子說：『諸所有色，若過去、若未來、若現在，若內若外、若粗若細、若好若醜、若遠若近，彼一切如實觀察：**非我**、**非異我**、**不相在**，受、想、行、識亦復如是。』彼學必見跡，**不斷壞**，堪任成就厭離知見，守甘露門；雖非一切悉得究竟，且向涅槃。如是弟子從我教法，得離疑惑。」**】**

語譯如下：【佛陀告訴火種居士說：「我爲諸弟子開示：『許多種類的所有色陰，或是過去、或是未來、或是現在的色陰，或是內色陰或是外色陰、或是粗糙的色陰或是微細的色陰、或是美好或是醜陋的色陰、或是極遠往世或是較近往世的色陰，那些所有色陰都必須如實的觀察：**不是真實我、不異於真實我、也不是與真實我混合而相在**。色陰如是觀察，對於受、想、行、識四陰也都如是詳細觀察。』我那些弟子們這樣修學以後，必定會獲得解脫果的見道，所得見地**不是滅盡五陰以後就成為斷壞法**，他們都有智慧堪任成就厭離五陰的知見，可以固守甘露門；這樣子見道以後，雖然還不是一切人都全部獲得究竟解脫的果報，卻都可以一步一步邁向無餘涅槃的。這樣的弟子們遵從我的教法，可以遠離生死中的疑惑。」】

這就是斷我見的觀行。但是若不能了知自我五陰全部滅除後並非斷滅，而是另有常住的本際、實際、如來藏、眞我寂靜獨存；若不知另有一個能生五陰的本際識常住不壞而與五陰同在，而這個無餘涅槃中的本際卻不是五陰我、不異五陰我、也不是混合在五陰中不可分離的，也不是五陰混合在本際中而不可分離的；像這樣子了知**滅除五陰之後不是斷滅空**，才有可能斷除我見而邁向證取涅槃的修道過程。所以在這段經文中，已經明確的告訴我們：佛世的比丘們在斷除我見時，確實有許多人是已經信受　佛所開示的**滅除五陰以後不是斷滅空**，在這段經文中已經很清楚顯示出來了！而滅除我見以後，沒有覺、沒有知、沒有六塵，涅槃中的本際識又是離見聞覺知的，所以才能安住於無餘涅槃的究竟寂靜境界中。但意識心是永遠無法這樣安住的，因爲意識心至少要有意根及定境法塵爲緣，才能存在；而無餘涅槃中，意根與定境法塵都已經滅盡了。

上面經文所說的佛弟子斷了我見之後，應該如何進修呢？外道又問　佛，所以　佛陀也有開示。【（外道又問：）「瞿曇！復云何教諸弟子於佛法得盡諸漏，無漏**心**解脫、慧解脫，現法自知作證：我生已盡、梵行已立、所作已作，自知不受後有？」佛告火種居士：「正以此法，諸所有色，若過去、若未來、若現在，若內若外、若粗若細、若好若醜、若遠若近，彼一切如實觀察：**非我**、**非異我**、**不相在**，受、想、行、識亦復如是。彼於爾時成就三種無上：智無上、解脫無上、解脫知見無上。成就三種無上已，於大師所恭敬、尊重，供養如佛。」「世尊覺一切法，即以此法調伏弟子，令得安隱，令得無畏，調伏寂靜，究竟涅槃。世尊爲涅槃故，爲弟子說法。」「火種居士！我諸弟子於此法中得盡諸漏，得心解脫（得第三果），得慧解脫（得第四果）。於現法中自知作證：我生已盡，梵行已立，所作已作，自知不受後有。」】（《雜阿含經》卷五第 110 經）

所以斷我見之後，進一步滅除對自我的喜貪時，必須先認知：**自我五陰全部滅除之後，仍有實際不滅**。在此認知下，方能確實認定不會墮於斷滅境界而肯確實滅除自我，捨報後方能實住無餘涅槃中也！而無餘涅槃中的境界相，其實本無一相可得，因爲五陰、十二處、六入、十八界都已經滅除了，連覺知心及處處作主的意根心都不存在了，也沒有六塵再生起了，又如何能有六塵中的見聞覺知可得呢？又如何能有禪定中的覺知心及定境法塵可得呢？所以涅槃一定是絕對寂靜的。捨棄五陰、捨棄受想行識**此覺**而獨存的本際（實際、如來藏）卻又是離六塵見聞覺知的，也是沒有思量性（沒有作主性）的心，這才是眞實的寂靜、究竟的寂靜，所以 佛說**涅槃寂靜**。若有人說他證得的涅槃中仍有覺知心意識繼續存在不滅，若有人說他死後將以覺知心進入無餘涅槃境界中安住，當知他的涅槃一定是外道五現見涅槃之一，絕對不可能符合**涅槃寂靜**之法印，當知彼人是大妄語者。

其次，從滅盡定來觀察，也可以證知意識的一切心，不論是粗心、細心或極細心，都是三界中的境界，都不可能出離三界生死；因爲意識心所能安住的境界，正是三界中的境界，不能外於三界中的境界而存在。只有滅盡十八界法才能出離三界生死，而意識正是十八界中的意識界，必須滅除，也必須依靠三界中的意根與法塵才能存在；而意識所依的意根與法塵在入涅槃時也都必須滅除，當然一切人都不可能以意識離念靈知心入住三界外的無餘涅槃境界中。一切三界境界，以滅盡定爲最微細，再也沒有比滅盡定更微細的境界了！但是，即使滅盡定是尚未出離三界的境界，在此定境中，意識卻已經滅除而不可能安住了，何況能安住於滅盡定以上的無餘涅槃「境界」中？譬如 佛曾開示說，滅盡定是輪迴的邊際，意思是超過滅盡定時就沒有輪迴可說了：

【「復次，比丘度一切非有想非無想處，想知（想陰的了知）**滅，身觸成就遊，慧見諸漏盡斷智。彼諸定中，此定說最第一、最大、最上、最勝、最妙。猶如因牛有乳，因乳有酪，因酪有生酥，因生酥有熟酥，因熟酥有酥精；酥精者說最第一、最大、最上、最勝、最妙。如是，彼諸定中，此定說最第一、最大、最上、最勝、最妙。得此定、依此定、住此定已，不復受生老病死苦，是說苦邊。」】**（《中阿含經》卷四十三）

語譯如下：【「**復次，比丘們度過一切非有想非無想處，想陰的了知已經滅除了**（就沒有受陰的三受存在），**親身觸證而成就這個定境，親身遊歷其中，他的智慧已經看見了**『**諸漏盡斷的智慧**』。**在種種的定境中，這個定境我說最為第一，是最大、最高層次、最殊勝、最微妙的定境。就好像是因為牛有乳，藉著牛乳才會有乳酪，藉著乳酪才會有生酥，藉著生酥才會有熟酥，藉著熟酥才會有酥精；酥精這個物品，我說是人間食物中最為第一，也是最大、最上、最勝、最妙的食物。同樣的道理，在那種種的定中，這個滅除意根受想、滅除意識此覺的這個滅盡定，我說是所有定境中最為第一，也是最大、最上、最勝、最妙的定。證得這個定、依止這個定、安住於這個定以後，不再接受生老病死苦了，這就是我說的眾苦的邊際。**」】

在滅盡定中，滅除了想陰（阿含中說「想亦是知」），意識已經滅了，十八界中七識心只剩下意根存在，完全沒有知與覺了！而且意根也只剩下五遍行心所法中的觸、作意、思等三個法存在，已滅受與想二法，這時仍然不是無餘涅槃境界，還只是三**界生死苦的邊際**而已，仍未完全離開三界苦。既然滅盡定只是苦的邊際，還不是眞的出離生死苦，但已經沒有意識心、沒有「知」的存在（「想當然無餘涅槃中更不可能有意識存在的，當然更沒有知覺性的存在。但意識若存在時，必定會有知覺性存在，永遠都不可能沒有此覺的存在，那就不是絕對寂靜了！意識從來不能繼續存在而可以離開六塵或離開定境中的法塵，假使有人說他的覺知心可以離開六塵、可以離開定境法塵而獨存，這與涅槃寂靜法印是相違背的；這樣子強烈主張的人，顯然是昏沈或睡著了，醒來後自以為當時沒有六塵或定境法塵。所以由涅槃寂靜法印，也可以檢查我見的斷或未斷，可以檢查禪宗祖師號稱明心開悟時所悟的心是否為眞心如來藏而不是意識心。若是墮入離念靈知中，就已經有知了！那就違背**涅槃寂靜**的法印了！

又從 佛說的**無知解脫**一法，也可以證明**涅槃寂靜**才是眞正的涅槃，譬如《雜阿含經》卷二十九云：【爾時世尊即說偈言：

學者學戒時，直道隨順行；專審勤方便，善自護其身。
得初漏盡智，次**究竟無知**；得**無知解脫**，知見悉已度。
成不動解脫，諸有結滅盡；彼諸根具足，諸根寂靜樂；
持此後邊身，摧伏眾魔怨。】

語譯如下：【這時候，世尊隨即說偈：

> 學佛的人學習持受戒法時，心地直爽而以直心之道隨順於種種身口意行；專心詳細的精勤方便修行，善於保護而不使自身遭逢橫禍，得以繼續修行。證得最初的漏盡智慧，然後是要證得**究竟無知的境界**；證得**無知解脫**時，對於修證解脫所應有的知見就全部都已度過了。然後又成就了第四禪的不動解脫，三界有的種種結使已經滅盡了；他的信進念定慧等五根已經具足，六根都安住於寂靜的無漏快樂中；這時只是執持著這個最後邊的五陰身，在入涅槃以前就以所證解脫及解脫知見的智慧，爲眾生摧破及降伏眾魔的怨心。」

此經文中，佛說解脫境界中是無知的，是離見聞覺知的，是沒有**此覺**的；如同前面章節舉示的經文中，佛陀也說：「如是**盡知已**，無漏心解脫比丘**不知不見**，**如是知見**。」所以，親證解脫的阿羅漢們，都已詳盡而確實了知，無餘涅槃中是不知也不見的，也是滅盡五陰十八界的，覺知心意識是在入涅槃前就已滅除了的，所以無餘涅槃中是沒有離念靈知心可以存在的，因此說：盡知解脫的無漏心解脫比丘，他們所證的涅槃是**不知**也**不見**的。佛陀特地強調說：眞正證得解脫的比丘們應該如是知、如是見。由此可以證明：無餘涅槃中是無知也無見的，是沒有此覺的，但卻不是斷滅。所以 佛陀特地說明：涅槃的親證是**無知解脫**，不是有知有覺的解脫。到此，那些主張離念靈知心就是涅槃心，辯稱離念靈知不是生滅心的禪門大法師、大居士們，都可以閉嘴了！

又如近年台灣有一位大法師常常主張說：清清楚楚、明明白白、處處作主的心，就是涅槃心。如今也該閉嘴了，都不該再說這種意識覺知心就是涅槃心了！因為能住於無餘涅槃的心，是不知也不見的，那就只有第八識如來藏自始至終都是離見聞覺知的，才能常住於無餘涅槃的**不知也不見**的無境界中；修學解脫道或佛菩提道而想要開悟三乘菩提的您，對此一定要確實信受與了知，才有可能實證解脫果或親證大乘的眞見道智慧；當然那位大法師所講的「清清楚楚、明明白白、了了分明而知六塵的意識覺知心」，不可能進入無餘涅槃中。涅槃寂靜的道理已經確實知曉了，接著應該了知三法印與本識如來藏的關係了！所以應該為您說明：三法印不得外於如來藏。外於本識如來藏而理解三法印，就會成為猜測臆想的三法印，也會違背四阿含的解脫道正理，將會產生 佛說的於內、於外有恐怖的現象，一生與解脫道絕緣而久修不證。

第四節　三法印不得外於如來藏

在說明三法印與如來藏的關係之前，必須先略說一切種智，因爲一切種智是三世十方一切諸佛成佛的依憑；若無一切種智，都不可能成佛，所以一切種智正是成佛與否的關鍵：外於一切種智的修證者，絕對不得成佛。略說之，成佛之要，須具足二法，就是解脫智及一切種智。解脫智是二乘聖人所證，諸佛及諸菩薩也一樣親證了！但一切種智是無上正等正覺所得智慧，唯有菩薩隨佛修學佛菩提道方得分證，不共二乘聖人；因爲聲聞人不修佛菩提道，只修解脫道。一切種智之意涵，是具足證知如來藏中所含藏一切種子，發起一切種子的智慧。一切種子既皆蘊含於如來藏中，則當以親證如來藏爲先；能現觀如來藏心體以後，才會有現觀如來藏所藏一切種子的能力。所以必須經由證悟如來藏之後的將近三大阿僧祇劫悟後起修，最後才能具足現觀如來藏所含藏的一切種子，這時才能名爲一切種子的智慧，簡稱一切種智。諸地菩薩分證這個智慧，但因仍不具足，所以另行立名爲**道種智**，意爲大乘修**道**位中的一**切種智**，仍未具足了知一切種子，故名**道種智**（三賢位的第七住位是**眞見道**，此後進修到十迴向滿心位，都是**相見道**位，仍不是修道位，初地起方是大乘的修道位）。

一切種子的智慧既然依如來藏而有，三法印則只是檢查所悟三乘菩提正確與否之準繩，特別是偏重於檢查解脫道的果證是否正確；但是解脫道的修證，其實仍然是以如來藏爲基礎才有可能成就，由此當知三法印的自性絕對不得外於如來藏，否則即無檢查解脫境界的功能；因爲解脫境界的最後實證，也就是無餘涅槃境界，其實仍然是依滅盡蘊處界後而獨存的如來藏自住境界而施設的；若離**如來藏獨存而無知覺**的境界，就沒有無餘涅槃可入而成爲斷滅空了。

言歸正傳，一切種智並非大乘經典中才有說到，而是在聲聞佛法的阿含部經典中就已經有提到名稱了！可見聲聞人在佛世時，確實曾經聽聞　佛陀演說大乘經典，而且在阿含部經典中也說一**切種智**是無上正等正覺之智慧：

【爾時如來即答之曰：「善哉！善哉！須跋陀羅！乃能問我如此之義。諦聽！諦聽！吾爲汝說。須跋陀羅！諸法之中若不見有八聖道法，當知無有一沙門名；二及三、四，亦復不有。既無沙門，亦無解脫；解脫既無，非**一切種智**。須跋陀羅！若諸法中有八聖道法，當知必有四沙門名；有沙門名，則有解脫。既有解脫，是**一切種智**。須跋陀羅！唯我法中有八聖道，有四沙門名，是**解脫**

道，是**一切種智**。彼諸外道富蘭那迦葉等，其說法中無八聖道，無沙門名，非是解脫**及**一切種智。若言有者，當知必是虛誑之說。須跋陀羅！一切眾生聞我所說，信受思惟，當知其人必不空聞，要得解脫。須跋陀羅！我在王宮未出家時，一切世間皆爲六師之所迷醉，初未見有沙門之實。須跋陀羅！我年二十有九，出家學道；三十有六，於菩提樹下思八聖道，究竟源底，成阿耨多羅三藐三菩提，得**一切種智**。即往波羅捺國鹿野苑中仙人住處，爲阿若憍陳如等五人，轉四諦法輪。其得道跡，爾時始有沙門之稱出於世間，福利眾生。須跋陀羅！當知我法能得**解脫**，如來實是**一切種智**。」】（阿含部《大般涅槃經》卷三）

語譯如下：【爾時如來即答之曰：「善哉！善哉！須跋陀羅！你竟然能問我這些義理。諦聽！諦聽！吾爲汝說。須跋陀羅！一切修行者所修的諸法之中，假使沒看見他們有八聖道的法，應當知道他們其實連一個沙門的名稱都沒有；二個及三、四個沙門的名稱，也都同樣是沒有的。既然沒有眞正的沙門名稱，也就沒有解脫可說了；解脫既然沒有親證，一定不可能是**一切種智**的親證者。須跋陀羅！假使他們修行的種種法中有八聖道法，應當知道他們必定會有四種沙門的名稱；確實有四沙門的名稱，修行以後就會有解脫的實證。既有解脫的實證，才有可能是**一切種智**的親證者。須跋陀羅！只有在我釋迦牟尼的正法中才有八聖道，才有四沙門的名稱，才是**解脫道**，才是**一切種智**的親證者。他們各種外道譬如富蘭那迦葉……等人，他們的說法之中並沒有八聖道，也沒有沙門名稱的實質，不是眞正的**解脫 及 一切種智**。假使他們說是也有，應當知道必是虛誑之說。須跋陀羅！一切眾生聽聞我所說的法義，信受而深入思惟以後，應當知道那個聽聞的人必定不會空聞而無所獲，一定會證得解脫。須跋陀羅！我在王宮未出家時，一切世間都被六師外道所迷醉，從來沒有看見他們有沙門的實質。須跋陀羅！我二十九歲時出家學道，在三十六歲時，於菩提樹下思惟八聖道，究竟根源底蘊，成爲無上正等正覺，證得**一切種智**。隨即前往波羅捺國的鹿野苑中仙人所住之處，爲阿若憍陳如等五人，轉四聖諦法輪。他們獲得解脫道的實證，知道出離生死的理路了，那時才開始有眞實的沙門名稱出現於世間，廣施福德利益給眾生們。須跋陀羅！應當知道我弘揚的法理能使人獲得**解脫**，如來確實是**一切種智**的親證者。」】

在這段經文中說到一句話：「解脫 及 一切種智。」由此聖教可知，解脫及一切種智是二個不同的層次。從實證的理上來說，也證實解脫與一切種智是不同的；解脫的實證，只需斷除**蘊處界眞實不壞**的邪見，斷了我見；再進而斷除對自我的執著，也就是斷除思惑，就可以實證解脫的第四果了！但是四果聖者仍然不知道法界的實相，所以法界實相的取證以後，須再進修實相心中的一切種子的智慧，才能成佛。反觀當今之世，曾經自稱成佛的人不少，印順也在其中；但是這些人，何曾有一人已斷我見、已斷我執？解脫果尚且未曾證得，身無解脫智慧，當然不可能會有一切種智。因爲有一切種智的人一定都會有解脫智，而有解脫智的阿羅漢們卻仍然不懂一切種智；但那些自稱成佛的凡夫，連解脫智都沒有，竟然敢自稱成佛，膽子未免太大了！所謂的法界實相就是無餘涅槃中的本際，或稱爲實際、心、如、識、本識、入胎識、如來藏，就是南傳佛法阿含經中所說的阿賴耶識，是大乘經中所說的阿賴耶、異熟、無垢識心體，這是證得解脫道的阿羅漢聖者都不必修證的。而一切種子都含藏在這個本識如來藏心體中，若想親證一切種子的智慧（一切種智），就必須先親證如來藏，才有能力現觀如來藏所蘊含的一切種子，所以一切種智與解脫智，是不同的智慧，這是學佛人，特別是大乘法中的學人，絕對不可混淆的。

復次，已證明一切種智是聲聞佛法阿含部經典中曾說者，然而四阿含諸經中，都未曾說到一切種智的內涵，也不曾說到一切種智應當如何修證；乃至一切種子、一切種智所依的如來藏心體，究竟要如何親證？四阿含諸經中都不曾說過。直到第二轉法輪的般若系經典中，才有說到如來藏心體的清淨自性、涅槃自性、眞如自性，但仍未說到一切種智的內涵與實修方法；一直到第三轉法輪的唯識經典時，方才說到一切種智的內涵與實修方法。由此可以證實，諸大阿羅漢在世時，確曾聽聞一切種智妙義，但因聞之不解其義，不能成就勝解，所以對一切種智內涵的佛語開示，不能記憶念持，念心所不能成就，當然只能把所聽聞的大乘經典結集爲二乘解脫道之經典，而僅保留一切種智的名相。

由這段經文中一切種智的名相被結集在阿含部聲聞佛法經典中，已可證實阿羅漢們確實曾經參與大乘法會而聽聞過　佛陀演說大乘經的，菩薩們當然更是一同與會聽聞的。但是人間的佛教一向以出家眾爲表相上的領導者，自謙的菩薩們當然不可能搶在阿羅漢之前結集經典，只能在阿羅漢們把大乘經典結集成爲專講解脫道的小乘經典以後，當場提出抗議，但聲聞羅漢們卻不願意聽受**大乘經典重新結集**的建議；所有出家與在家菩薩們，眼見要求不被接受，只能當場表明意願：**「吾等亦欲結集。」**然後才將聽得懂而已成就念心所的大乘經典法義，在七葉窟外由千位菩薩共同誦出而結集流傳之，其中法義遠遠勝妙於四阿含所結集的「大乘經典」只有修證名相而無法義內容，當然會使上座部等聲聞人覺得被比了下去，這千人結集的史實當然不會被上座部、經部師、正量部等二乘人記入聲聞律中。此一事實，已從四阿含的諸多經典中一一求證眞實，處處都可尋得如是證據：阿羅漢得解脫智，佛雙得解脫智及一切種智。如是事實，散載於四阿含諸經中，無法推翻，迄今仍有阿含部諸多經文爲證故。

三法印說：**諸行無常**、**諸法無我**、**涅槃寂靜**，都必須依如來藏才能印定：

一、**諸行無常**：是說必須滅盡諸行，才能證得解脫果；懂得滅盡大小諸行的人，才是有解脫知見的聖者；所以隨後就努力觀行而斷除諸行，捨壽後才能取證無餘涅槃，不會再使五陰十八界中的任何一法再度出生，永住無餘涅槃之中。然而，滅盡蘊處界一切法以後，佛說仍有涅槃中的本際不會滅失，所以不可說阿羅漢入涅槃時滅盡蘊處界一切法以後是斷滅空無。但是，有智慧的您，此時應該想一想了：**無餘涅槃中的本際，究竟是色法呢？還是心呢？或是虛空呢？**若是色法，涅槃就成爲無常法，可就違背 佛說的涅槃是無爲、常、恆、不壞滅、眞實！所以若有人硬要說是色法，顯然是不可能的，因爲色法（五色根及五塵）是在入無餘涅槃前就必須滅盡了！所以無餘涅槃的本際一定不是色法。那麼有可能是虛空嗎？答案是：不可能。因爲虛空是空無、是無法，沒有一法存在所以名爲虛空；若虛空就是無餘涅槃的本際，那麼無餘涅槃就成爲斷滅空，就與印順主張的「**蘊處界滅盡後的滅相不會再被滅除了，這個滅相不滅就是眞如**」了，那就是斷見外道見。無餘涅槃的本際既非色法，也不是虛空，那麼一定是心！若是心，當然不會是意根，更不會是意識（離念靈知、有念靈知），因爲這二心已在入涅槃時被滅除了！所以當然是入胎識（本識）了！既然有七識心存在，而七識心在入涅槃時已被滅除了，沒有眾生我存在了，剩下的這個心（入胎識）獨存而被稱爲無餘涅槃，當然應該被稱爲第八識，那不正是阿含部的《央掘魔羅經》所講的如來藏了嗎？若沒有這個第八識本識心獨存而離見聞覺知，那麼無餘涅槃就只能成爲斷滅空了，就與焰摩迦證道之前的斷見觀點無二了，但是卻要被 佛陀與舍利弗尊者訶責。

這樣一來，眞相大白了！原來在聲聞佛法的四阿含諸經中，早已密意說過人們都有八識心王的了！既然無餘涅槃中就是第八識入胎識，是大乘法中說的眞心本識如來藏，那麼大乘禪宗明心時所悟證的心，當然必須符合這個事實—

—親證第八識心體；否則就是悟錯了！而大乘禪宗證悟的人，他們若是悟錯而墮入蘊處界法中，一定不可能符合**諸行無常**法印的檢驗；因爲只有如來藏心體才是恆而常住，才是從來都不曾間斷過的心，才是遠離種種身、口、意**行**的眞實心。離念靈知心則是夜夜眠熟時都會斷滅的，是悶絕時一定會斷滅的，也是無想定與滅盡定中都會斷滅的，而且是常常有**意行**存在的，正是**諸行無常**所要檢驗的無常性的法。只有如來藏心體，常而恆住，其自性從來都不變異，永無暫時斷滅之時，而祂的無漏有爲法出現在三界中時，卻不屬於身、口、意行，迴無行陰；而祂從無始以來不曾暫時斷滅過，當世也不曾暫時中斷過，未來也將永遠不會有暫時斷滅之時，是永遠的常，才能通過**諸行無常**的檢驗。

若無入胎識心體，就不會有蘊處界的存在；一切有情既皆不可能存在，何況能有身口意諸行無常的法印可以施設？所以，諸行無常法印，是依止入胎識如來藏而有的；若離入胎識如來藏，尚且不可能有蘊處界，何況能有蘊處界的種種行？更何況能有**蘊處界諸行無常**的法印可以施設？由此證明，諸行無常法印，是以入胎識如來藏爲根源的；若離入胎識如來藏，就沒有諸行無常的法印可以存在，就不可能以諸行無常法印來自我檢查了。

二、**諸法無我**：大乘禪宗的證悟若是墮入離念靈知心中，或是墮入離念靈知的自性中，都同於自性見外道而無差別，因爲離念靈知是識陰六識的自性，屬於顯境名言所攝，不能外於識陰六識而存在：**識陰六識或意識存有時，離念靈知就存在；識陰六識或意識暫滅時，離念靈知就不存在**。由此可以證實，離念靈知是面對六塵了了分明的，也是面對定境而了了分明的，卻是無常法、必壞法、間斷法，不是無間等法。由前面各章節中**教證**及**理證**上的舉證，也證明離念靈知正是意識心的自性功能，一定與意識心同樣是無常性、壞滅性、緣生性的，不是無間等的法性，當然不可能是常住不斷、不壞的無間等的眞我；假使有大法師想要在意識心的種種變相境界中，找到某一個法是可以常住不壞的，那就是愚癡人。不但是意識如此，其餘諸法也是如此，所以說諸法無我。

蘊處界中的一切法，不論其粗細，都是無常而沒有常住不壞的眞我性，故名無我，所以入無餘涅槃時都應該滅盡，故說諸法無我。而如來藏入胎識，卻是不須滅盡的，也是不可能被滅盡的；窮盡十方諸佛大威神力合爲一個特大的威神力，也無法滅除任何一個極低賤有情的入胎識，因爲十方法界中沒有一個法可以用來滅除入胎識，因爲十方法界一切法都含攝在入胎識中；而這個入胎識如來藏，從來不與六塵相應，從來不執著一切法，從來都是隨緣而應，卻從來都不起貪厭的心行，都無蘊處界我的貪瞋癡性，所以能通過**諸法無我**的檢驗。也能使得二乘聖人所入的無餘涅槃不墮入斷滅境界中，成就二乘涅槃的正理，而使一切外道、一切人天不能訶責。假使入胎識如來藏不是具有能生蘊處界及萬法的體性，假使祂不是具有毫不簡擇善惡種子的無我性，就不可能有三界有情的存在，更不可能會有因果律的確實執行，當然不可能會有三界六道有情蘊處界萬法的無常無我性可以被檢查，也不可能會有檢查蘊處界無常無我的**諸法無我**法印的存在了！由此證明，諸法無我印，也是依如來藏而有的。

三、**涅槃寂靜**：涅槃寂靜，也是依入胎識如來藏而施設的；若離入胎識如來藏，就沒有涅槃可說了，因爲：蘊處界斷滅後的空無，不可以說是涅槃，否則涅槃即是斷滅空，與斷見外道無異。印順、昭慧……等人縱使善於狡辯而施設詭詞、如是宣稱：「滅盡五陰而入無餘涅槃以後，五陰的滅相不可再滅了，所以滅相是不滅的；不滅的，所以不是斷滅，所以一切法空的空無之境即是涅槃。」但其實仍然是斷滅空，不是空盡五陰以後**眞實不空**、**常住不變**的涅槃。因爲印順所說的滅相不滅，只是他在意識覺知心中的一個想法、觀念，並非實有法，仍然屬於五陰的想陰所攝戲論，只是生前的意識心中所擁有的一個概念。在他死亡之前，意識心中可以常有此一作意存在，是由意識心的念心所執持著的，是意識心擁有的觀點；當捨壽時意識心斷滅以後，意識心所擁有的這個作意就隨之滅而不存了，所以並非常住法，不可說是不滅法；所以**滅相不滅**只是言詞詭辯的施設建立，並無實法可以獨存於涅槃中，只是戲論。當印順等人死亡之後，這個作意不能隨同意識帶到來世去，也無法隨同意識進入涅槃中安住，所以無法在滅盡五陰以後獨存，所以是始從他學佛以後生起妄想時，才有這個概念生起的；到他死亡以後，**滅相不滅**的概念就消失而永滅不存，當然不可說是不滅法，所以他所說的滅相不滅的概念也是生滅法。

而這個**滅相不滅**的實質，其實是依蘊處界法的存在而存在的；當他的蘊處界滅失以後，這個滅相不滅的觀點即告斷滅，不是不滅的（實際上因爲印順未斷我見的緣故，他死後絕對不會滅失來世的蘊處界而證涅槃）；蘊處界滅失後的滅相既無實質，而且是依他的蘊處界才能存在的；當他死後，蘊處界全部滅除了（假設他能滅盡後世蘊處界爲前提而說），這個滅相是不可能繼續存在的，因爲滅相不滅的概念，只有在他的蘊處界仍然存在之際才可能存在；當他的蘊處界都滅失時，滅相的概念就跟著消滅了，那當然是不可能繼續有滅相存在的。所以印順施設**滅相不滅即是眞如、即是常而不是斷滅空**的說法，使得阿羅漢們入涅槃時當然都是斷滅空，所以他的**滅相不滅**說，本質仍然只是戲論，絕無涅槃修證的實質；當這個觀念存在他心中時，就是不寂靜了，因爲仍是法塵故。

離念靈知心或印順自以爲證悟禪宗法門而說的**直覺**，都不符合眞實寂靜法印：不論是近代諸大山頭「證悟」的欲界境界的離念靈知（古時圭峰宗密「證悟」的亦是此欲界境界離念靈知），或是近年大陸極有名聲的藏密元音上師所說的「前念已過，後念未起，中間短暫時間的無念靈知心」，他們都主張是眞如心，但其實都只是意識心，由此即可證明他們都落入意識覺知心中，我見都仍分明的存在，所以當然是三縛結具足的具縛凡夫，不離法塵或六塵的叢鬧，不符合涅槃寂靜的法印，當然是悟錯了。只有離六塵的本識，才符合涅槃寂靜的法印。

您讀過《阿含正義》而作了現前觀行，對於二乘解脫道的修行，應該已知意識是必須滅除的。若有人讀過這些法義的說明及聖教的舉證說明以後，仍然繼續堅定的認爲離念靈知是眞如心、是佛性、是可入住無餘涅槃中的涅槃心，他就是先入爲主而不肯客觀循理的人，他將只是佛菩提道或解脫道中的初機學人。您從此時開始，若不想如同他們一樣當初機學人，就應該深入而客觀冷靜理智的加以深思及現觀，就不會再浪擲可貴的生命，落在意氣用事、名師崇拜上；那麼您的解脫道智慧，不久就會如理作意的生起，初果解脫的智慧將能使您受用無窮，因爲您將會確實現觀離念靈知完全違背涅槃寂靜、諸法無我、諸行無常的法印；您將會現觀離念靈知正好落入諸行無常的**諸行**與**無常**中，將能檢查諸方大師將無我的離念靈知錯認爲眞常實我，違背了**諸法無我**的法印。而諸行無常、諸法無我、涅槃寂靜三個法印，正是大、中、小三乘都應該使用的檢查正印。若是自身的修證能與這三法印相符契，才可以說是正確的解脫道修證，否則即無證量可言。能以這三法印來自我檢查，就可以免除大妄語的罪業，也可以迅速增上道業。但您若想如同平實一樣，有能力**現觀**三法印都是依本識如來藏而有、而施設；想要有能力如同平實一樣從自心中直接宣說解脫道與佛菩提道的法義，不必依靠憶念記持而說法，那就請您迴心轉入大乘法中，修證如何親證本識的禪宗法門；在將來證悟本識以後，就有能力這樣子做，您到那時也將成爲眞實菩薩中的一員，平實竭誠歡迎您加入眞實菩薩的行列中。

第五節　業果報系統

「業果報系統」，不是平實首創的名相，而是昭慧否定了如來藏以後，爲了避開無因論的譏嘲，爲了避免成爲謗法者，爲免其法義墜入**自然外道**法中，所以新創這個名詞來取代如來藏。這裡就暫且沿用她的名詞，但平實使用這個名詞時，仍然是意指如來藏的。三法印不得離於業果報系統而存在、而成立，若自外於業果報系統者，三法印即成戲論，任何一印都不可能成立。所謂業果報系統其實乃是如來藏心體；然而昭慧爲避免自身不能親證如來藏而被評爲**未悟般若**的緣故，另行發明**業果報系統**一名，言外之意似有**業果報系統是不可知亦不可證**的意思，而用這個名詞來取代經中　佛陀所說可知亦可證之眞正業果報系統—本識如來藏。

昭慧自創「業果報系統」之說：「**業果報系統在輪迴，不須有大我作主體。本生譚之菩薩即是釋迦，但前世不等於今世，都是緣生緣滅。……所以不必建立大我作輪迴之主體。**」（法界衛星電視台 2003/12/29「唯識學講座」第十八輯）**大我**之說乃是外道佛學研究者所說，意義同於一神教外道改革法義後所說：「**大梵天**

創造眾生，而大梵天是聖靈，沒有形體物質的存在。」眞正的佛法中從來不曾說過**大我**，只有藏密外道才有大我之說，才說要回歸大日如來，所以要觀想自己本尊融入大日如來中，將來成佛時也要與究竟佛大日如來合併爲一體。「大我」意指所有眾生的本源，都屬於同一個眞實常住我，意思是：所有法界中的一切眾生，都是從同一個大我中出生的，死後也應該回到這個大我之中，仍然收歸大我之中；一貫道也有這種思想，所以有三期收圓之說：被放出去的眾生，將來都要收歸老母娘之中。這種說法其實是上帝創造世間、創造人類的說法，就是阿含部經典中所說的大梵天外道，認爲所有眾生都由大梵天的主觀意識決定之後，才由大梵天變生的。此說過失極多，限於篇幅，此處僅作極略說。

外道此說有大問題，譬如眾生造諸善業、惡業、無記業，熏習種種世間、出世間萬法以後，業種都將無可避免的要收歸於大我之中；那麼，到時候捨報了，大梵天或上帝、阿拉，卻要評判眾生的業行果報，在下一世各自受報，這其實說不通；因爲眾生都是以大梵天爲主體，業種也都是收歸大梵天所有，眾生這一世死亡後已經斷滅而不存在了，怎能受報？設使眾生都無前世而有來世，在來世受報時，也應當是由大梵天受報才是正確的，不該是由眾生受報的，因爲業種已經都收存在大梵天心中了，報不到眾生身上了。假使都是由造業眾生各自受報，那將顯示一個正理：業種都是由各個眾生的本識各自收存的。如此，則眾生顯然都不是以大梵天爲主體，而是各各都有自己的主體，與大梵天完全無關，所以就不該有大我創造眾生的說法，故大我的說法是不能成立的。由此正理，顯示眾生都不是由大梵天（上帝、阿拉）所創造的，所以大我的說法，是無法成立的；只有愚癡無智的人，才會建立及信受這種荒唐的說法。佛教中也從來不說眾生所造的業種是由一個大我執藏的，都是說各人自有一個本識如來藏眞我，各自收藏自己的業種及一切種子；不論是四阿含聲聞佛法中，或第二轉法輪的般若諸經，或第三轉法輪的唯識系列諸經，從來都不曾說過眾生共同擁有一個大我、或共同擁有一個大本識，或共同擁有同一個大意識；只有外道或外國的一分佛學研究者，曾提出這種說法，但這是嚴重誤會佛法的謬說。

在佛教中，釋迦世尊初降生時，一手指天、一手指地說：「**天上天下唯我獨尊。**」並不是說眾生同有一個大我，而是眾生各各都有自己的眞實常住我，都是完全獨立而尊貴的；在初轉法輪的四阿含諸經中，在第二轉法輪的般若中觀諸經中，在第三轉法輪的唯識經典中，都是同樣的說法，從來不曾提出大我的主張或觀念。昭慧那一段說法，是以催眠式的手法在暗示學人：**大乘佛教中主張的如來藏本識就是大我，與外道的大我主張雷同**。其心叵測。

昭慧又云：「**後來的唯識學派，把細心相續及種子熏習結合了。使兩個體系結合爲一。**」這其實是舔食印順的邪見涎唾，所以她認爲：**這是部派佛教時期最早發展出來的，佛世並沒有細心相續及種子熏習的說法，所以不是眞正的佛說**。但部派佛教的主張是否確實如此，仍然值得商榷。因爲她是繼承印順的錯誤考證而這樣說的，可是印順常常將佛經法義及歷史事實加以扭曲，甚至常常作完全相反的闡釋，並且是常常以推斷的方式矇騙大眾，妄說是考證得來的結果；他幾乎是籍籍如此、書書可檢，可說是犯行無數。所以昭慧繼承印順的說法而作的主張，是必須全面加以詳實考證的，都是值得商榷的。

言歸正傳，她將本識如來藏以暗示手法定義爲**大我**，將法界萬法的根本心歸結於部派佛教的產物。這意思是不承認第三轉法輪諸經爲佛說，亦是不承認第三轉法輪所說之八識心王一切種智正理。然而，不但第三轉法輪的方廣唯識系及第二轉法輪的般若中觀系中，都曾以種種不同的名詞解說過第八識如來藏；乃至初轉法輪的聲聞佛法阿含部經典中，也都曾密意說過第八識如來藏，並且處處顯示祂是各人專屬獨有的第八識如來藏，往往簡稱爲**識**，不明說是第八識。這就是四阿含諸經常常說到的死後**入胎**而住、能出生名色的**識**，而入胎識是各個有情都**獨有**的，不是大眾共有一個**大入胎識**，否則就無法各自入胎了。

在原始佛法的阿含部經典中，既有明確證據顯示眾生都各有自己的**入胎識**，不是共有同一個**大入胎識**；到第二、三轉法輪時期的般若中觀、唯識經典中，也都同說是各個有情都獨有自己專屬的**種子識**；而般若中觀經中所說的「不念心、非心心、無心相心、無住心」，都不是由大眾共有一個**大心**，唯識經中講的**種子識**也是各人**獨有**而非共有同一個**大種子識**；這個識又名爲如來藏，當然昭慧不該用暗示性的手法誣說佛教的如來藏是**外道大我的思想**。因爲外道的**大我**，只是人造的「創世主」的覺知心意識，縱使創世主眞的存在，但他的覺知心並沒有創造有情的能力，這是可以現前檢查出來的；後來一神教雖然參考佛教法義而改革、進步了，改爲「聖靈」的說法，但聖靈卻是不可知也不可證的，仍然只是人類臆想所得的宗教思想，不是十方三世法界中的事實眞相。正因此故，所以哲學界長久以來一直在追問一神教弘揚者：上帝在哪裡？

既然在初轉法輪的聲聞佛法四阿含諸經中，都已顯示如來藏——入胎識——是各人獨有一個，不與他人共有，這已證明：後來的唯識學派並沒有把細心（意指入胎識如來藏）與種子熏習作結合，而是聲聞佛法的四阿含諸經中本來就已如此闡釋的，所以昭慧上面那一段說法：「**後來的唯識學派，把細心相續及種子熏習結合了，使兩個體系結合爲一。**」是完全不符佛教史實的。而且，種子熏習的道理，早在四阿含中就已簡略的說過了，並不是等到第二、三轉法輪的大乘經典中才結合起來的。這已在第五章的第八節中舉證阿含教典原文證明過了，您可以回到前面章節中逕行參考。

阿含諸經中講的入胎識，不曾說過是細心，只說是如來、如、我、如來藏、（入胎的）識，不曾說過是細心。但**細心相續說，卻正是印順學派的中心思想所在**，也是印順學派否定了本識常住思想以後，自以爲可以藉此建立而不墮斷滅見的依據，印順說：【**細心相續**，是唯識學上**本識**思想的前驅。要理解相續的細心，應先從間斷的粗識說起。一切心理的活動，可以分為心與心所二類。心所是依心所起的作用，心是精神的主體。這心，或者叫**意**，叫**識**，雖各有不同的意義，但各派都認為是可以通用的。心識覺知作用的生起，需要種種條件，主要的要有感覺機構（六根）作所依，認識對象（六塵）作所緣。因所依、所緣的差別，識就分為眼識、耳識、鼻識、舌識、身識、意識——六識。

據**常識的自覺的經驗，六識是生滅無常的、間斷的**。像悶絕、熟睡無夢，都覺得當時沒有心識的活動。拿聖教來說，無想定、滅盡定、無想天、都稱為無心。無心的有情，**似乎**是釋尊所認可的。但從另一方面觀察，就有完全不同的見解。有情，就是有識，心識的活動與生命，是不可分離的。假使有無心的有情，試問這離卻心識的身體，與死人、草木，有什麼差別？佛教只許動物是有情，有生命，不承認草木也是有情，如不從有無心識著眼，草木與動物的有無生命，又憑什麼去分別？經上雖說滅受想定是無心定，但也說入滅受想定的「識不離身」；所以，有情必然是有心的。悶絕等僅是沒有粗顯的心識，**微細的意識**還是存在，只是不容易發覺罷了。**相續的細心，就在這樣的思想下展開**。（《唯識學探源》p.48～p.49）】

由這一段印順書中的說法中，可以確立印順所說的細心不是指第八識如來藏，而是意識細分出來的，他是主張意識細心常住的。他說：「**細心相續**，是唯識學上本識思想的前驅。」又說：「據**常識的自覺的經驗，六識是生滅無常的、間斷的**。」又說：「無心的有情，**似乎**是釋尊所認可的。」但 世尊所說的無心定（無想定、滅受想定），是因爲這二定中沒有意識心存在，所以稱爲無心定，但 世尊不曾說沒有其他的心存在；因爲意識覺知心固然已經滅除了，意根卻仍然是存在著的，而入胎識也是仍然存在著的，這是 世尊在阿含聲聞法中早已說過的，印順卻扭曲了 世尊的意旨。所以無心定的心字，是指眾生所熟知的意識覺知心，不是指意根與入胎識二心；以此緣故，印順說：「無心的有情，**似乎**是釋尊所認可的。」眞的只能依他的**似乎**二字來講，但他的**似乎**比量卻是非量，因爲明顯違背 世尊的聖教。這就如同初禪的離生喜樂定一樣的道理，初禪是色界中的最低層次，仍是三界有漏境界。但因爲初禪已離欲界生，不再受生於欲界中了，所以是離欲界生，簡稱爲離生喜樂定。但不可解釋爲已經離開三界生死了！同理，無心定的意思，是說沒有了眾生熟知的意識心，所以說是無心定，不是沒有其他心，而是意根與入胎識都仍然存在著。

印順不懂這個道理，信受應成派中觀邪見在先，依語不依義在後，結果就變成這種看法：【經上雖說滅受想定是無心定，但也說入滅受想定的「識不離身」；所以，有情必然是有心的。悶絕等僅是沒有粗顯的心識，**微細的意識**還是存在，只是不容易發覺罷了。**相續的細心**，就在這樣的思想下展開。】

但他的思想是很錯亂無章的，過失無量。這都是由於他信受應成派中觀的六識論邪見，先把意根與入胎識排除掉，以此錯誤的見解來解釋佛經的法義，才會有上面這一段說法寫在他的書中，用來自誤、誤人。印順認爲「**相續的細心**」就是意識心，然而阿含與唯識祖師所說識**相微細**的細心，卻不是意識的細心。阿含中說的微細而難證的細心，是說入胎識，而入胎識是指第八識如來藏，在阿含中說爲涅槃的本際、我、如、實際、如來；在唯識祖師的論中說的細心，仍然是入胎識，名之爲阿賴耶識、第一能變識、異熟識、無垢識、心眞如、如來藏……等名，都是指第八識如來藏。要由這個識入胎以後，才能出生意識的一切粗心與細心；意識心不論粗細，都是意法爲緣生的，所以 佛在阿含中說：「**諸所有意識，一切皆意法爲緣生。**」但是印順先把第七識意根及第八識如來藏否定，曲解唯識祖師的論典眞義，妄解爲意識的細心，不承認是第八識如來藏—阿賴耶識，所以就主張：意識細心是常住的，如來藏、阿賴耶識、異熟識、無垢識……等名相所說的都同樣是意識的細心，所以實際上並沒有另一個如來藏識的存在，如來藏只是方便度眾而施設的名詞，本質上仍是意識心。

所以**細心相續說，正是印順學派的中心思想所在**，也是印順學派自以爲可以藉此建立而不墮斷滅邪見的依據。但阿含、般若、唯識諸經，以及眞正唯識祖師的論典中，所說的細心都明文指稱是第八識的入胎識、阿賴耶識、如來藏。是由於識相極微細而說爲細心，都不是印順扭曲後而說的意識的細心。這都是可以在目前仍然存在、流通的阿含部及方廣唯識部諸經中，以及唯識祖師的論典中很清楚舉證出來的事實。而印順卻先將識相微細的第八識否定，再解釋爲意識細分出來的細心，以如此曲解經中 佛意及論中菩薩祖師眞意的手法，來建立他的六識論邪見，來成就他七、八二識是從意識心中細分出來的邪見。在他四十一本著作中，處處可以看見這種作爲：爲了建立識唯有六的想法，故意處處曲解經論眞義。（註：安慧、清辨、月稱、宗喀巴等人都不是眞正的唯識祖師，而是假藉大乘表相與名稱來欺騙佛教界的小乘人）

印順自從三十餘歲時信受了藏密外道的應成派中觀邪見以後，接受了應成派中觀所主張的識唯有六的邪見，所以他認爲：意識細心等同如來藏、阿賴耶識心體，如來藏、阿賴耶識心體都是從意識中細分出來的；意根也是一樣是從意識中細分出來的，實質上並沒有第七識意根的存在。這種見解，在他四十一冊的每一本書中，都同樣是這種主張；直到他死亡前，都沒有改變過。但他這個說法是有大過失的：

一、意識若是眞的如他所說，可以細分出意根與入胎識，就意謂著**佛陀說法嚴重錯誤**，或是**大乘諸經都不是佛陀親說**。因爲他是自認爲已經成佛的，並且認爲佛法是應該會有演變進化的；如今印順已經死亡了，他在死前不曾對平實多本書中的質疑提出任何一句答辯，卻仍把自己的傳記副書名題爲《看見佛陀在人間》。如今他的法義最主要的繼承人是昭慧，她是否可以針對這個問題代他向佛教界提出合理的解釋？佛在四阿含中，處處都說：「**意根與法塵爲緣，出生了意識**。」又在阿含部的十因緣法中說：「**名與色是由識出生的**。」這個識是指入胎識，當然是第八識。因爲意識的出生，是以入胎識爲因緣，是以意根與法塵爲助緣，才能從入胎識中出生的，所以佛在**十因緣**法（詳見第五章的第二、三、四節）中說：【「阿難！**緣識有名色**，此爲何義？若**識不入母胎**者，有名色不？」答曰：「無也！」「若**識入胎不出**者，有名色不？」答曰：「無也！」「若**識出胎**，嬰孩壞敗，名色得增長不？」答曰：「無也！」「阿難！若**無識**者，有名色不？」答曰：「無也！」「阿難！我以是緣，知**名色由識**，**緣識有名色**。我所說者義在於此。」】這已經很清楚的表明了：**名與色都是由入胎識出生的**。

顯然入胎識是出生**名**與**色**的根本識，顯然入胎識不是從**名**中出生的；而意識心不論粗細，不論細至何種程度，仍然是**名**所攝的心，都仍然是意識心，都不能自外於**名**，而**名**是入胎識所出生的。假使**名**所攝的意識可以細分出來而成爲入胎識、如來藏、阿賴耶識，那麼 佛就不該說「諸所有意識，一切皆意法爲緣生」，所以印順的意思顯然是暗中指責 **佛陀說法錯誤**或**大乘經皆非佛說**。他認爲自己演變後的佛法超越 佛陀了，依阿含經的說法，這正是名副其實的謗佛。

由於意識的存在，是以意根及入胎識所生的法塵作爲俱有依的，假使沒有意根、法塵與入胎識的支援，根本就不可能有意識心的存在，怎能說入胎識就是意識？又怎能說第八入胎識會由尚未存在的意識心中細分出來？這就如同說**母體必須由胎兒出生**一樣的荒唐。胎兒必須有母體的存在與執持，才可能使胎身存在，才可能在母胎中活動，絕不可能離開母胎而存在，何況能出生母親？但是，印順與昭慧的思想，正好就是胎兒可以離開母胎而獨自繼續成長，並且可以細分出母體來。這樣顛倒其心的人，也可以成爲佛法中的法師，出來住持佛法而帶領學人學習佛法，而且以正統佛法領導者自居，這是在什麼樣的邏輯下而說得通的道理？我想，您昭慧也該出來解說分明、以釋眾疑。否則，您的弘誓學院，可能免不了被人當作邪知邪見的傳授處所，難道您願意讓弘誓學院漸漸被佛教界漠視乃至淘汰嗎？

二、若末那識意根不是由意識細分出來的，而是存在於意識心出生之前，若印順把末那識與意根解釋爲二個心，不是同一心，那也仍然證明確實是有第七識心存在的；因爲意根永遠都是意識心的**俱有依**，不論意識心細到何種程度，都必須依止於意根的作意，才有可能存在與運作，這是四阿含聲聞佛法中的 佛陀聖教。若昭慧說：「**意根與末那識是二個心。**」那仍然證明有第七識，並且是增加了一個識而與入胎識合爲九個識的，那她就不可以再弘揚六識論；而且她所說的般若、一切種智的修證，也必須加上七、八、九識的修證了。若昭慧說：「**意根與末那識都是不存在的。**」那她又該如何面對四阿含諸經中 佛所說的「**意根、法塵爲緣出生意識**」的聖教？她的覺知心是不是本然而有、夜夜都不間斷的實相心？她的覺知心是否從前世往生過來而常知宿命諸事？她必須對這些問題提出說明，否則絕難服眾，又將何以帶領弘誓學院的師生們？

三、由以上的辨正，可以證實入胎識絕對不是由意識細分出來的。而且明確的證明意識心不論粗細，都必須依止意根與入胎識才能出生、才能在出生以後繼續存在及運作。既然如此，**意識細心說**就不可能成立了！那麼，印順派的一切法師、學人，當然都該回歸到四阿含所說的**名色由識生**的第八入胎識，都該回歸到四阿含中出生名色的本識如來藏，都該回歸到唯識經典所說的出生意識的第七、八識，都該回歸到唯識祖師 彌勒、無著、世親、玄奘論中所說的第七、八識正法，以第八本識的涅槃性來解釋二乘的**涅槃**，以本識的中道性來解釋**般若中觀**，以本識的無漏有爲性來解釋三**界唯心**，以本識所生蘊處界的有爲性來解說**萬法唯識**，以本識所生蘊處界的緣生性來解釋**萬法緣起性空**，以本識的一切功德來解說一**切佛法**。如此而說第八識是細心，才是一切菩薩、禪師、唯識祖師所能接受的；若是將知覺性極爲微細（其知覺性不在六塵中故）而極難修證的第八識，解釋爲從意識中細分出來的細心，那是一切有智慧的學佛人及阿羅漢都無法接受的，因爲明顯的違背聖教了！也是一切親證法界實相的賢聖們及證悟的祖師們都無法接受的，因爲違背了親證法界眞相的現量故。

由以上所說的事實看來，其實細心說才是印順心中最主要的思想，而他的細心相續說，是以意識爲本源的；這與 佛陀及諸大菩薩、祖師們所證、所說、所弘傳的第八識細心，大不相同。由於這個分歧的緣故，所以導致印順派的學說，與　佛陀的聖教產生完全悖離的結果，所以今時被證悟解脫道及佛菩提道的賢聖菩薩提出辨正時，就只能顧左右而言他，專在事相上說些無關的話：「**我昭慧是上駟，不想回應下駟的蕭平實者流。**」永遠只能在言不及義的言語上耍口惠，在法義上是永遠都不敢回應的。但是，一個不知不證涅槃本際的凡夫昭慧，可以自稱是上駟而公然主張「已知已證涅槃本際的實證者是下駟」，可能是只有昭慧個人才能說得出口的話吧！

細心相續說，正是印順的主要思想，卻同樣也是眞實唯識學派的主要思想，也是阿含部、般若部、唯識部諸經的主要思想；但印順的細心相續說，卻是誤會佛法以後改以意識的細心爲主，與經中聖教及眞悟菩薩論中所說的第八識細心相續說，完全不同。設若印順只是解說他不同於經論中的意識細心相續說，從來不否定經論中說的第八入胎識細心相續說，平實倒也能勉強接受，不加以指正；畢竟第八入胎識細心本來就很難親證，若有人解說錯了，如同部派佛教時期的所有聲聞人解說錯誤一樣，都只是歷代弘法者的平常事。但是當他們師徒不但出書來否定，並且在一切場合中都不斷的否定本識的細心相續時，平實爲了維護正法實質，爲了救護聲聞佛法的修學者，就被逼而不能不加以辨正了。所以，印順其實是處於細心相續說的範圍中，建立意識細心的相續不斷，作爲維繫因果律的所依。而他這個建立也仍然不離本體論的範疇，只是以虛妄建立的本體論來取代可知也可證的入胎識本體論，正是**以假代眞**的**本體論**。

但是，維繫因果律的事情，在前後三轉法輪的阿含、般若、唯識諸經中，早已開示出一個可知也可實證的第八入胎識了，印順何必捨棄可知也可證的第八入胎識，另行建立一個純屬想像而不可知不可證的想像本體的意識細心相續說？這不是捨棄眼前可以取得的眞實黃金，而另外建立一個只能在口中宣說而不可獲得的想像中的黃金？若不說他是佛門的愚癡人，還能說誰是愚癡人呢？然而昭慧不能覺察印順這個邪謬，繼續舔食印順邪見的涎唾，豈是有智慧的人？後來昭慧發覺到自己無法對印順的邪見加以堅持，因爲平實不斷的舉說：**意識心無論是粗是細，都是意識心；若是意識心，就必須依意根與法塵爲緣，才可能出生，不可能執持業種而成就因果律**。昭慧發覺**意識細心相續**的**常住**說，無法自圓其說，只得另外發明一個**業果報系統**新名詞；但這是新創佛法，不是依循 佛陀的聖教而修學，那就不能稱爲**佛法**，應該說是**昭慧法**了。她的新發明也是不能實證的想像法，想像法一定與法界中實相不同，不免會有許多過失；但她並無自知之明，沒有發覺將會產生許多大問題出來：

一、這個業果報系統，是可以實證的？或是不能實證的？佛法都是可以實證的，不是想像法。業果報系統若是不能實證的，就是想像法，不是佛法。

二、這個業果報系統，是色法、或是心法？若是色法，一定不可能成立；因爲色法是生滅法，生滅法就不可能持種不壞，一切所造善惡業種都將會散壞不存，就與法界因果律的實相相違，成爲外道或佛門凡夫的想像法。若是心法，是不是第八阿陀那識？若是阿陀那識——如來藏，那就直接承認自己尚未證得如來藏就夠了；不必另外施設一個新而冗長的名稱，就沿用原來的如來藏、阿陀那識等名稱就可以了，大家也都容易瞭解，所以新創業果報系統的名稱確實沒有意義。若昭慧說這個業果報系統是心，但不是阿陀那識，那也仍然是第八識，因爲四阿含中說十八界法中已有七個識了（識陰六識加上意根一心共有七識），再加上這個心，仍然是八個識，與原來阿含聖教的八個識相同，那顯然正是入胎識——如來藏，昭慧又何必頭上安頭而新創**業果報系統**的新名詞？

三、這個業果報系統，是常住法或是生滅法？若是生滅法，就不可能執持業種而成爲業果報系統，她的施設就無意義了！若是常住法，則又明顯成爲她所反對的**本體論**、**真常唯心論**，她這個業果報系統的施設，就成為自相矛盾的施設了！因為否定了 佛在四阿含中說的常住本體心—入胎識—涅槃本際，卻又施設另外一個常住的本體心來執持業種，顯然是無智而愚癡的施設。

四、這個業果報系統，與 佛說的常住本體的入胎識，是相同或相異？若是相異，那麼 佛說的持種識如來藏，應該是錯誤的說法，所以她才要另外施設一個全新的業果報系統，那麼她必然是認為佛陀所說的法義不究竟，她的施設才是究竟的法義，那她應該離開佛教，另傳新法，因為這已不是 佛的法了！不是 佛的法，當然不是佛法。假使相同，那麼她就應該老實的修行，回歸大乘傳統的常住法——三界唯心、萬法唯識，潛心修證常住的本識如來藏，怎能另外施設常住法而違背 佛的聖教，卻又施設出一個不可實證的想像的常住法，用來取代可以實證的真正業果報系統如來藏常住法？她這是什麼心態？佛教界所有大師與學人，都應該深入瞭解昭慧另行施設的心態及背後的原因。

五、這個業果報系統，若是心體，祂究竟是能與覺知心意識互相聯繫的心？或是不能與覺知心互相聯繫的心？在理證上及聖教上，都說持種心如來藏——入胎識，是可以和覺知心互相聯繫的心，也是可以實證而被證明是常住心的；

如今昭慧新創佛法，創立業果報系統新說，不承認本來就在的業果報系統入胎識的存在；而她新創的業果報系統，又是無法證明確實能與覺知心、意根互相聯繫互動，顯然無法執持意識、意根所造的業種，那她發明這個與眾生心完全無關的業果報系統，其實是沒有意義的。

六、在現實上，入胎識的存在是昭慧無法否認的；在聖教上，　佛陀也說：超過這個入胎識，就沒有任何一法存在了；又說是名色之本源，所以萬法都由這個入胎識持種而出生的。如同前面所舉示的聖教，　佛陀在《雜阿含經》卷十二說，推究人類受想行識與色陰的由來（名色緣何法而出生）時，只能推究到入胎識爲止，所以說：「**齊識而還、不能過彼。**」超過入胎識就沒有任何一法可以實證了！換句話說，一切法都只到第八識如來藏爲止，超過這個本識，就沒有一法可得了！但昭慧竟然在第八識之上再新創一個業果報系統來持種，而同時否定本識如來藏——入胎識，看來她的佛法「證量」似乎是比　佛陀高上一大截的，因爲這是　佛陀所不知、所不證的法，而她發明出來了！這些問題，如果再深入細究，還會輾轉出生其他的許多問題，因爲佛菩提的修證，將會由於她的新發明而全面改觀；這些即將發生的全面改變，包括佛經的義理都將因此而必須改變；可是印順與昭慧對這個必然會改變的原理，看來是完全沒有警覺到的；否則，他（她）們就不會這麼大膽的施設新說來否定原有的涅槃本際。

所以業果報系統本來就是本識如來藏的功能，沒有任何一法可以取代；永遠都只是無餘涅槃中的本際識，不會有其他任何一法可以是業果報系統。因爲佛陀說：超過第八入胎識，就沒有任何一法存在。事實上，親證本識者的現觀也是如此的；所以昭慧新發明的業果報系統完全沒有意義，是以想像法取代可以實證的佛法，這是破壞正法、正教的惡劣行爲；與古時佛護、月稱、寂天、宗喀巴等人，同以應成派中觀邪見來破壞佛教正法的事實，本質是完全一樣的。

修學解脫道的人，想要親證解脫功德，一定不可以否定涅槃中的本識如來藏，否則就無法取證解脫果，一定會因外、因內而有恐懼的，將會如同上一章中 佛陀的開示一樣。所以說，相信在將來滅盡十八界諸法以後，只有本際識獨存於無餘涅槃中，常住不壞、眞實不變而非斷滅空，是非常重要的知見。而一切業果的實行，都是由眞識——入胎識——如來藏直接實現，實現時都由妄心意識來領受苦、樂受；眞識當然是指能與妄心意識互動而能執藏業種的本識，即是第八識如來藏，也是四阿含諸經中常常說到的入胎識——識。妄識是指意根及意識，合爲七種在三界六塵世間內運作的識，合名七轉識。轉字的意思，即是運作及可以轉變之意，所以就將識陰六識及意根合名爲七轉識。

云何知有七轉識，而不是如同印順與昭慧、星雲、證嚴、聖嚴等人所說的只有六識？這是說，意識覺知心，不論是粗心、細心、極細心，只要是意識心，都必須要依意根才能運轉的緣故。假使沒有意根爲助緣、所依緣，意識尙且不能生起，何況能依意根而存在而與意根配合、同時運轉？於四阿含聲聞佛法經中，有何根據而平實如是說？譬如《雜阿含經》卷十一，佛如是開示：「**意、法緣，生意識。**」這已經很明白的指示我們：**意識的生起，必須具足意根與法塵作助緣，才能從入胎識中生起，所以入胎識就是意識的因緣**。意識以意根與法塵作爲助緣而出生以後，當然還必須依止於意根與如來藏的配合，才能繼續存在及運作，所以一切人的意識覺知心，都必須依靠入胎識中所持的意識種子相續流注，也都必須依靠入胎識所出生的意根與法塵爲助緣，才可能生起及存在、運作。所以人間法界的所有人，都不可能只有六個識，都一定會有八個識，所以昭慧自作聰明而新創一個業果報系統，都無實義。

第七章 慧解脫

阿含解脫道中，有證得初禪的凡夫，沒有不證初禪的三果人，也沒有不證初禪的慧解脫阿羅漢。

第一節 二乘所斷無明與外道常見

佛法中說的無明有二種：一是二乘菩提的阿含解脫道所說的無明，二是大乘菩提—成佛之道—所說的無明。四阿含諸經所言的無明，是二乘解脫道的無明，是我所執、我見、我執無明，主要是因爲不知五陰皆是無常，以及不知五陰滅盡後仍有涅槃的本際獨存不滅，不知這個本際是無間等法。然而眾生對五陰的無明，主要是不如實知識陰的內容，也不知識陰的變異及無常。二乘菩提的無明，在大乘法中被稱爲一念無明；而大乘法中所說的無明，則是再加上無始無明；這是從無始以來就一直與眾生心不相應的，直到起心動念想要證解法界的實相時，方才會相應到無始無明，所以大乘法中說：**心不相應，無始無明**

住地。無明的意思是不知：若因不知五蘊的虛妄而產生貪愛，就是阿含解脫道中的無明。若是對於法界實相的無知，則是菩薩眞見道時所破的無始無明。

《雜阿含經》卷八第203經云：【佛告諸比丘：「諦聽，善思，當爲汝說。諸比丘！云何一法斷故，乃至不受後有？所謂無明。離欲、明生，得正智，能自記說：我生已盡，梵行已立，所作已作，自知不受後有。」時有異比丘從坐起，整衣服，偏袒右肩，爲佛作禮；右膝著地，合掌白佛言：「世尊！云何知、云何見無明，離欲，明生？」佛告比丘：「當正觀察眼無常：若色、眼識、眼觸。眼觸因緣生受，若苦、若樂、不苦不樂，彼亦正觀無常。耳、鼻、舌、身、意亦復如是。比丘！如是知，如是見無明，離欲，明生。」佛說此經已，諸比丘聞佛所說，歡喜奉行。】對於十八界及五陰的無常而不能如實知，就是無明。

又如《雜阿含經》卷十第256經中，如是說明二乘解脫道的無明：【如是我聞：一時佛住王舍城迦蘭陀竹園。爾時尊者舍利弗、尊者摩訶拘絺羅在耆闍崛山。時尊者拘絺羅晡時從禪起，詣尊者舍利弗所，共相問訊；種種相娛悅已，却坐一面。時尊者摩訶拘絺羅語舍利弗言：「欲有所問，寧有閑暇爲我說不？」舍利弗言：「隨仁所問，知者當說。」摩訶拘絺羅問舍利弗言：「所謂無明，云何是無明？誰有此無明。」舍利弗答言：「無明者謂**不知**，不知者是無明。何所不知？謂色無常，色無常如實不知；色磨滅法，色磨滅法如實不知；色生滅法，色生滅法如實不知。受、想、行、識，受想行識無常，如實不知；識磨滅法，識磨滅法如實不知；識生滅法，識生滅法如實**不知**。摩訶拘絺羅！**於此五受陰如實不知、不見**，無無間等（不知道五陰全都沒有無間等法）、**愚闇不明，是名無明**。成就此者，名有無明。」又問：「舍利弗！所謂明者，云何爲明？誰有此明？」舍利弗言：「摩訶拘絺羅！所謂明者是知，知者是名爲明。」又問：「何所知？謂知色無常，知色無常如實知；色磨滅法，色磨滅法如實知；色生滅法，色生滅法如實知。受、想、行、識，受想行識無常如實知；識磨滅法，識磨滅法如實知；識生滅法，識生滅法如實知。拘絺羅！於此五受陰如實知見明，覺慧無間等，是名爲明。成就此法者，是名有明。」是二正士各聞所說，展轉隨喜，從坐而起，各還本處。】

不但此經中如是說，於《雜阿含經》卷十第 257 經、258 經中，亦如是說。由此可見，所謂二乘菩提中的無明，就是指行者對於五蘊、十八界法的全部內容無所知，對於蘊處界無常故苦、故空、故無我，不能如實知，誤以爲其中的某一法不是五蘊、十八界所攝，誤認爲是常住而不生滅的法相，就成爲解脫道中的無明。假使能將這個無明斷除了，就會同時斷除三縛結，成爲初果人。但是如同這一段經文中講的：**必須了知五蘊中都沒有無間等法**。又如前面章節舉示的聖教說：**比丘滅盡蘊處界的所有執著以後，內無恐怖、外無恐怖、內外無恐怖，是因爲知道在滅盡蘊處界以後仍有一個無間等法，常住不滅**。由篤信佛語或從教義中理解到一定是如此的，也是聲聞解脫道中必須建立的智明，否則也是無明，一定導致無法確實斷除我見。在解脫道聲聞法中，對於蘊處界全部內容的了知，對於蘊處界無常故無我的了知，**對於蘊處界滅盡後仍有涅槃中的本識無間等而常住不壞的了知**，是證果的二個要件、一個前提。

聲聞解脫道無明的斷除，對於大乘參禪而想悟入般若的人來說，也是非常重要的；若無法了知蘊處界的全部內容，不能斷除蘊處界常住的邪見，不知蘊處界無常故苦、故空、故無我的正理，參禪尋覓金剛心時將會墜入我見深坑中，難免錯將蘊處界中的某一法，誤認爲常住的第八識心體，就成爲未悟謂悟、未證言證的大妄語人，古、今有許多錯悟禪師、大師，錯將意識離念靈知誤認爲常住不壞的金剛心，都是現成的事例；由是故說二乘菩提的無明必須先斷除，然後參禪求證般若時才不會錯證而成就大妄語業。

《增壹阿含經》卷二十三第九經：【「汝今當知，如來亦說有四流法；若一切眾生沒在此流者，終不得道。云何爲四？所謂欲流、有流、見流、無明流。…………彼云何無明流？所謂無明者，無知、無信、無見；心意貪欲，恒有希望，及其五蓋：貪欲蓋、瞋恚蓋、睡眠蓋、調戲蓋、疑蓋。若復不知苦、不知習、不知盡、不知道，是謂名爲無明流。天子當知，如來說此四流。若有人沒在此者，亦不能得道。」】

語譯如下：【「你如今應當了知，如來也說有四種流轉法；假使一切眾生沈沒在這四種流轉法中，終究是不可能得道的。如何是四種流轉呢？就是說欲的流轉、有的流轉、惡見的流轉、無明的流轉。…………那裡面的無明流轉是什麼呢？我所說的無明，就是對蘊處界的無常故苦的眞相都無所知，對蘊處界無常故苦的正理都無所信，對蘊處界無常故苦的事實都無所見；心意中常有貪欲，一直都對五欲抱著希望，以及所墜入的五種明的遮蓋：貪欲蓋、瞋恚蓋、睡眠蓋、調戲蓋、疑蓋。如果不知蘊處界的苦、不知蘊處界的苦習、不知蘊處界的苦盡、不知蘊處界苦的滅除方法，就是無明的流轉。天子啊！你應當知道，我釋迦如來也說這四種流轉。如果有人沈沒在這四種流轉法中，也是不可能得道的。」】所以說，**對於蘊處界的無常都無所知，就是無明**。

無明滅除了，就沒有無明，就是明；明就是智慧，以生起智慧的緣故而說智慧的光明照耀，得以遠離生死苦。關於智慧，《中阿含經》卷五十八中，對於二乘菩提智慧的義理，是如此說的：【復問曰：「賢者拘絺羅！智慧者，說智慧，何者智慧？」尊者大拘絺羅答曰：「知如是故，說智慧。知何等耶？知此苦如眞，知此苦習、知此苦滅、知此苦滅道如眞，知如是故，說智慧。」尊者舍黎子聞已，歎曰：「善哉！善哉！賢者拘絺羅！」尊者舍黎子歎已，歡喜奉行。復問曰：「賢者拘絺羅！識者，說識，何者識耶？」尊者大拘絺羅答曰：「識，識是，故說識。識何等耶？識色，識聲香味觸法；識，識是，故說識。」尊者舍黎子聞已，歎曰：「善哉！善哉！賢者拘絺羅！」尊者舍黎子歎已，歡喜奉行。復問曰：「賢者拘絺羅！智慧及識，此二法，爲合爲別？此二法，可得別施設耶？」尊者大拘絺羅答曰：「此二法合，不別；此二法，不可別施設。所以者何？智慧所知，即是識所識，是故此二法合，不別；此二法，不可別施設。」尊者舍黎子聞已，歎曰：「善哉！善哉！賢者拘絺羅！」尊者舍黎子歎已，歡

喜奉行。」】

語譯如下：【又繼續再問說：「賢者拘絺羅！智慧，我們所說的智慧，什麼是智慧？」尊者大拘絺羅答覆說：「知道是這樣的緣故，所以說是智慧。知道什麼而說是智慧呢？知道這五陰的種種苦，如同所有眞實了知的人一樣；知道這五陰眾苦的熏習積集、知道這五陰眾苦滅除的境界、知道這五陰眾苦消滅的方法，都如同所有眞實了知的人一樣，知道這些法的緣故，就說是智慧。」尊者舍黎子聽聞了以後，讚歎說：「說得太好了！說得太好了！賢者拘絺羅！」尊者舍黎子讚歎以後，歡喜奉行。接著又請問說：「賢者拘絺羅！識，我們所說的識，究竟什麼是識呢？」尊者大拘絺羅答覆說：「這個識，是因為識別這些法，所以說祂們是識。識別哪些法呢？識別色塵，識別聲香味觸法塵；能作識別，識別這些法，所以說祂們是識。」尊者舍黎子聽聞了以後，讚歎說：「說得太好了！說得太好了！賢者拘絺羅！」尊者舍黎子讚歎了以後，歡喜奉行。又再請問說：「賢者拘絺羅！智慧以及識，這二種法，是合為一個？或是分為二個？這二個法，可不可以分別施設而分開呢？」尊者大拘絺羅答覆說：「這二個法是合在一起的，不可以分開說為二個；這二個法，不可以分開而說是不相干的。爲何如此說呢？是由於智慧所知道的內容，由此緣故，這二個法是合在一起的，不是分開而對立的；所以識與智慧這二個法，不可以分開施設爲各自獨立作用的法（智慧是附屬於意識的，不可與意識分離）。」尊者舍黎子聽聞以後，讚歎說：「說得太好了！說得太好了！賢者拘絺羅！」尊者舍黎子讚歎了以後，歡喜奉行。」】

以上經文的開示，已經爲我們證實：所謂無明者，即是落入五陰中而不知其無常性、無眞實我性，這就是無明。所以無明的意思，可以再作更明確的說明：一、對於五陰的內容不能正確的了知，導致誤會五陰中的某一法不是五陰。二、對於五陰的無常無我性，誤認爲是實有的、是常住不壞的法性；這兩種誤會就是聲聞解脫道中應斷的無明。五陰中的一一法，都是無常的，無常的法性就不可以說是眞我，所以 佛陀開示說五陰無常、無我，不是眞我。不能曉了五陰的一一陰、不能曉了十八界的一一界、不能曉了六入的一一入、不能曉了十二處的一一處，是無明的第一種；不能曉了陰、界、入、處四法都是無常所以無我，是無明的第二種。具足這二種無知的人，就是被無明所籠罩的人，他一定會誤執陰、界、入、處中的某一法，作爲常住不壞的自我，這就是三乘菩提中最常看見的無明；所以說，將五陰、十二處、十八界、六入的所有內容加以深入理解及現觀，對修學解脫道的人來說，是最重要的事情。

但二乘菩提中只有這樣的無明嗎？也不盡然！這是很值得探究的：在二乘法中修學的人，假使有眞善知識的指導，想要斷除我見及三縛結而取證初果，是很容易的；但若沒有眞正的善知識來指導，想要親證初果人斷除三縛結的智慧境界，是極爲困難的。困難的原因，都是因爲無法了知**我與無我**的道理所致。在二乘菩提中，固然都說無我，但這個無我是針對蘊處界等世間相而說的；蘊處界固然是無常故無我，但若沒有一個能生蘊處界的眞我常住，怎能有世世不間斷的蘊處界我一再的出生而無常、無我？因果又如何能前後世聯繫而不乖違？ 佛陀出現在人間的目的，就是想要讓大家親證蘊處界背後的這個常住我，證得這個眞我以後就不會害怕輪迴之苦，不會一心想要進入無餘涅槃，未來世一定會度很多眾生，一定會成佛，這才是 佛陀降生人間的唯一大事因緣。

在聲聞道中修學時， 佛陀告訴他們：要相信確實有涅槃的本際不滅，要相信涅槃的本際識是**無間等法**，所以滅盡蘊處界以後的無餘涅槃是**眞實**而非斷滅，才不會對外、對內、對內外有所恐懼，才能確實斷除我見與我執，這是取證聲聞果的大前提。後來聲聞人在第二、第三轉法輪時聽聞了大乘法，由佛陀在大乘法中不斷的舉出明確的道理，來說明眞我第八識心的體性時，自然會知道確實是有眞我的，但是他們仍然不能證得；不但如此，他們也把所聽聞的大乘經典結集起來，但都質變爲二乘菩提解脫道的經典了！由於聲聞聖人在世時曾經聽聞 佛說大乘經典，以此緣故，常常看得見阿含部經典中 佛陀宣說有我、宣說涅槃眞實；譬如**非我**、**不異我**、**不相在**中的**眞我**，又如**我**、**異我**、**相在**的**眞我**，又如**本際**、**實際**、**住**、**不住**、**如**、**眞如**、**眞實**等。

必須先認知蘊處界的全部內容，必須先現觀蘊處界每一法都是無常性的，必須先正觀蘊處界的一一法都無常住的眞我性，再了知背後確實有一個二乘人所不可知、不可證的眞我，堅信這個眞我是無間等法，然後二乘行者才有可能親證初果；若不是有這二個正見及一個大前提，就不可能親證初果乃至四果。假使有人能具足這二個知見、一個前提，並且有智慧確實深觀蘊處界的每一法，都沒有誤會與遺漏，一定可以親證初果。爲何如是說？這是因爲：若不能如實了知蘊處界的一一法而且都是無常性，就一定會墮入無常性的蘊處界中，妄取其中某一法作常住法，誤認作是眞實的常住我，因此必然墮入常見外道邪見中。譬如常見外道所執著的離念靈知，只是外道所墮的欲界第一現見涅槃大邪見，這正是由於不能確實曉了蘊處界一一法都是無常，將識蘊中的某一法誤認爲常住不壞的金剛性，所以墮入常見外道見中；這在佛門中是常常可以看見的，今時台灣四大山頭加上昭慧的弘誓學院，都是如此，不離識陰、常見。

設使有人能認清欲界中的離念靈知是虛妄法、是緣生法、是無常法，進求更高的離念靈知，進而證得初禪以後，離開欲界境界而住於初禪定境的離念靈知境界中，自以爲是常住的心體，誤認是涅槃境界，就成爲外道第二種現見涅槃；乃至進而取證二禪、三禪、四禪定境之後，誤認爲是涅槃境界，就成爲外道第三、四、五種的現見涅槃；但這些境界相，其實都仍然墮入五陰境界中，並沒有超出五陰的範圍。常見外道們爲什麼會墮入這種境界而自認爲是常呢？都是因爲不肯轉入佛門而沒有眞正善知識教導的緣故，無力現觀蘊處界的一一法都是無常，所以誤認爲是常住不壞法，就成爲常見外道了。

常見外道之所墮，大概而說，都是緣於無智慧現觀蘊處界中的一一法全都無常故無我。百年來的佛門中出家、在家大師們，極大多數都無法跳脫於此一範疇，觀乎現今大陸、台灣的名山道場出世弘法的大師們，無一倖免，其原因都是因為沒有眞正的善知識教導，所以誤認蘊處界中的某一法為常住不壞法所致。但是，若有人具有福德與因緣，在平實的教導下，或閱讀平實的《識蘊眞義》之後，若不肯信受「**蘊處界悉皆無常故無我**的**背後**，確實有一個常住不壞而完全沒有蘊處界我見我執自性的常住心」，他在平實的教導之下縱使已經現觀蘊處界的一一法都是無常故無我，而在口中宣稱已經斷了我見，絕對不會再認取五陰中的某一法為常住法，如是而說他自己已經斷除了我見，但他其實仍未眞的斷除我見，因為他一定會在深心中恐懼：**捨壽滅除蘊處界的一一法，完全滅盡無餘以後將會成為斷滅境界**。由於這種顧慮的緣故，我見就無法確實斷除；或者雖說智慧深利而能確實否定蘊處界常住的邪見，但仍將無法斷除三縛結，只能獲得初果向的功德，因為他仍有墮入斷滅境界的疑慮。

在此，平實想要對佛教界，特別是對修學南傳佛法的中國佛教界，提出**極誠懇**的開示：一、若沒有能力了知蘊處界的全部內容，二、若沒有現觀蘊處界全部虛妄的智慧，有此二者之一，就是對蘊處界不如實知，名為無明，三、若沒有智慧自我了知，或聽聞而不信受蘊處界**無常故無我**的背後，有一個常住不壞的實體心存在，就一定無法斷除我見乃至我執。您必須了知：以上開示，能使您消除不能斷我見的原因。以上是現代學佛人努力布施植福、護持正法以後，應該獲得的回報，所以平實特地在此提出極誠懇的開示，希望眞學二乘解脫道的學人與大師們，都能因此而對自己無法確實斷除我見的原因，從這個方向加以深入的研討。若能依此書中所說深入而如理作意的研討，配合拙著《眞實如來藏、心經密意、識蘊眞義》的深入研讀與思惟，一定會發起見地而斷我見、三縛結，取證聲聞初果或大乘通教的初果，分證解脫功德。平實於此再三呼籲佛教界，對此眞相，千萬要加以深入探討，那麼取證初果解脫功德，並非遙不可及的事；願您認眞看待此一知見的建立，願您認眞加以如理作意的深入思惟及觀行。

凡是落入外道五現見涅槃中的人，都屬於**常見外道**知見。**常見**有許多種，但都不出於十八界法，總是誤認其中的某一法爲常住不壞法，故名常見。再舉示人間常見外道比較顯著的事例來說明，幫助您離開常見。佛曾這麼開示說：

【「諸沙門、婆羅門於本劫本見，種種無數，各隨意說，盡入十八見中。本劫本見，種種無數，各隨意說，盡不能過十八見中。彼沙門、婆羅門以何等緣，於本劫本見，種種無數、各隨意說，盡入十八見中，齊此不過？諸沙門婆羅門於本劫本見，起常論，言『我及世間常存』，此盡入四見中；於本劫本見，言『我及世間常存』，盡入四見，齊是不過。

彼沙門、婆羅門以何等緣，於本劫本見起常論，言『我及世間常存』，此盡入四見中，齊是不過？或有沙門、婆羅門，種種方便入定意三昧，以三昧心憶二十成劫敗劫，彼作是說：『我及世間是常，此實餘虛。所以者何？我以種種方便入定意三昧，以三昧心憶二十成劫敗劫，其中眾生不增不減，常聚不散。我以此，知我及世間是常，此實餘虛。』此是初見。沙門、婆羅門因此於本劫本見，計我及世間是常。於四見中，齊是不過。

或有沙門、婆羅門，種種方便入定意三昧，以三昧心憶四十成劫敗劫，彼作是說：『我及世間是常，此實餘虛。所以者何？我以種種方便，入定意三昧；以三昧心憶四十成劫敗劫，其中眾生不增不減，常聚不散。我以此，知我及世間是常，此實餘虛。』此是二見。諸沙門、婆羅門因此，於本劫本見，計我及世間是常。於四見中，齊是不過。

或有沙門、婆羅門，以種種方便入定意三昧，以三昧心憶八十成劫敗劫；彼作是言：『我及世間是常，此實餘虛。所以者何？我以種種方便入定意三昧，以三昧心憶八十成劫敗劫，其中眾生不增不減，常聚不散。我以此，知我及世間是常，此實餘虛。』此是三見。諸沙門、婆羅門因此，於本劫本見，計我及世間是常。於四見中，齊是不過。

或有沙門、婆羅門，有捷疾相智，善能觀察；以捷疾相智方便觀察，謂爲審諦；以己所見、以己辯才作是說言：『我及世間是常。』此是四見。沙門、婆羅門因此，於本劫本見，計我及世間是常。於四見中，齊是不過。

此沙門、婆羅門，於本劫本見，計我及世間是常。如此一切盡入四見中：『我及世間是常。』於此四見中，齊是不過。唯有如來知此見處，如是持、如是執，亦知報應。如來所知又復過是，雖知不著；已不著，則得寂滅，知受集、滅、味、過、出要；以平等觀無餘解脫，故名如來。是爲餘甚深微妙大法光明，使賢聖弟子眞實平等讚嘆如來。】（《長阿含經》卷十四第 21 經—梵動經）

以上 佛所說的是外道誤計五陰中的覺知心及意根自我爲常住不壞法，不能外於五陰，悉皆不出往世久遠的色法。往世久遠的色陰，有大身、小身、極微身，有多樂身、多苦身，有極苦身、極樂身，有好身、劣身，有近世身、遠世身、種種身；受想行識，亦復如是，都不能自外於五陰境界的無常的自我，卻都世世各自誤認爲是常住不壞的自我。如是，若有人誤計五蘊中的任何一法、誤計十八界中的任何一法爲常，悉皆不免墮於常見外道知見中，不出外道六十二種邪見。

今再從大乘菩薩的般若總相智、別相智、道種智，再進一步闡明：若有誤計如來藏以外之任何「我」爲常住法者，皆攝歸常見外道知見；若有誤計如來藏爲外道神我、梵我者，皆攝歸常見外道知見。原因是：除了本識如來藏金剛心以外，別無一心、一色可以是三界外能夠獨存的法。五陰、十二處、六入、十八界法，以及蘊處界輾轉出生的萬法，無論哪一法，都是三界內法；三界內法都是有爲法，不具有純無爲性；若不是具有純無爲性的法，就不可能獨住於三界外的無餘涅槃中。只有阿含部的《央掘魔羅經》所說的如來藏心，只有四阿含中說的涅槃本際、我、如、入胎識、本識，才是常住法，才可能獨存於三界外。大乘法中的菩薩們所證悟的阿賴耶識心體如來藏，正是這個入胎識，祂除了能入胎、住胎而出生名與色以外，除了能再以名色爲緣而出生三界萬法以外，祂還有自己獨有的純無爲性，能在滅除七轉識相應的見惑與思惑以後，不再出生蘊處界等名色，也不再出生三界中的任何一法，離見聞覺知性、離思量性（離作主性）而獨存，不再現行於三界中，這就是無餘涅槃中的本際，是名色的實際，也是眾苦的本際，故一切生死苦都由此而生。必須信受每一有情五陰身中，都有如是清淨的本來涅槃自性，才有可能願意接受蘊處界我全都虛妄無常；當您確實信受以後，就能自外於常見外道，眞實取證初果解脫，知道解脫是**清涼**、**眞實**，不是虛妄想像的斷滅空，也不是一切法空的想像中的空無。

當代各大山頭的出家大師們，率以能覺能知及離念靈知作爲常住不壞的自內我，也都不能自外於常見外道的知見，譬如最有名的證嚴法師與星雲、聖嚴、昭慧等人，也都墮入六處中；但六處都是無常的法性，都可以現前證明是無常性的虛妄法。爲了救度這些人的緣故，在此引證 佛陀特別所作的開示：

【「我所自知自覺法，爲汝說者：若沙門、梵志，若天、魔、梵及餘世間，皆無能伏，皆無能穢，皆無能制。云何我所自知自覺法爲汝說，非爲沙門、梵志，若天、魔、梵及餘世間所能伏、所能穢、所能制？謂有**六處法**，我所自知自覺，爲汝說，非爲沙門、梵志，若天、魔、梵及餘世間所能伏、所能穢、所能制。復有**六界法**，我所自知自覺，爲汝說，非爲沙門、梵志，若天、魔、梵及餘世間所能伏、所能穢、所能制。

云何**六處法**，我所自知自覺，爲汝說？謂眼處，耳、鼻、舌、身、**意處**。

是謂六處法，我所自知自覺，爲汝說也！云何六界法，我所自知自覺，爲汝說？謂地界，水、火、風、空、識界。是謂六界法，我所自知自覺，爲汝說也！以六界合故，便生母胎；因六界便有六處，因六處便有更樂，因更樂便有覺。比丘！若有覺者便知苦如眞，知苦習、知苦滅、知苦滅道如眞。云何知苦如眞？謂生苦、老苦、病苦、死苦、怨憎會苦、愛別離苦、所求不得苦、略五盛陰苦，是謂知苦如眞。」（《中阿含經》卷三第 12 經、大正藏 1-435 下）

這段經文，佛已經很清楚的表明六處法及六界法是外道所不能知的。這意思是說，外道對於五陰的由來是無所了知的；由於對五陰的由來無所了知，所以會誤計五陰中的一法或多法是常住不壞法，因此而不能斷除我見。所以對五陰的由來必須有正確的了知，才可能了知五陰的虛妄，才可能斷除我見。若不知五陰的由來，就不知道五陰中的一一法都是緣生法，就無法斷除我見。正因知道有六處法，而六處法中的第六處是意根，這個意根是心而不是色，由此而了知六根的內容，就不會再誤認識陰中的第六意識是常住法了；由於了知六根中的意根，知道祂是心體而不是印順說的**意根是色法頭腦**，就不會再妄想建立一個意識細心常住不壞而可成爲三界因果的主體心了！如是即可遠離印順與昭慧所墮的常見及斷見雙重邪見。

但是，佛說另有六界法，由於六界法的確實了知，就不會墮入斷滅見中，也不會反墮我見、常見之中。六界法，說的是地、水、火、風等四大元素，以及四大元素組成的色法的邊際，也就是色身及山河大地以外的空無物質之處，名之爲空；包括色身中的食道、胃、大腸、小腸、血管……等食物、血液所通過的空無物處，合爲五界。六界的最後一界則是入胎識，是阿含所說的本識；由於有這個第六界入胎識，與前五界和合的緣故，才能成就人間的眼根乃至意根等六處，才會有五陰身心的種種法性，才能具足五陰而有人類有情存在。所以 佛說：「**以六界合故，便生母胎；因六界便有六處，因六處便有更樂，因更樂便有覺。**」於是覺知心意識——離念靈知——就出生了。

也就是說，由於入胎識入了母胎，攝取了受精卵以後，再從母胎中攝取地水火風四大元素，製造了色身而容許身中有食物、血液可以通過的空缺處，使得入胎識與其餘五界和合而成爲具足五陰的人身，因此才有了知覺；有了知覺以後就會有種種苦，所以 佛說：「**比丘！若有覺者，便知苦如眞，知苦習、知苦滅、知苦滅道如眞。**」這正是眾生領受痛苦的「緣」因，都因爲知覺作爲所

「緣」，所以無法離開痛苦，所以知覺就是一切痛苦的緣因。

有智慧的人，想滅除三界中的一切苦，當然必須深入瞭解眾苦的最後原因，那就是：因爲有五陰的存在，所以才會有眾苦，所以五陰的存在就是眾苦的根源，所以 佛教導我們，要先瞭解五陰相應的表相上的種種苦，然後再來瞭解五陰相應的種種苦的根源是什麼？所以 佛陀先開示說：「云何知苦如眞？謂生苦、老苦、病苦、死苦、怨憎會苦、愛別離苦、所求不得苦、略五盛陰苦，是謂知苦如眞。」這就是說，假使不能確實瞭解到前七苦都是由於五盛陰的苦而引生的，就無法眞的斷除我執。

而五陰確實是一切有情最爲執著的，若是遠離生、老、病、死、怨憎會、愛別離、所求不得等七種痛苦，一般人都願意接受，但是想要他們接受「五陰熾盛就是苦」，他們可不願意！因爲無始劫以來，一向都認爲五陰是應該永遠存在而不該被壞滅的，一向都保有這種我見而且樂在其中。您若能冷靜的思索一下，在讀到此書以前，您是不是也如此呢？大家都是不願意使自己滅失掉的，都是希望五陰全部或五陰中的某一法（譬如離念靈知心）可以常存不滅，這才會有常見外道能夠永遠留存於人間，也才會有佛門中的未悟謂悟者，一向以離念靈知意識心，或以識陰六識心的自性（見性、聞性、嗅性、嚐性、覺性、知性）作爲常住法，妄說就是佛性，都是凡夫眾生虛妄認知的佛性。然而 佛在阿含道中常常開示說，五陰中的每一陰自身或每一陰的自性，都是無常故非我的生滅法，都是不該寶愛的，必須否定之，所以說五陰無我、六入無我、十二處無我、十八界無我，這就是二乘菩提的主要意涵。

但是爲了讓佛弟子瞭解**五陰滅盡後不是斷滅空**，所以特地在四阿含中說明五陰無常無我而滅除以後，仍然有入胎識存在，不是斷滅空。舉出這個眞相，佛弟子們修學佛法而證得初果以後，就不會恐懼墜入斷滅境界而退轉，不會重新墮入我見中，又再誤認五陰、十八界中的某一法爲常住法。由此可以證實，凡是不信受阿賴耶識心體（入胎識）常住的人，修學阿含道而想要獲取解脫果，是不可能的事。因此呼籲佛門四眾，應該信受有第八入胎識常住不壞，才有可能親證解脫果。這就如同前面第五章第三節中舉證的經文所說， 佛陀是在成佛之夜，先觀十因緣，推知確實有本識（入胎識）的存在，才會有名與色的出生，然後才生起了受想等法，才會有種種痛苦；然後再作十二因緣的觀行，終於證實：名色的出生，都是因爲不瞭解名與色的虛妄，才會從入胎識中，世世不斷的出生名色，由此而有世世的名色流轉生死，受盡種種苦楚。所以 佛陀宣稱及開示：因緣觀的成就，必須先確認滅盡五陰以後不是斷滅空，因此對外、對內都無恐怖，才有可能觀行成就。這是學佛人必須特別留意的地方，不幸的卻是絕大多數的學佛人與大師們都不曾留意的地方。

已說六界，至於在六處之中，最容易被修學解脫道的大師與學人們忽略的，正是意處；意處即是意根，意處絕對不是意識覺知心。這個意根爲什麼會被 佛陀說成是**處**呢？這是因爲祂雖然是心，但祂同時又是意識出生的處所，所以名爲意處。 佛陀在這段經文中，特地將祂與五色根合在一起說，這是因爲祂是意識生起的處所，也是意識生起的所依根，所以名爲意處。譬如眼根與色塵相觸，就在根塵相觸的地方出生了眼識；而眼根的勝義根是在頭腦中的某一部分（這也是現代醫學已經證實的），當眼的勝義根與內相分的色塵相觸時，就在根塵相觸之處所中，出生了眼識，所以依眼根立名而說爲眼識。

同理，耳鼻舌身識乃至意識也一樣，當意根在頭腦中與五塵上的法塵相觸時，意識就在頭腦中現起了，意根與五塵上的法塵相觸的地方，當然是有處所的，所以意識生起之處，一定是意根所在之處，所以意根就被 佛陀稱爲意處。

正因為是依於意根而立名的緣故，所以意根與法塵相觸而出生的處所，就是意識所在的處所，所以意識──離念靈知──是不遍於十二處、十八界的，依根立名的緣故就被稱為意識。既然意識生起之前就已經有了意根一處，而意處是與其餘五色根同樣都有處所的，才能被六識所依而幫助六識的出生；這個意處既然在意識等六識出生之前就已經存在著了，加上依意處為緣而出生的識陰六識，當然就有七個識了！依此原理來觀察那些否定第七識的學者專家們，就可確實了知一個事實：他們是不懂六根、六識者。又怎能期望他們是已斷我見的人呢？自身不能斷我見與三縛結，又怎能幫助您斷除我見而取證初果解脫呢？

話說回頭，再來補說六界。六界之法如同六處法一樣，常常被阿含道的修學者忽略；一般大師也不太喜歡講解這六界，正因為這個緣故，使得阿含道的修學者及弘揚阿含道的大師們，同樣勤修一世而唐捐其功，連初果都證不到；如此一世又一世的勤修阿含道，而在最後仍然是唐捐其功，都是由於不曾修學六界之法所致。但是，六界之法，卻是所有大師與弘法者最不願意弘揚及講解的法義，因為他們自己對此也是矇矓不解的，索性就迴避講解及弘傳了！另一個原因是他們對識界並不瞭解，縱使知道這個識界就是入胎識，也因為恐怕學人請問他們有沒有親證這個入胎識，所以往往選擇迴避了！

六界中，最容易被修學解脫道的學人們忽略或誤會的，就是最後的識界。識界即是本識，是 佛所說的入胎識，也就是大乘法中說的第八識如來藏、阿賴耶識、異熟識、無垢識；這個入胎識，有種種名稱，在阿含道中常常被 佛陀說爲如來、我、眞我。這個本識爲什麼會被 佛說成是**界**呢？**界**的意思，在前面已經說過，是**功能差別**，也是**界限**的意思。因爲有功能，而各個識都各有其不同的功能，所以就產生了功能上的差別不同，就是說各識都有功能上的界限，所以界字是說八識心王的**功能差別**。六界中的識界，當然是有功能差別的；在阿含道的聲聞佛法經典中，都不詳細的解說六界中的識界功能，常常看見 佛陀對這識界提出來講解的一種功能，就是出生名色；不常看見的功能，就是 佛陀在四阿含中說的成爲無餘涅槃的本際。除此以外，很難在阿含道的聲聞佛法經典中，看到對這個識界的解說。所以阿含道的聲聞佛法經典中，通常只說這個識界有出生名色的功能，這個**識界**當然是指入胎識出生名色的功能。

常常有人因爲不瞭解這個識界就是第八識入胎識的功能，或者因爲他們一開始就妄信藏密外道應成派中觀的六識論邪見，隨同極力否定入胎識的存在，因此就只承認有六個識的存在，對於意處就是意根，對於入胎識就是第八識如來藏的意涵，是從來都不願意承認的。他們至今仍然如此，不願意承認四阿含諸經中，佛陀早已隱覆密意開示人人各有八識的說法。再加上結集大乘經典的聲聞阿羅漢們，因爲對於所聞的大乘經典法義，念心所不能成就的緣故，所以無法在實際上很明確的界定識字的意涵，無法對第七識意處明確的說明，無法對入胎識明確的說明，都只能用同一個字而說爲識，所以常常有人會提出似是而非的主張，來否定第八識如來藏的存在。

譬如崇尚聲聞佛法的佛學學術界中，常常有人（編案：譬如楊郁文等學者）會這樣說：**【你們崇尚如來藏說的人，說「正住者」的識（第八識）是「知覺的對象」，又說「正住者」具有出生五蘊的重要功能性，既是識（前六識）生起的根源，又是識（前六識）的認識對象，如何可能？】**假使您把括弧中的註解遮蓋住，您讀過他們這一段文字中對如來藏禪法的質疑時，將會很容易輕信他們的質疑，很容易就會同意他們的看法。但是，在四阿含中，佛陀不曾把入胎識明說是入胎識（也許當初說法時佛陀有明說，而結集成經典時爲了保護密意而被省略了），也常常不把意識明說是意識，也常常不以意根或意處來指明意根或意處，而只說是意；更常看見的是只用識字來指稱意識及入胎識，而常常以意字指稱意根。

所以，閱讀四阿含時，若沒有實證及很好的智慧，是無法眞正理解阿含諸經眞正意涵的。又因爲他們先信受印順的藏密外道應成派中觀六識論邪見，由此二種緣故，他們往往把阿含經中的**識**字永遠視爲同一個意識，不知道四阿含諸經中的識字，有時是說意識，有時是說入胎識；但是若曾深細的加以思惟，當識出生名與色時，名中既然已含攝六識心中的意識了，而這個意識是被識所出生的，意識在被**識**出生之前，怎有可能存在？怎能由不存在的意識來出生後來的自己？當然出生意識的**識**一定不是指意識，這是從邏輯上就可以理解的道理，佛陀絕不可能愚癡而不懂語意學及邏輯學的，所以**識**字說的當然是意識之外的另一個識；但他們竟然想不通，還提出這類似是而非的質問來。這都是因爲他們先已接受藏密外道的應成派中觀六識論的邪見了，多年來也一直以這種邪見在弘法；先入爲主再加上恐怕失掉了已有的名聞，當然不肯承認**識共有八**；所以針對四阿含諸經中處處隱說八個識的聖教，都要特地加以扭曲。

但是，十因緣法中，或者如同第五章第一節到第四節中，佛陀說由另一個識來出生前六識的聖教中，都說識陰六識是由另一個識出生的；假使他們主張說**名色由識出生**的這個**識**字，不是說本識入胎識，而是說十二因緣法中的前世六識熏習諸行而出生了此世的六識，那就意味著他們正在大力謗佛了！因爲在那些經文中的 佛陀聖言，都很清楚分明的指稱是另一個識直接的出生了識陰六識，而不是在講前世的六識熏習出生了此世的六識，因爲前世六識已在入胎時永滅了。而且 佛陀特地說明是**識入胎**，當然是**入胎識**；又說明這個識入胎常住不出，才會有後來的名色中的意識能夠出生，當然這個識字是明說入胎識如來藏了，但他們卻仍然依先入爲主的藏密外道應成派中觀六識論邪見，把入胎識等同於意識；但意識是由入胎識住胎以後才能出生的，怎能等視爲同一個識？豈不是學佛以後反而變得糊塗了！這個道理，已在前面的第五章第一節到第四節中明確的舉證與語譯了，請您直接比對、閱讀及思惟，就可以知道 佛陀的意思是在說入胎識，不是在說意識心。在初入胎時，意識等六識都尙未出生，如何能有識住於母胎中？當然這個識字絕對不是指意識心。而且 佛說的是**識**住胎，不是**意**住胎或**根**住胎，當然住胎識不是講意根。假使那些經文被印順派學人解說成意識心，將會有極多的自相矛盾及過失；他們若敢公開這樣主張，將會招來證悟的菩薩們以大篇幅的文字加以辨正的。

正因爲他們讀不懂四阿含諸經中 佛陀所說的識字，不知道識字有時是指意識或識陰等六識，有時是指入胎識，就認定一切人總共都只有六個識，沒有第七識意根與第八識入胎識。他們誤認爲 佛陀從來沒有在四阿含中說過七、八識，就認爲那些經文中說的識字同樣都是指意識心，所以才會這樣說：【「正住者」（入胎識）是「知覺的對象」，又說「正住者」具有出生五蘊六識的重要功能性，既是六識生起的根源，又是六識的認識對象，如何可能？」】這就是說，他們都以先入爲主的藏密外道應成派中觀的六識論邪見作爲基礎，以這種錯誤的知見來瞭解阿含佛法時，就一定會困於這個識字的意涵；弄不清楚識字的眞正意涵，就以應成派中觀的六識論邪見爲基礎，而把自己困在文字及邪見的迷思中了！所以，假使不能弄清楚入胎識與意識的分際，誤將四阿含諸經中所有識字都定義爲意識，那麼他們將會全面的誤解四阿含諸經中的佛意，怎能眞正理解四阿含解脫道的眞義呢？當然更無法生起解脫的智慧來，必定無法親證初果的解脫功德。瞎活了一輩子，號稱是阿含的專家、精進的修行者，實質卻只是毀法與謗佛，嗚呼！這豈不是世間最大的冤枉乎！這豈不是已經充分的顯示他們一直墜落於無明深坑中？明乎此，也就可以明白無明的眞義了！

無明的內容，聖教中還有這樣的開示：【云何無明？謂於前際無知，於後際無知，於前後際無知；於內無知，於外無知，於內外無知；於業無知，於異熟無知，於業異熟無知；於佛無知，於法無知，於僧無知；……】（雜阿含部《緣起經》）對五陰的前際無知，對五陰的後際無知，對五陰的前後際都無知，就是無明。五陰的前際是什麼呢？請您觀察一下，五陰生起之前，有什麼心存在呢？當然是只有入胎識了，絕無可能是意識心的。因爲：意識心是無法住胎而受取父母精血的，道理很清楚，只是印順派的大師與學人們自己無智而不懂罷了！意識心是在五色根成形以後，意根藉五色根爲緣而觸五塵上的法塵以後，意識心才能生起的，所以入胎識或住胎識絕對不是意識心。意識心既是依意根及藉五色根爲緣而出生的法塵爲緣，才能生起的，祂當然無法住胎而出生五色根；而且意識心沒有攫取四大的功能，反而是依四大所成的五色根爲依才能出生的生滅心，當然無法出生色身五根，何況能出生名中的識陰六識？當然不可以說「意識心是五陰的前際」，反而是色陰出生以後才能生起的後生之法。

印順派的藏密外道應成派中觀師們，對此粗淺的道理都不懂，何況能知道五陰的前際就是入胎識？所以他們往往茫於這些知見，而把入胎識等同意識，說意識心是可以來往三世的眞實心；印順派的證嚴法師，正是在書中這樣公然主張的。像這樣愚癡的人，又怎能斷我見呢？又怎能大膽的在書中示現爲地上菩薩呢？連我見都沒有斷，連般若總相智所依的入胎識如來藏都沒有親證，就敢以地上菩薩自居，而且不止是初地而已，膽子也眞是太大了。對五陰的前際等無明如是，對於內法入胎識的無知，對於外法五陰的無知，對於內法入胎識及外法五陰和合運作的無知；對於業的自性無知，對於業種產生的異熟自性無知，對於業種與異熟性和合中的一切現象與道理無知；對於如來的實質無知，對於佛法眞義無知，對於僧寶本質無知，乃至對於佛法中所說的種種修證內容無知，都是無明所攝。所以在雜阿含與增一阿含部的許多經典中，其本義原來都是大乘法，但被二乘聖人結集以後，就都成爲二乘專講解脫道的法義了。

佛又開示說：【彼云何無明？若不知前際、不知後際、不知前後際，不知於內、不知於外、不知內外，不知業、不知報、不知業報，不知佛、不知法、不知僧，不知苦、不知集、不知滅、不知道，不知因、不知因所起法，不知善不善、有罪無罪、習不習、若劣若勝、染污清淨分別緣起，皆悉不知；於六觸入處，不如實覺知；於彼彼不知不見，無無間等，癡闇無明、大冥，是名無明。】

（《雜阿含經》卷十二第 298 經）這一段經文的開示，略有內容上的不同，但是所解說的無明本質卻是相同的，您可以藉著前面的解說與自己讀後的思惟，自行理解經文中所說的眞義，這裡就不再重複的解說了！

無明反過來就是明，明就是正知無誤的意思。云何正知？【若論聖論，與義相應，令心柔和，無諸陰蓋，謂論施論、戒論、定論、慧論、解脫論、解脫知見論、漸損論、**不會論**、少欲論、知足論、無欲論、斷論、滅論、燕坐論、緣起論，如是沙門所論。如是論已，心中不生貪伺憂慼惡不善法，是謂正知。】（《中阿含經》卷四十九第 191 經《大空經》）此即是解脫道之正知也！單修五蘊、十二處、六入、十八界虛妄之觀行，得滅我見與我執即可，不必如菩薩作此現觀以後還得進證第八識如來藏而發起般若實相正智，這就是二乘菩提之修法行門。

但是這一段經文中，雖然只說是二乘菩提解脫道的法義，其實也隱含著大乘法義的本質，所以本質上應當是大乘經典才對；但因爲被二乘聖人結集的緣故，法義就偏重在解脫道的修行了。譬如這段經文中說的**不會論**，如同前面章節中所舉示的 佛陀聖教開示：「如是**盡知已**，無漏心解脫比丘**不知不見，如是知見**。」是一樣的道理。也就是說，眞實證得解脫的比丘們，都知道涅槃中是不知也不見的，都知道入胎識是不知不見的，入胎識是對六塵中的萬法都不會的；所以否定了能覺能知的五陰，特別是完全否定意識心的覺知性，了知涅槃境界中是無知亦無見的；所以眞實證得無漏心的比丘都是依止不知亦不見的境界，這樣不知不見的實證才是解脫道實證上的所知與所見；必須是這樣的知、這樣的見，才是解脫道親證者眞實的所知、所見。

解脫道的正知與正見，只是確定有一個常住法、本住法，是常住不壞的心；這個常住、本住的入胎識能出生五陰，而所生的五陰是生滅法，所以五陰是無常、無我性的；只要滅盡了自我的執著，捨壽後把自己五陰全部滅盡了，不再有自我存在了，就是無餘涅槃，這就是二乘菩提的正知。但如何是大乘佛菩提的正知？大乘菩提同樣要實地證知阿含道的解脫正理，但是必須再進前一步實證入胎識，現觀入胎識確實能出生五陰諸法，證明 佛陀在三轉法輪諸經中這種說法確實是眞實不虛的；這樣親證入胎識如來藏時，就知道中觀原來是依如來藏的中道實相體性的觀行而立名的，也隨即知道二乘涅槃是依如來藏的本來涅槃而施設的，所以發起本來自性清淨涅槃的智慧，現觀一切有情都是常住本來自性清淨涅槃中，卻又無妨流轉生死不停。這樣現觀無誤以後，進而修學如來藏所含藏的一切種子，從初地心依次第邁向佛地；當他圓滿一切種智時，就是成佛的時候了！這時才說他對迷理無明——也就是對法界萬法的眞實相——已經具足了知了。當您有智慧能現觀法界萬法的眞實相時，就能清楚的認知到：二乘菩提都是從事相上的蘊處界來作現觀的，不必觀行到蘊處界出生的根源——入胎識——如來藏，所觀察的都是世俗法的蘊處界等事相，與實相理體無關，所以當然要稱爲迷事無明。所以二乘菩提的無明是指迷事無明，大乘菩提所破、所斷的無明則是指迷理無明——迷於法界實相眞理的無明。

以上已說明二乘所斷的無明都屬於蘊處界等事相上的不知，也說明常見外道的內容了，您讀到這裡，也觀行到這裡，迷事無明的二乘我見也應該已經斷除了，也已了知二乘菩提所應斷的無明與常見外道的落處了，那麼，您也應該進一步瞭解初果人進入聲聞修道位後所證的心解脫、慧解脫的三果與四果的修道內容了。

第二節　心解脫、慧解脫——見道與修道

第一目：心解脫與慧解脫

第一目：心解脫與慧解脫。解脫道中狹義的**心解脫**，是於佛法生起淨信而斷我見、三縛結，並且經過了二果的薄貪瞋癡境界，再努力修斷欲界愛，已經解脫於五欲纏縛而發起初禪了，已經解脫於五欲的繫縛而遠離欲界的受生，是三果的實證。慧解脫，是進而斷除全部我執的無明，證得慧解脫的解脫功德，成爲慧解脫阿羅漢。廣義的**心解脫**之中，又有數種差別：一者正智心解脫，二者淨信心解脫，三者無礙心解脫，四者漏盡無餘心解脫，五者無上愛盡解脫，六者無漏心解脫的慧解脫，七者不動意解脫，八者無知解脫，九者心善解脫，十者無量心解脫，十一者大心解脫，十二者定解脫。

定解脫中，只有一種是滅盡定的眞實解脫，其餘都只是解脫於欲界刺、聲刺、覺觀刺、喜刺、出入息刺……等，不是說修定可以得解脫三界生死；但是定力可以伏住我執，所以修定可以助成滅盡定的取證，故亦因此而方便名爲定解脫。在已斷我見的前提下，證得定解脫中的初禪時，可以成爲三果人；若無斷我見的前提，發起禪定時則與解脫三界生死輪迴的實證無關，只能說是解脫

於下界境界的定解脫罷了，都仍在三界生死之中。

這些解脫，都是從意識心斷除我見以後所證的離欲及分斷三界愛的境界來說的，是指意識心住在三界中而不受三界境界繫縛的解脫境界而言，不可誤會是意識心因此就可以進入無餘涅槃境界中安住；當阿羅漢捨壽時，仍然是要滅盡五蘊、十八界以後，才能進入無餘涅槃中。

本節中只說斷我見以後進而解脫於欲界的離生喜樂定三果阿那含的心解脫，以及心解脫後精修不放逸行而修成的四果慧解脫……等**直接**有關的部分，其餘的淨信心解脫……等解脫相，都只是意識所住的不同心境，與當前佛弟子的解脫道修習**尚無直接**而重大的關聯，所以就暫時略過。但是，如同本章一開始就提出的要點：「**在阿含解脫道中，有證得初禪的凡夫，沒有不證初禪的三果人，也沒有不證初禪的慧解脫阿羅漢。**」所以接著應當爲您解說**心解脫**與**慧解脫**的道理了！藉此詳細闡述心解脫與慧解脫的機會，來導正現代普遍存在於大師之中的聲聞解脫道法義及果證上的嚴重誤會。

關於心解脫與慧解脫的道理，是現代佛教界多年來大師們所混淆不清的重要法義，也是一直被佛教界專修解脫道的人們忽視的重要法義，也是您判斷自己是否已經取證三果或四果的一個極重要標準。在阿含中，心解脫的取證意涵是很明確的，絲毫都不模糊；而心解脫的取證，也是您自我判斷解脫道修證的四個里程碑之一；當您已經依照本節所說而確實取證心解脫時，您就會知道慧解脫的阿羅漢果，是自己不久以後確實可以親證的。也會理解到一個事實：沒有不證初禪的三果人，也沒有不證初禪的慧解脫阿羅漢。這時也可以確認一件事實：阿羅漢對於不受後有、我生已盡的事，都是自知自證的。但是將來到達慧解脫時，平實卻要請求您迴小向大，重新生起一分思惑、留惑潤生，來修學成佛之道——佛菩提道，成爲留惑潤生的菩薩道實行者，您就對平實沒有負恩了。關於佛菩提道，請您直接閱讀平實所造的其餘諸書，就會知道如何入道了！

如何是上面舉示的**心解脫**及**慧解脫**？【爾時世尊告諸比丘：「聖弟子清淨信心，專精聽法者，能斷五法，修習七法，令其滿足。何等爲五？謂貪欲蓋、瞋恚、睡眠、掉悔、疑，此蓋則斷。何等七法？謂念覺支，擇法、精進、猗、喜、定、捨覺支，此七法修習滿足淨信者，謂**心解脫**。智者謂慧解脫，貪欲染心者不得、不樂，無明染心者慧不清淨，是故比丘！**離貪欲者心解脫**，**離無明者慧解脫**。若彼比丘**離貪欲**、**心解脫**，得**身作證**（發起初禪）；離無明，慧解脫，

是名比丘斷愛縛、結、慢，無間等（不落入斷滅空），究竟苦邊。」】（《雜阿含經》卷二十六第710經）

語譯如下：【爾時世尊告訴諸比丘說：「聖弟子若能清淨信心，專心精進而聽聞正法的話，就能斷除五法，修習七法，使他獲得滿足。是哪些法而說有五種呢？是說貪欲的遮蓋、瞋恚的遮蓋、睡眠的遮蓋、掉悔的遮蓋、心疑不信的遮蓋，這五種遮蓋就可以斷除了。是哪些法而說有七種呢？是說念覺支、簡擇正法覺支、精進覺支、生起樂觸覺支（猶是說證得初禪而發起胸腔中的樂觸）、歡喜離欲覺支、心得決定覺支、捨離欲貪覺支，這七個法修習滿足而生起了淨信的人，已經離開欲界境界了，就說他是心解脫（成為三果人了）。有解脫智的人就是指慧解脫的人，未離貪欲而有染心的人，不得七覺支，也不樂於七覺支，因為他不但有無明，又有欲界的貪染心，這種人智慧不清淨，由於這個緣故，比丘們！（斷我見以後）**遠離欲界貪愛的人就是心解脫，進而遠離無明遮蓋的人就是慧解脫**。假使那位比丘已經遠離五欲的貪欲，覺知心已經解脫於欲界貪愛了，確實獲得**親自實證**（發起初禪）了，就是心解脫的三果人；若能進而遠離無明，確認五陰的每一陰都無常、虛妄、無我，從智慧上的實證而且不再被五陰所繫縛了，他已獲得解脫，這就稱爲比丘已斷除欲界愛的繫縛、已斷除結使、斷除**我慢**(註)，證得**無間等**而非間斷、非斷滅的智慧，就說他已經到達眾苦的邊際，未來世中不會再有五陰出生而領受種種痛苦了。」】（註：我慢的意義，大師們都誤會了！詳後本章第六節解釋。）

又如《雜阿含經》卷三十七第 1027 經云：【佛告比丘：「如是！如是！汝正應爲離貪欲故，於我所，修梵行；離瞋恚、愚癡故，於我所，修梵行。比丘！貪欲纏故，不得離欲；無明纏故，慧不清淨。是故，比丘！**於欲離欲，心解脫；離無明故，慧解脫**。若比丘於欲離欲，心解脫、身作證；離無明故，慧解脫，是名**比丘斷諸愛欲，轉結縛、止、慢、無間等**，究竟苦邊。」】這是在斷我見的前提下，來說遠離欲界愛而獲得心解脫。

所以**心解脫**是指斷我見而對三寶生起信心，進而斷除五下分結，因此而解脫於五欲，所以一定會發起初禪，他的色身雖然仍住在欲界人間的五欲境界中，但已確認自己不受五欲繫縛了，覺知心確認已能解脫於欲界而安住於人間，這就是**於欲離欲**的**心解脫**，即是三果人。一般人藉修定及斷除欲界愛，也能發起初禪而獲得胸中的樂觸，但這並非眞實解脫，只是覺知心得解脫於欲界法而已，因爲他還沒有斷除我見、三縛結，故非三果人。眞實解脫則是無餘涅槃，無餘涅槃中是沒有意識心存在的，所以解脫是以斷我見爲大前提的，這才是正見；所以 佛在阿含中常常說：「**解脫比丘不知、不見，如是知、見。**」正是這個道理。一切自認爲心解脫的「三果人」，自認爲慧解脫的「四果人」，對此都必須有如實的了知與現觀。也就是已經確實斷除五陰中每一陰的我見了，身中早已生起初禪不退，能以胸腔中的樂觸自驗，並有五下分結的斷除，才能說是實證心解脫的三果人；再加上無明漏已盡，五上分結斷盡，才能說是慧解脫的四果人，否則就會成爲大妄語，所以這段經文中才會說要能「身作證」；若尚未發起初禪，或沒有身上的樂觸常在，就不是身作證了。若是認爲無餘涅槃中仍有覺知心（離念靈知）及意根的存在，認爲必須保持離念靈知心存在於涅槃中，即非實證四果，連初果都不是！不可能在捨壽後進入無餘涅槃。若仍認取覺知心常住不壞，即是尚未斷除我見，尚非初果人；若仍想要保持覺知心的存在，不論所要存在的覺知心是如何的微細，都屬於我見。如是正理，一切學解脫道者，都應如實了知、正確思惟，否則難免未證謂證的大妄語罪。

心善解脫者，譬如《增壹阿含經》卷四十二記載：【「**云何比丘心善得解脫？**

於是比丘愛已除盡，如是比丘心善得解脫。云何比丘智慧解脫？於是比丘觀苦諦，習、盡、道諦，如實知之，如是比丘智慧解脫。」】在增一阿含這段經文中也是一樣的說法：對欲界五欲的貪愛已經除盡，即是五欲等欲界的貪愛已經不再執著、不再有所愛樂了，這時必定會自然的發起初禪五支功德，自然有猗覺支而能以禪定樂觸及解脫法味自娛，才是**身作證**，所以名爲**覺知心已經善得解脫**，故名**心善解脫**。若在此基礎上，再現前觀察五陰的四聖諦，正確現觀五陰的每一陰內容，特別是了知識陰的全部內容；再針對每一陰各有的苦、集、滅、道聖諦的深細相，都已一一現觀而如實了知，三界有漏及無明漏已經全部滅盡，方能斷盡我執，五上分結都已滅盡而成爲慧解脫的四果人。這是因爲初果人只是對五陰的四聖諦作了粗相的觀察，只是斷了我見；也還沒有解脫於欲界法的貪愛，所以還不是心解脫的三果人，更不是慧解脫的四果人。

心解脫，原則上是指覺知心的境界相，是指稱已經脫離欲界貪愛的斷我見者。但是欲貪也有層次上的差別不同，有時也會方便說爲心解脫，但都是世俗境界上的廣義的解脫，不是佛法中說的生死解脫的心解脫。譬如解脫於人間粗重的欲貪以後，就可以出生在欲界天中，也是覺知心相應的解脫，只是解脫於人間的粗重五欲。越往上受生，欲界貪就越微細，乃至上生到他化自在天時，男女之間都只是兩目相視就已滿足欲貪了，都不必像忉利天中仍需二根相入才獲得滿足，但仍然是有極微細男女欲的，卻已經是解脫於欲界第五天的化樂天五欲了。若是希望證得初禪者，如是喜見異性的希望之心，正見異性時生起喜樂的心行，也都應當斷除，而不是只斷除二根相交的身行貪著以後，心中仍對異性有所喜樂，否則是無法發起初禪的。因爲，覺知心還沒有解脫於欲界他化自在天境界的貪愛，就不是已離欲界的心解脫者，初禪定境就不可能發起；所以說，初果及二果人都仍不是心解脫的聖者，嚴格的說，都還不是眞正的聖人，只是預流或初入修道位的修道者；要在後來確實離欲而發起初禪時，成爲離欲的三果人了，方才可以說是心解脫的聖者。

由以上經文中，可知心解脫嚴格而眞實的定義是：斷我見、三縛結以後，進而**解脫於欲界貪愛**，離欲界生了，身證初禪了，未來世中不會再被欲界繫縛出生於欲界中了，名爲離生喜樂，是說已離**欲界生**。但這必須以先前已斷我見、三縛結爲前提，才可以說是心解脫的三果人（菩薩則因悲願而在發起初禪後仍然受生於人間）。智慧解脫則是證知微細自我的虛妄，是必須否定意識覺知心一切細相的，也要否定覺知心**我所**的一切細相，也就是否定覺知心所擁有的種種心所有法的常住性；覺知心的我所是指心所法，這與一般所說我所（我所有）的欲界貪愛不同；欲界境界的貪愛，是五蘊的我所貪愛。

斷除我見以後，離欲而發起初禪時，能遠離欲界生，就可以名爲**心解脫**，他就是三果人了；雖然他對五下分結的斷除，還沒有究竟，只是初斷而已，所以將來會成爲**上流處處般涅槃**，而不能取證**中般涅槃**，但畢竟已是最低劣的三果人了。若想要親證解脫果中的慧解脫，應當先離貪愛與嫉妒，這是求證慧解脫的三果修行者首要之務。若不能遠離貪、嫉，還會有一分貪愛名聞利養的心行，嫉妒他人的好名聲、高證量，這種人連五陰所執著的我所都無法斷除，何況能斷除意識心的我所？當然不可能獲得慧解脫果的親證。今舉經文爲證：

【如是我聞　一時佛在摩竭國菴婆羅村北，毗陀山因陀娑羅窟中。爾時釋提桓因發微妙善心，欲來見佛：「今我當往至世尊所。」時諸忉利天聞釋提桓因發妙善心、欲詣佛所，即尋詣帝釋，白言：「善哉！帝釋！發妙善心欲詣如來。我等亦樂侍從，詣世尊所。」時釋提桓因即告執樂神般遮翼曰：「我今欲詣世尊所，汝可俱行。此忉利諸天亦當與我俱詣佛所。」對曰：「唯然。」

時般遮翼持琉璃琴，於帝釋前忉利天眾中，鼓琴供養。時釋提桓因、忉利諸天及般遮翼，於法堂上忽然不現，譬如力士屈伸臂頃，至摩竭國北毗陀山中。爾時世尊入火焰三昧，彼毗陀山同一火色。時國人見，自相謂言：「此毗陀山同一火色，將是如來？諸天之力？」時釋提桓因告般遮翼曰：「如來至眞甚難得睹，而能垂降此閑靜處，寂默無聲，禽獸爲侶。此處常有諸大神天侍衛世尊，汝可於前鼓琉璃琴、娛樂世尊，吾與諸天尋於後往。」對曰：「唯然。」既受教已，持琉璃琴於先詣佛，去佛不遠，鼓琉璃琴，以偈歌曰：

「跋陀禮汝父，汝父甚端嚴；生汝時吉祥，我心甚愛樂。

本以小因緣，欲心於中生；展轉遂增廣，如供養羅漢。

釋子專四禪，常樂於閑居；正意求甘露，我專念亦爾。

能仁發道心，必欲成正覺；我今求彼女，必欲會亦爾。

我心生染著，愛好不捨離；欲捨不能去，如象爲鉤制。

如熱遇涼風，如渴得冷泉；如取涅槃者，如水滅於火。

如病得良醫，飢者得美食；充足生快樂，如羅漢遊法。

如象被深鉤，而猶不肯伏；奔突難禁制，放逸不自止。

猶如清涼池，眾花覆水上；疲熱象沐浴，舉身得清涼。
我前後所施，供養諸羅漢；世有福報者，盡當與彼供。
汝死當共死，汝無我活為？寧使我身死，不能無汝存。
忉利天之主，釋今與我願；稱汝禮節具，汝善思察之。」

爾時世尊從三昧起，告般遮翼言：「善哉！善哉！般遮翼！汝能以清淨音，和琉璃琴，稱讚如來。琴聲、汝音不長不短，悲和哀婉，感動人心。汝琴所奏眾義備有，亦說欲縛，亦說梵行，亦說沙門，亦說涅槃。」爾時般遮翼白佛言：「我念世尊昔鬱鞞羅尼連禪水邊，阿遊波陀尼俱律樹下初成佛道時，有尸漢陀天大將子，及執樂天王女，共於一處，但設欲樂；我於爾時見其心爾，即為作頌，頌說**欲縛**，亦說**梵行**，亦說**沙門**，亦說**涅槃**。時彼天女聞我偈已，舉目而笑語我言：『般遮翼！我未見如來。我曾於忉利天法講堂上，聞彼諸天稱讚如來有如是德、有如是力；汝常懷信，親近如來，我今意欲與汝共為知識。』世尊！我時與一言後，不復與語。」

時釋提桓因作是念：「此般遮翼，已娛樂如來訖，我今寧可念於彼人。」時天帝釋即念彼人。時般遮翼復生念言：「今天帝釋乃能念我。」即持琉璃琴詣帝釋所。帝釋告曰：「汝以我名並稱忉利天意，問訊世尊起居輕利、遊步強耶？」時般遮翼承帝釋教，即詣世尊所，頭面禮足，於一面住，白世尊言：「釋提桓因及忉利諸天，故遣我來問訊世尊：起居輕利？遊步強耶？」世尊報曰：「使汝帝釋及忉利天壽命延長，快樂無患。所以然者，諸天世人及阿須倫諸眾生等，皆貪壽命、安樂無患。」爾時帝釋復自念言：「我等宜往禮覲世尊。」即與忉利諸天往詣佛所，頭面禮足卻住一面。時帝釋白佛言：「不審我今去世尊遠近可坐？」佛告帝釋曰：「汝天眾多，但近我坐。」時世尊所止因陀羅窟，自然廣博、無所障礙。爾時帝釋與忉利諸天及般遮翼，皆禮佛足，於一面坐。

帝釋白佛言：「一時佛在舍衛國婆羅門舍，爾時世尊入火焰三昧，我時以少因緣，乘千輻寶車，詣毗樓勒天王所，於空中過，見一天女叉手在世尊前立。我尋語彼女言：『若世尊三昧起者，汝當稱我名字，問訊世尊〈起居輕利、遊步強耶？〉』不審彼女後竟爲我達此心不？世尊寧能憶此事不？」佛言：「憶耳！彼女尋以汝聲致問於我。吾從定起，猶聞汝車聲。」

帝釋白佛言：「昔者我以少緣，與忉利諸天集在法堂，彼諸舊天皆作是言：『若如來出世，增益諸天眾，減損阿須倫眾。』今我躬見世尊，躬見自知，躬自作證：如來至眞出現於世，增益諸天衆，減損阿須倫衆。此有瞿夷釋女，於世尊所淨修梵行，身壞命終生忉利天宮，即爲我子，忉利諸天皆稱言：『瞿夷大天子，有大功德，有大威力。』復有餘三比丘，於世尊所淨修梵行，身壞命終，生於卑下執樂神中，常日日來，爲我給使；瞿夷見已，以偈觸嬈曰：

『汝爲佛弟子，我本在家時，以衣食供養，禮拜致恭恪；
汝等名何人？躬受佛教誡，淨眼之所說，汝不觀察之。
我本禮敬汝，從佛聞上法，生三十三天，爲帝釋作子；
汝等何不觀，我所有功德？本爲女人身，今爲帝釋子。
汝等本俱共，同修於梵行，今獨處卑賤，爲吾等給使；
本爲弊惡行，今故受此報，獨處於卑賤，爲吾等給使。
生此處不淨，爲他所觸嬈；聞已當患厭，此處可厭患；
從今當精勤，勿復爲人使。』
二人勤精進，思惟如來法，捨彼所戀著，觀欲不淨行；
欲縛不眞實，誑惑於世間，如象離羈絆，超越忉利天；
釋及忉利天，集法講堂上，彼已勇猛力，超越忉利天。

釋歎未曾有，諸天亦見過：此是釋迦子，超越忉利天。
患厭於欲縛，瞿夷說此言：摩竭國有佛，名曰釋迦文。
彼子大失意，其後還得念；三人中一人，故爲執樂神；
二人見道諦，超越忉利天。
世尊所說法，弟子不懷疑；俱共同聞法，二人勝彼一。
自見殊勝已，皆生光音天，我觀見彼已，故來至佛所。」
帝釋白佛言：「願開閑暇，一決我疑。」佛言：「隨汝所問，吾當爲汝一一演說。」爾時帝釋即白佛言：「諸天、世人、乾沓和、阿須羅及餘眾生等，盡與何結相應？乃至怨仇、刀杖相向？」佛告釋言：「怨結之生，皆由貪嫉，故使諸天、世人、阿須羅餘眾生等，刀杖相加。」爾時帝釋即白佛言：「實爾！世尊！怨結之生，由貪嫉故，使諸天、世人、阿須羅餘眾生等，刀杖相加。我今聞佛所說，疑網悉除，無復疑也。但不解此**貪、嫉之生，何由而起**？何因？何緣？誰爲原首？從誰而有？從誰而無？」

佛告帝釋：「貪嫉之生，皆由愛憎。愛憎爲因，愛憎爲緣，愛憎爲首；從此而有，無此則無。」爾時帝釋即白佛言：「實爾！世尊！貪嫉之生，皆由**愛**、

憎。愛憎爲因，愛憎爲緣，愛憎爲首；從此而有，無此則無。我今聞佛所說，迷惑悉除，無復疑也。但不解愛憎復何由而生？何因？何緣？誰爲原首？從誰而有？從誰而無？」

佛告帝釋：「**愛、憎之生，皆由於欲**，因欲、緣欲，欲爲原首。從此而有，無此則無。」爾時帝釋即白佛言：「實爾！世尊！愛憎之生，皆由於欲。因欲，緣欲，欲爲原首，從此而有，無此則無。我今聞佛所說，迷惑悉除，無復疑也。但不知此欲復何由生？何因？何緣？誰爲原首？從誰而有？從誰而無？」

佛告帝釋：「愛由想生，因想、緣想，想爲原首；從此而有，無此而無。」爾時帝釋即白佛言：「實爾！世尊！**愛由想生**（註：想亦是知）。因想，緣想，想爲原首，從此而有，無此則無。我今聞佛所說，迷惑悉除，無復疑也。但不解想復何由而生？何因？何緣？誰爲原首？從誰而有？從誰而無？」

佛告帝釋：「想之所生，由於**調戲**，因調、緣調，調爲原首；從此而有，無此則無。帝釋！若無調戲則無想，無想則無欲，無欲則無愛憎，無愛憎則無貪嫉。若無貪嫉，則一切眾生不相傷害。帝釋！但緣調爲本，因調、緣調，調爲原首。從此有想，從想有欲，從欲有愛憎，從愛憎有貪嫉；以貪嫉故，使群生等共相傷害。」帝釋白佛言：「實爾！世尊！由調有想，因調、緣調，調爲原首，從此有想；由調而有，無調則無。若本無調者，則無想；無想則無欲，無欲則無愛憎，無愛憎則無貪嫉，無貪嫉則一切群生不相傷害。但想由調生，因調、緣調，調爲原首；從調有想，從想有欲，從欲有愛憎，從愛憎有貪嫉，從貪嫉使一切眾生共相傷害。我今聞佛所說，迷惑悉除，無復疑也。」

爾時帝釋復白佛言：「一切沙門、婆羅門，盡除調戲、在滅跡耶？爲不除調戲、在滅跡耶？」佛告帝釋：「一切沙門、婆羅門，不盡除調戲在滅跡也。所以然者，帝釋！世間有種種界，眾生各依己界，堅固守持，不能捨離，謂己爲實，餘者爲虛。是故帝釋！一切沙門婆羅門不『盡除調戲而在滅跡』。」爾時帝釋白佛言：「實爾！世尊！世間有種種眾生各依己界，堅固守持，不能捨離；謂己爲是，餘爲虛妄，是故一切沙門、婆羅門，不『盡除調戲而在滅跡』，我聞佛言，疑惑悉除，無復疑也。」

帝釋復白佛言：「齊幾調？在滅跡耶？」佛告帝釋：「**調戲**有三：一者**口**（口行），二者**想**（意行），三者**求**（身行）。彼口所言，自害害他，亦二俱害。捨此言已，如所言，不自害，不害他，不二俱害知；時比丘如口所言，專念不亂。　想亦自害害他，亦二俱害；捨此想已，如所想，不自害、不害他，二俱不害知；時比丘如所想，專念不亂。　帝釋！求，亦自害、害他，亦二俱害；捨此求已，如所求不自害，不害他，不二俱害知；時比丘如所求，專念不亂。」

爾時釋提桓因言：「我聞佛所説，無復狐疑。」又白佛言：「齊幾名賢聖捨心？」佛告帝釋：「捨心有三：一者喜身，二者憂身，三者捨身。帝釋！彼喜身者，自害、害他，亦二俱害；捨此喜已，如所喜，不自害、害他，二俱不害知；時比丘專念**不忘**，即名**受具足戒**。帝釋！彼憂身者，自害、害彼，亦二俱害；捨此憂已，如所憂，不自害、害他，二俱不害知；時比丘專念不忘，即名**受具足戒**。復次帝釋！彼捨身者，自害、害他，亦二俱害，捨此身已，如所捨，不自害、不害他，二俱不害知；時比丘專念不忘，是即名爲**受具足戒**。」

帝釋白佛言：「我聞佛説，無復狐疑。」又白佛言：「齊幾名賢聖律諸根具足？」佛告帝釋：「眼知色，我説有二：可親，不可親。耳聲、鼻香、舌味、身觸、意法，我説有二：可親，不可親。」

爾時帝釋白佛言：「世尊！如來略説，未廣分別，我以具解：『眼知色，我説有二：可親，不可親。耳聲、鼻香、舌味、身觸、意法有二：可親，不可親。』

世尊！如眼觀色，善法損減，不善法增；如此眼知色，我說不可親。耳聲、鼻香、舌味、身觸、意知法，善法損減，不善法增，我說不可親。世尊！如眼見色，善法增長，不善法減；如是眼知色，我說可親；耳聲、鼻香、舌味、身觸、意知法，善法增長，不善法減，我說可親。」佛告帝釋：「善哉！善哉！是名賢聖律，諸根（註）具足。」（註：信、進、念、定、慧等五種善根）

帝釋白佛言：「我聞佛所說，無復狐疑。」復白佛言：「齊幾比丘名爲究竟？究竟梵行？究竟安隱？究竟無餘？」佛告帝釋：「爲愛所苦身，得滅者，是爲究竟，究竟梵行，究竟安隱，究竟無餘。」帝釋白佛言：「我本長夜所懷疑網，今者如來開發所疑。」」（《長阿含經》卷十《釋提桓因問經》）

依如上經文而修的凡夫，可以上生欲界天的忉利天中，乃至上生到更上層次的色界初禪天中，遠離欲界生，但仍然不是佛法中的**心解脫**；若是有時方便說爲心解脫，終究是方便說，不是實義說；因爲這種心解脫只是解脫於欲界、不再出生於欲界中而已，由於未斷我見的緣故，仍然不是由於解脫道中的修道智慧所斷而獲得來世解脫於三界生死，只是遠離貪愛而得解脫於欲界，所以仍不能遠離三界生死，還只是凡夫。若是已斷我見、三縛結，精進斷除欲界愛而得心解脫，才能說是三果人。假使尚未解脫於欲界，也就是尚未斷除欲界愛、尚未發起初禪，只能說是尚未證得**心解脫**的初果人；若是斷我見以後，已經實修解脫道的修所斷煩惱，努力在斷除五欲貪愛，在遠離五欲而修學初禪的人，他已經到了薄貪瞋癡的境界了，在還沒有發起初禪以前，不論他如何努力斷除五下分結，仍然只是薄貪瞋癡的二果人；必須發起初禪而不退失以後，才能確認欲界愛眞的斷除了，這時才能說五下分結已開始斷除了，才算是最低層次的三果人，捨壽後成爲上流處處般涅槃的三果人，不是中般涅槃、生般涅槃……等三果人。若是沒有親自現觀五陰的虛妄、緣生、無常、無我，若還沒有將識陰我所（識陰六識的能見、能聞乃至能覺、能知的自性）的微細處一一加以現觀，不能證實六種自性中的微細部分仍然是識陰六識的心所法，則是有漏與無明漏仍然未斷盡，就不可能斷除我執、我慢，就無法證得慧解脫，不能成爲四果聖者。

在這段經文中，佛特別說到**沙門**的眞正意義，就是**受具足戒**；受具足戒的眞義，卻是在捨離受陰中的喜受時「專念不忘」而遠離種種求，以免自害及害他。但卻要在捨離受陰以後，心中先建立一個滅盡五陰以後的**如**，知道滅盡五陰以後不是斷滅空無的一切法空境界，而是眞實不斷滅的，因此在滅除喜受時，比丘應當**專念不忘**而保持不退；接著再斷除憂受的愛著，再斷除捨受的愛著，都是以**滅除五陰**爲目標的；這樣斷除了喜、憂、捨受以後，究竟遠離受陰而成爲四果人，如是斷除有漏與無明漏了，才算是受具足戒，所以 佛說：「**捨此憂已，如所憂，不自害、害他，二俱不害知；時比丘專念不忘，即名受具足戒**。」在捨離憂受以後，對自己的道業已能不害，對他人的道業也能不害，並且必須觀察確定而了知「二俱不害」，必須確實返觀自己的心性已經如此而且決定不變了，才算是受具足戒了，所以 佛說：「**二俱不害知**。」知就是確定的意思。這是在已斷我見的前提下，從滅除貪愛、憎、嫉三受來證得心解脫，然後捨離心解脫的受陰而證得慧解脫，成爲四果人而名爲已受具足戒。

但是，慧解脫的定義，有時卻是較爲廣義的，因爲三果人縱使有解脫證量上的不同，導致捨壽後往生時不一定能得中般涅槃、生般涅槃，也還是有許多種取證涅槃上的不同，但也都可以方便名爲慧解脫而仍然只是三果聖者；這如同已斷我執而尚未證得滅盡定的四果人，同樣名之爲**慧解脫**阿羅漢，卻不是**俱解脫**的阿羅漢。同理，慧解脫的證境，不只是不證滅盡定的四果人而已，有時也是方便包含三果人在內的，這是因爲三果人的具足修證者，也是捨壽後能取無餘涅槃，雖然不像四果人是現般涅槃，只是中般或生般涅槃的取證。

若是尚未證得四禪八定，譬如還沒有證初禪的人，卻因為五陰中的四聖諦現觀而斷除我見的人，可以成為初果人，卻不可以說是心解脫、慧解脫，而只是分證解脫果的**預入聖流**的「聖」者。但因為他只是發起解脫的見地而已，覺知心仍然對欲界五欲繼續貪愛著，連**心解脫**都還沒有證得，還不能解脫於欲界，仍然難免欲界生，聖性仍未發起，所以說是**預入**聖流；意思是仍然不是眞正的聖人，而提早把他列入聖人之內。乃至二果人薄貪瞋癡，也還算不上是證得解脫的，因為還沒有解脫於欲界愛，初禪尚未發起，對欲界法仍有較世人輕微的貪愛，所以還沒有發起初禪而實證「離欲界生」，不能說是已經證得**心解脫**。但是初果人因為斷了我見、三縛結的緣故，又因為聽聞佛說、信受佛語，知道佛法的眞實，也知道佛法確實可以使人實證涅槃，信受 佛陀所說「涅槃後不是斷滅」而有「本際」獨存，這時就名為「**先知法住**、**後知涅槃**」，但不一定就是第四果的阿羅漢，往往只是初果、二果人。只有斷我見、斷三縛結而發起初禪，離欲界生了，這時到了三果，才會被稱為證得有餘涅槃的聖者。

有餘涅槃的意義，是說尚有待斷的煩惱障應斷，尚有待修的梵行應修，所以三果人雖證涅槃，仍未能於捨壽時當場取證無餘涅槃，所以說他所證的涅槃名爲有餘。有餘的意思是尚有煩惱遺餘待盡，尚有梵行遺餘待修。這個**有餘涅槃**的說法，與一般的說法不同；一般都說阿羅漢未入涅槃以前，尚有老、病、冷、熱、饑、渴等苦餘存，故名有餘涅槃；這是佛教界大師們一般的說法，平實以往在諸方大師們的解說下，在尚未深入阿含解脫道加以現觀之前，也接受了大師們如此的解釋，同樣如是爲人解說；但是後來發覺阿含的經文中還有不很相同的開示，但也是正確的說法，所以增加了這一種定義，有待佛教界加以增說。今有下列二段經文爲證：

《增壹阿含經》卷七云：【聞如是　一時佛在舍衛國祇樹給孤獨園。爾時世尊告諸比丘：「**有此二法涅槃界**，云何爲二？有餘涅槃界、無餘涅槃界。彼云何名爲**有餘涅槃界**？於是**比丘滅五下分結**，**即彼般涅槃**，不還來此世，是謂名爲**有餘涅槃界**。彼云何名爲**無餘涅槃界**？如是比丘，盡有漏，成無漏；意解脫，智慧解脫；自身作證而自遊戲：生死已盡，梵行已立，**更不受有**，如實知之，是謂爲**無餘涅槃界**，此二涅槃界。當求方便，至無餘涅槃界。如是，諸比丘！當作是學。」爾時諸比丘聞佛所說，歡喜奉行。】

語譯如下：【我聞如是　有一個時間，佛陀住在舍衛國祇樹給孤獨園中。當時世尊告訴諸比丘說：「有這二個法稱爲涅槃界，如何是這二個涅槃界呢？就是有餘涅槃界、無餘涅槃界。如何名爲**有餘涅槃界**呢？於這位比丘自身中觀行五陰的苦、集、滅、道，**滅除了五下分結，就在往生後的那個中陰境界，或那個未來世所生的天界中捨報時，進入無餘涅槃**，不再還來這個人間了，這就稱爲**有餘涅槃界**。如何是名爲**無餘涅槃界**呢？如是，比丘！斷盡有漏法，成就無漏法；意識覺知心已經證明自己得解脫了，是因爲四聖諦的觀行而發起智慧，所以證得解脫了；他是自身作證而遊戲於正法中：生死無明已經窮盡了，清淨的梵行已經建立了，**再也不接受後世五蘊有了**，如實而沒有錯誤的了知這個境界與道理，這就說是**無餘涅槃界**，總共有這二個涅槃界。你們應當尋求各種方便，到達無餘涅槃界。如是，諸比丘！當作是學。」爾時諸比丘聞佛所說，歡喜奉行。】

這段經文中是開示說，三果人所證得的涅槃，是有餘涅槃界，因爲還有所餘思惑尚未斷盡；思惑仍有剩餘未斷者，名爲**有餘涅槃界**。三果人因此緣故，必須捨報後生起中陰了，再於中陰階段取無餘涅槃，名爲中般涅槃；或是往生到下一世去，在下一世的初禪天中捨報而取無餘涅槃；乃至證量最差的上流處處般涅槃，都是有餘思惑待斷的，所以稱爲有餘涅槃。只有到了第四果時，一切思惑斷盡無餘了，絕不會再有中陰身生起了，更不會再領受下一世的五陰或四陰了—**更不受有**—這個涅槃才是無餘涅槃界，所以一切阿羅漢、辟支佛所證的都是無餘涅槃，是在捨壽前就已經證得無餘涅槃了！不因爲捨壽前仍有冷熱饑渴等苦作爲所依，而說爲有餘涅槃，因爲阿羅漢、辟支佛的應斷煩惱、應修梵行都已完成了，在解脫道中已無所餘待斷、待修的法了。

這段經文中如是開示，在別的阿含部經典中，也有同樣的說法，譬如《雜阿含經》卷二十七第740經云：【如是我聞，一時佛住舍衛國祇樹給孤獨園，如上說。差別者：「**若比丘修習此七覺分**，多修習已，當得**七果**。何等爲**七**？謂現法智**有餘涅槃**，及命終時。若不爾者，**五下分結盡**，**得中般涅槃**；若不爾者，得**生般涅槃**；若不爾者，得無行般涅槃；若不爾者，得有行般涅槃；若不爾者，得**上流般涅槃**。」佛說此經已，諸比丘聞佛所說，歡喜奉行。」】

語譯如下：【如是我聞，一時佛住在舍衛國祇樹給孤獨園中，如上面的經文所說一樣。佛的說法與前面經文有差別的地方是：「**假使比丘們修習此七覺**

分，一再的修習以後，將會證得**七果**。何等是我說的七果呢？是說現法智**有餘涅槃**，以及命終時入**無餘涅槃**；若不能入無餘涅槃的話，也可斷盡五下分結，得到**中般涅槃**；若不能得中般涅槃的話，可以獲得**生般涅槃**；若不能得生般涅槃的話，可以獲得**無行般涅槃**；若不得無行般涅槃的話，可以獲得**有行般涅槃**；若不能得有行般涅槃的話，可以得到**上流般涅槃**。」佛說完此經以後，諸比丘聞佛所說，歡喜奉行。」】

這段經文中說的七果，已經表明三果人也是實證涅槃的，但不是現般涅槃，而是七果中的後五種：中般涅槃、生般涅槃、無行般涅槃、有行般涅槃、上流般涅槃。但是同時也說阿羅漢尚未捨壽而入無餘涅槃之前，也算是有餘涅槃，所以說：「**現法智有餘涅槃**，及命終時（入無餘涅槃）。」所以說，阿羅漢住世時可以名爲實證無餘涅槃，也可以名爲實證有餘涅槃而非無餘涅槃。

在這段經文的文字表義中，看不出有餘涅槃都是指三果人；但是假使了知中般涅槃、生般涅槃、無行般涅槃、有行般涅槃、上流般涅槃等意涵，若對這五種般涅槃的意涵有所了知，若對最後一種的上流、處處般涅槃有所了知時，就會知道後面五種的涅槃都屬於三果人，不是指慧解脫、俱解脫的四果人。請看下面經文及語譯，即可了知。《中阿含經》卷二記載：

【佛言：「云何爲七？比丘行當如是：我者無我，亦無我所；當來無我，亦無我所。已有便斷，已斷得捨；有樂不染，合會不著；如是行者，無上息迹（無上息迹是指慧解脫的境界），慧之所見（已經有智慧能看得見了），**然未得證**。比丘行如是，往至何所？**譬如燒麩，纔燃便滅**；當知比丘亦復如是，少慢未盡，**五下分結已斷**，得**中般涅槃**，是謂第一善人所往至處，世間諦**如**有。（註：少慢是指我慢。）

復次，比丘行當如是：我者無我，亦無我所；當來無我，亦無我所；已有便斷，已斷得捨；有樂不染，合會不著。行如是者，無上息迹，慧之所見，**然未得證**。比丘行如是，往至何所？**譬若如鐵，洞燃俱熾；以椎打之，迸火飛空，上已即滅**；當知比丘亦復如是，少慢未盡，**五下分結已斷**，得**中般涅槃**，是謂第二善人所往至處，世間諦**如**有。

復次，比丘行當如是：我者無我，亦無我所；當來無我，亦無我所；已有便斷，已斷得捨；有樂不染，合會不著。行如是者，無上息迹，慧之所見，**然未得證**。比丘行如是，往至何所？**譬若如鐵，洞燃俱熾；以椎打之，迸火飛空；**

從上來還，未至地滅。當知比丘亦復如是，少慢未盡，**五下分結已斷**，得**中般涅槃**，是謂第三善人所往至處，世間諦**如**有。

復次，比丘行當如是：我者無我，亦無我所；當來無我，亦無我所；已有便斷，已斷得捨；有樂不染，合會不著。行如是者，無上息迹，慧之所見，**然未得證**。比丘行如是，往至何所？**譬若如鐵，洞然俱熾；以椎打之，迸火飛空，墮地而滅**。當知比丘亦復如是，少慢未盡，**五下分結已斷**，得**生般**涅槃，是謂第四善人所往至處，世間諦**如**有。

復次，比丘行當如是：我者無我，亦無我所；當來無我，亦無我所；已有便斷，已斷得捨；有樂不染，合會不著。行如是者，無上息迹，慧之所見，**然未得證**。比丘行如是，往至何所？譬若如鐵，洞燃俱熾；以椎打之，迸火飛空；**墮少薪草上**，**若煙若燃**，**燃已便滅**。當知比丘亦復如是，少慢未盡，**五下分結已斷**，得**行般涅槃**，是謂第五善人所往至處，世間諦**如**有。

復次，比丘行當如是：我者無我，亦無我所；當來無我，亦無我所；已有便斷，已斷得捨；有樂不染，合會不著。行如是者，無上息迹，慧之所見，**然未得證**。比丘行如是，往至何所？譬若如鐵，洞燃俱熾；以椎打之，迸火飛空；

墮多薪草上，若煙若燃，燃盡已滅。當知比丘亦復如是，少慢未盡，**五下分結已斷**，得**無行般涅槃**，是謂第六善人所往至處，世間諦**如**有。

復次，比丘行當如是：我者無我，亦無我所；當來無我，亦無我所；已有便斷，已斷得捨；有樂不染，合會不著。行如是者，無上息迹，慧之所見，**然未得證**。比丘行如是，往至何所？譬若如鐵，洞燃俱熾；以椎打之，迸火飛空；**墮多薪草上，若煙若燃；燃已便燒村邑、城郭、山林、曠野，燒村邑、城郭、山林、曠野已，或至道、至水、至平地滅**；當知比丘亦復如是，少慢未盡，**五下分結已斷**，得**上流阿迦膩吒般涅槃**，是謂第七善人所往至處，世間諦**如**有。

云何**無餘涅槃**？比丘行當如是：我者無我，亦無我所；當來無我，亦無我所；已有便斷，已斷得捨；有樂不染，合會不著。行如是者，無上息迹，慧之所見，**而已得證**；我說彼比丘不至東方，不至西方、南方、北方、四維、上下，便於現法中息迹滅度。我**向**所說**七善**人所往至處及**無餘涅槃**者，因此故說。」

這段經文是對五下分結已斷的三果人，開示中般涅槃乃至上流處處般涅槃，其目的只是為了想要讓三果人知道：他們的涅槃仍然是不究竟的，雖然慧解脫果的無上息跡，三果人已經看見而了知了，但是他們還有所餘煩惱思惑待斷、還有所餘梵行應修，才能實證四果境界的無餘涅槃。因爲三果人隨著煩惱斷除的修證不同，會有中般涅槃、生般涅槃、無行般涅槃、有行般涅槃、上流乃至處處般涅槃等五種差別。　佛陀爲了讓三果聖人瞭解其中的證量差別，所以提出了燒麩、燒鐵、熱鐵屑……等種種不同狀況，來說明三果人取證無餘涅槃的五種差別相，提示他們應該努力斷除所餘的煩惱、進修所餘未修的梵行。

所以，斷我見的初果人，以及薄貪瞋癡的二果人，雖然也是分證解脫果者，但仍然都不屬於眞正的聖人；二果人往往被說爲少分的聖人，是因爲他已努力在修除欲界愛，仍然沒有斷離欲界生而無法發起初禪，只能說是少分的聖者；初果人則只是斷了我見而有解脫果的見地，尚未進入斷除欲界愛、色界愛、有愛等實修部分，只有解脫的見地而心地仍如凡夫一般的貪瞋無異，所以完全不是聖人，只是因爲有了解脫的見地而方便的提早算是聖人中的一員，故名**預入聖流**。必須修到發起初禪而離欲界生，獲得心解脫而斷除五下分結，能於中陰境界中取證無餘涅槃；或出生到色界天以後，在出生之後不必再修不放逸行而隨即（或捨壽時）取證無餘涅槃；或是出生到色界天以後，還須要部分加行修斷我慢以後才能取證無餘涅槃；或是修到五不還天以後，在彼天一生努力加行修斷我慢，才能在捨報時取證無餘涅槃。更下根的三果人則是生到色界初禪天以後，還得要次第往生到二禪天中捨壽，往生到三禪、四禪天乃至五不還天以後，才能在五淨居天中捨壽時取無餘涅槃。這樣的五種三果人及諸四果人，才算得上是解脫道中眞正的聖人。

這是從有餘涅槃與無餘涅槃的差別中，來說明三果人不同於四果人的地方。所以，在二乘菩提中，眞正的聖人只有已證有餘涅槃的三果人，及已證無餘涅槃的四果人，初果及二果都只是方便說爲聖人，因爲有餘及無餘涅槃，初果及二果人都還沒有證得，也還沒有離開欲界生。

接著再說明「**先知法住、後知涅槃**」的眞義。若是未斷我見，仍然墮入離念靈知意識心中執以爲常，卻自稱已證實相、已成四果，都屬於未悟謂悟、未證言證的大妄語人。必須在斷除我見、證得初果之後，已開始進斷**我所貪愛與我執**者，方知涅槃應該如何取證，是名「先知法住、後知涅槃」：

【時，眾多比丘將彼須深詣世尊所，稽首禮足，退住一面，白佛言：「**世尊！今此外道須深，欲求於正法中出家受具足、修梵行。**」爾時世尊知外道須深心之所念（爲盜佛法而來出家），告諸比丘：「**汝等當度彼外道須深，令得出家。**」

時、諸比丘願度須深出家已，經半月，有一比丘語須深言：「須深！當知：我等生死已盡，梵行已立，所作已作，自知不受後有。」時彼須深語比丘言：「尊者！云何學離欲、惡不善法，有覺有觀離生喜樂具足**初禪**，不起諸漏，心善解脫耶？」比丘答言：「不也！須深！」復問：「云何離有覺有觀內淨一心，無覺無觀定生喜樂，具足**第二禪**，不起諸漏，心善解脫耶？」比丘答言：「不也！須深！」復問：「云何尊者離喜、捨心，住正念正智，身心受樂、聖說及捨，具足**第三禪**，不起諸漏，心善解脫耶？」答言：「不也！須深！」復問：「云何尊者離苦息樂、憂喜先斷，不苦不樂捨，淨念一心具足**第四禪**，不起諸漏，心善解脫耶？」答言：「不也！須深！」復問：「若復寂靜解脫，起色、無色，身作證具足住，不起諸漏，心善解脫耶？」答言：「不也！須深！」須深復問：「云何尊者所說不同、前後相違？云何**不得禪定**而復記說？」比丘答言：「我是**慧解脫**也！」作是說已，眾多比丘各從座起而去。

爾時須深知眾多比丘去已，作是思惟：「此諸尊者所說不同，前後相違。言不得正受，而復記說自知作證。」作是思惟已，往詣佛所，稽首禮足，退住一面，白佛言：「世尊！彼眾多比丘於我面前記說：『我生已盡，梵行已立，所作已作，自知不受後有。』我即問彼尊者：『得離欲、惡不善法，乃至身作證，不起諸漏，心善解脫耶？』彼答我言：『不也！須深！』我即問言：『所說不同，前後相違。言不入正受，而復記說自知作證。』彼答我言：『得慧解脫。』作此說已，各從座起而去。我今問世尊：云何彼所說不同，前後相違，不得正受而復說言『自知作證』？」佛告須深：「彼**先知法住**，**後知涅槃**。彼諸善男子獨一靜處專精思惟不放逸法，**離於我見**，不起諸漏，心善解脫。」

須深白佛：「我今不知『先知法住、後知涅槃，彼諸善男子獨一靜處專精思惟不放逸法，**離於我見**，不起諸漏，心善解脫』。」佛告須深：「不問汝知不知！且自**先知法住**，**後知涅槃**。彼諸善男子獨一靜處專精思惟不放逸住，**離於我見**，心善解脫。」須深白佛：「唯願世尊爲我說法，令我得知**法住智**、得見**法住智**。」

佛告須深：「我今問汝，隨意答我。須深！於意云何？有生故有老死，不離生有老死耶？」須深答曰：「如是，世尊！有生故有老死，不離生有老死。」「如是，生、有、取、愛、受、觸、六入處、名色、識、行、無明，有無明故有行，不離無明而有行耶？」須深白佛：「如是，世尊！有無明故有行，不離無明而有行。」佛告須深：「無生故無老死，不離生滅而老死滅耶？」須深白佛言：「如是，世尊！無生故無老死，不離生滅而老死滅。」「如是，乃至無無明故無行，不離無明滅而行滅耶？」須深白佛：「如是，世尊！無無明故無行，不離無明滅而行滅。」佛告須深：「作如是知、如是見者，為有離欲、惡不善法，乃至身作證具足住不？」須深白佛：「不也！世尊！」佛告須深：「是名先知法住、後知涅槃。彼諸善男子獨一靜處專精思惟不放逸住，**離於我見，不起諸漏，心善解脫**。」佛說此經已，尊者須深遠塵離垢，得法眼淨。

爾時須深見法得法，覺法度疑；不由他信，不由他度，於正法中心得無畏；稽首佛足，白佛言：「世尊！我今悔過！我於正法中盜密出家，是故悔過。」佛告須深：「云何於正法中盜密出家？」須深白佛言：「世尊！有眾多外道來詣我所，語我言：『須深當知：我等先為國王、大臣、長者、居士及餘世人恭敬供養，而今斷絕；悉共供養沙門瞿曇聲聞大眾。汝今密往沙門瞿曇聲聞眾中出家受法，得彼法已，還來宣說；我等當以彼聞法，教化世間，令彼恭敬供養如初。』是故世尊！我於正法、律中，盜密出家，今日悔過。唯願世尊聽我悔過，以哀愍故。」佛告須深：「受汝悔過。汝當具說：『我昔愚癡、不善、無智，於正法、律盜密出家。今日悔過，自見罪、自知罪，於當來世律儀成就，功德增長終不退滅。』所以者何？凡人有罪，自見自知而悔過者，於當來世律儀成就，功德增長終不退滅。」】（《雜阿含經》卷十四第 347 經）

如是名爲「先知法住、後知涅槃」之聲聞慧解脫人。這是說：修學解脫道的學人，由於斷我見而深觀因緣法的緣故，所以先知緣起法而得安住，心不動搖，然後方能證得涅槃，成慧解脫的四果人；但是在遠離欲界漏、色界漏、有漏等諸漏而證涅槃之前，必須先斷我見，然後才會知道涅槃的親證，不是因爲證得初禪乃至第四禪而證得解脫的，須深如同今天的佛門大師一般，誤以爲制心一處、一念不生而住在禪定境界中，就是涅槃，就是證得解脫。若是未斷我見的人，不懂因緣觀，不能在斷我見以後深觀因緣法，也不能遠離三界愛，卻在初斷我見之時就想證得涅槃，成爲慧解脫的阿羅漢，那是不可能的。

善來比丘，都是已先證得第四禪或四空定，已過欲界及色界貪愛，才能初見　佛時頓斷我見而當時即成爲阿羅漢，都是俱解脫的阿羅漢；由於已證阿羅漢果，身雖仍是在家相或外道相，　佛也說他們是頓除鬚髮、頓得具足戒的解脫比丘，**不論身相**。或如已先斷除欲界愛的初禪人，初來見佛時，聞法而頓斷我見與三縛結，同時使色界愛、無色界愛同時斷除，名爲頓斷有漏、無明漏，在斷我見時成爲慧解脫阿羅漢，亦說是頓除鬚髮、頓得具足戒的解脫比丘，雖然他們成爲阿羅漢時並未受過戒法、也仍然是外道身或俗人之身。所以善來比丘的頓證俱解脫阿羅漢，都是未修佛法之前已證第四禪或增證四空定，在初聞佛法而斷我見之時，同時成爲俱解脫的四果人，佛世俱解脫大阿羅漢多屬此類人。但也有慧解脫阿羅漢，是聞 佛說法以後，專精獨一思惟及現觀五蘊空之後，斷除欲界愛而進觀因緣法，斷除我執，才成爲慧解脫的阿羅漢；或是斷我見以後專修 佛所說的不放逸行以後，才證得慧解脫的阿羅漢果。慧解脫阿羅漢，得要後來再進修第四禪或四空定之後，才能證得俱解脫果。

若對因緣法不能安忍而住，不得法住智，就無法在後來證得涅槃，無法成爲慧解脫阿羅漢。外道須深初入佛門時，修學佛法未久，不知這個道理，如同外道誤以爲證得初禪乃至第四禪就是解脫；誤以爲在欲界中生起無貪之心，住於意識離欲而無貪著的欲界境界中，就是解脫。有此誤會，就對慧解脫阿羅漢們不證二禪乃至第四禪而說已得解脫，也對「證得初禪的人不算解脫」的說法不能認同。所以 佛爲他說明：應該先知法住，後得涅槃。而**法住智**就是在修學因緣法時，要以**入胎識常住**的正見來**斷除我見**作為前提；只要在修學緣起法時，斷了我見，不墮於我見中，心得安忍而住，不退於我見的斷除，就能漸漸遠離欲界愛、漸能深觀因緣法或專修不放逸行而證得涅槃，所以 佛說：「**且自先知法住，後知涅槃**。」若是我見復起，就一定無法在將來證得涅槃。在二乘法的解脫道中如是，在大乘法佛菩提道的修學中，不論是三賢位的般若實證，或是諸地道種智的實證，都要以斷除我見為基礎或前提，然後方能實證如來藏，漸次發起般若實相智慧及道種智；所以，一切修學佛法的人，都要以斷除我見作為首要之務。若是在善知識幫助下證得本識如來藏了，但是後來又萌生我見了，他的般若智慧是一定退失了的；即使他認為自己是增上修而非退轉、非重新墮入我見中，實質上仍然是退失聲聞初果見地、退失大乘七住及六住見地的凡夫。

在二乘聲聞菩提中，也有第一義空法，是與慧解脫有緊密關聯的，同樣是修除蘊處界及修除蘊處界所生顯的種種心所法等俗數法：【如是我聞　一時佛住拘留搜、調牛聚落。爾時世尊告諸比丘：「我今當為汝等說法，初、中、後善，善義善味，純一滿淨，梵行清白，所謂第一義空經。諦聽！善思！當為汝說。云何爲第一義空經？諸比丘！眼生時無有來處，滅時無有去處；如是，眼不實而生，生已盡滅，有業報而無作者；此陰滅已，異陰相續，除**俗數法**。耳、鼻、舌、身、意亦如是說，除俗數法。**俗數法**者，謂此有故彼有，此起故彼起；如無明緣行，行緣識，廣說乃至純大苦聚、集起。又復，此無故彼無，此滅故彼滅；無明滅故行滅，行滅故識滅；如是廣說，乃至純大苦聚滅。比丘！是名第一義空法經。」佛說此經已，諸比丘聞佛所說，歡喜奉行。」】（《雜阿含經》卷十三第335經）

這意思是說，在二乘法中所說的第一義空，不是以實證萬法本源的本識心作爲修證標的，而是只須滅除**俗數法**就夠了！二乘聖人無法理解大乘經典，所以聽聞大乘經典以後，只能記得其中與解脫道相關聯的部分；對於大乘經典中的般若及種智法義，聽聞之後都是無法具足念心所的，念根不具足，念力無法運作，只能結集出他們聽得懂的部分，所以在二乘經中的第一義空經，就只能具有解脫道的法義，而無法具有本來大乘經中所說的般若法義；當時同處聞法的在家、出家菩薩們，當然不會滿意，所以在第一次結集完成四阿含時，就當場表示：「吾等意欲結集。」因此而有隨後立即結集的般若系及唯識系經典結集，成爲現在北傳佛法的第二、三轉法輪的般若及唯識經典，名爲千人結集。

但是由這一段阿含部經文中的法義，也能看得出來：**斷我見是取證阿含解脫道的先決條件**。只有先斷除了我見以後，永遠不再墮入意識心中，能夠安忍不退而生起**法住智**，住於信有入胎識常住而斷除我見的智慧中，然後才能在漸修一段時日，已超過欲界境界了，才能「後知涅槃」。所以慧解脫的親證涅槃，是必須先斷我見的；而斷除我見的方法，則以五陰的四聖諦觀行最爲切實。若不知五陰的具體內容，也不知一一陰的四聖諦，就必須修學因緣觀：先修十因緣觀，再修十二因緣觀，求斷我見；否則一定無法斷除我見，一定會落入識陰中，或是落入識陰的心所法中，就不可能眞的了知涅槃，也不可能在未來實證涅槃。這是一般學佛人，必須特別注意之處。

在這一節中，講的是斷我見以後，心解脫於欲界，名爲**心解脫**。**慧解脫**則是以先斷我見爲前提，然後漸次修道而斷除三界境界愛（慧解脫阿羅漢對於二至四禪及四空定，都不必實修，只要以智慧觀察其虛妄性而不愛著，就能斷除色界愛，能斷除無色界愛—斷有愛—斷無明漏，所以不必實修實證二、三、四禪及四空定；但初禪不是修得的，而是具備未到地定以後，由於斷除欲愛而自動發起的，所以離欲愛是必須以初禪的實證爲標準的），然後再由精修不放逸行而修除我執，成爲實證涅槃者。但是阿含中說涅槃有二種：無餘涅槃及有餘涅槃。與今時一般佛教界大師們的說法，有少許不同之處，是學佛人應該同時理解之處。

以上說明心解脫與慧解脫，原則上，斷我見以後再作修道的功夫，由七覺支而證得未到地定，進一步斷除五蓋而永離欲界生，發起初禪而獲得猗覺支了，五下分結一定隨著斷除，就一定會成爲三果人，稱爲心解脫者，也可以說是實證有餘涅槃者。但是心解脫一名，並不是單指三果人這種心解脫，心解脫一名也可以用來指稱慧解脫的四果人，稱爲「有漏、無明漏**心解脫**」，所以經中如此說：【「彼如是觀、如是見，必得**欲漏心解脫**，**有漏、無明漏心解脫**；解脫已，便知解脫：生已盡，梵行已立，所作已辦，不更受有，知如眞。」】（《中阿含經》卷十八）因此，通常所說的心解脫，固然是指三果人斷五下分結所得的離欲界生，但有時也會用來指稱慧解脫阿羅漢的離無色界有、離無明漏的心解脫，稱爲**有漏**、**無明漏心解脫**；所以對心解脫一名的定義，應當依前後經文中的說法來定義，不可以固執心解脫三字的文字名相，而作一成不變的定解。

第二目：見道與修道，有種種變異相，不可認爲只有一種情況。見道與修道之間，有許多差別不同，有些人見道時就只是單純的見道，只能發起見地，進入初果中，不能成爲二果人，更不能成爲三、四果人；但有些人在見道同時成爲俱解脫阿羅漢，有些人見道同時成爲慧解脫阿羅漢，有些人見道同時成爲三果阿那含；有些人見道同時成爲二果斯陀含，但是有些人見道後卻只成爲初果須陀洹。有些人見道後不努力修道，所以終其一生都只是初果人；有些人見道後努力修道，然而終生精進修行的結果卻只能原地踏步，都不能成爲二果人。有些人見道後不須努力修道，單憑聞法思惟，就能取證三果乃至四果；有些人見道後努力修道，終其一生卻只能證得二果。有些人見道後努力修道，捨壽後成爲慧解脫阿羅漢；有些人見道後努力修道，捨壽前成爲慧解脫或俱解脫阿羅漢，乃至成爲三明六通大阿羅漢。但一般人都是先見道，然後修道的；有些人則是先修道然後見道的，但是見道之前其實是沒有修道的。爲何見道與修道會有這麼多的差別？修學解脫道的您，應該對解脫道的各種情況具有全盤的瞭解，才能衡量您自己見道之後的情況，來抉擇您見道之後應該如何進修，才能獲得最迅速而且美好的果證！下面是依據第一目中的聖教原理，以及解脫道的現前觀察取證經驗，爲您而作的說明：

問：如何是見道時只是單純的見道，只能發起見地，進入初果中，不能成爲二果人？　**答**：修學解脫道的人，若在見道之前，沒有先修學禪定，而且不曾在修除五蓋上面用心過，仍在欲界粗重的貪愛之中，心地是與一般世俗人完全相同的，當他有緣親遇眞修實證的大善知識，聽聞正確的解脫道法理，而大善知識正在解說五蘊的內容，以及五蘊的苦、集、滅、道時，是具足聽聞而且有了確實理解，以此爲基礎，當他後來在閑暇安靜的處所，不受他人打擾的情況下，詳細思惟五蘊的內容及五蘊的苦、集、滅、道；思惟通達以後，我見必定會斷滅，三縛結也就跟著斷除，了知解脫的原理了！他當時就已經成爲初果人了！但因爲緣不具足，不能繼續追隨大善知識而聞受解脫道中更深妙的法義，不能聞受見道後修道的妙理，所以他證悟二乘菩提以後，終其一生都不能再依照善知識教導的修行法門，所以不再修行，不能繼續進修二果、三果的行門，所以這一世中只能成爲初果人，永遠無法成爲二果人。他這一世中，既無法成爲二果人，捨壽後必定生於欲界天中；在無善知識教導的情況下，必須歷經七次的人天往返之後，才能成爲阿羅漢而取無餘涅槃。

問：如何是見道時只是單純的見道，只能發起見地，進入初果中；即使一世努力修行以後，也不可能成爲二、三、四果人？ 答：因爲他往世修行以來時劫很短，善根不很具足，所以當他有緣得遇大善知識，由大善知識極力幫助而證悟二乘菩提，得斷我見而成就見道功德，發起見地了；但是因爲善根（信、進、念、定、慧等五根）的欠缺，使他一世追隨大善知識而努力修行以後，捨壽時仍然只是初果人，連二果的薄貪瞋癡都無法做到：仍然貪愛五欲、仍然瞋心很重、仍然有許多解脫道中應知的法義而無法了知。或者是信根、念根、定根、慧根都已經具足了，只是欠缺精進根，不太想要斷除欲界五欲的貪愛，卻又想要取證阿羅漢果，這種人， 佛陀會指示他：你只要將欲界愛—特別是指男女欲的細滑觸貪愛—努力斷除了，就可以取證四果而成爲阿羅漢。假使他能下定決心精進確實的斷除極重的欲界貪愛，就可以次第進修而實證阿羅漢；但是必須先有大善知識攝受及開示如何斷除之法，並且極力進修以後，才能獲得成果。

問：如何是見道同時成爲俱解脫阿羅漢？ **答**：因爲他在遇見解脫道正法之前，在外道法或佛門中，曾經跟隨外道或佛門凡夫大師修學過四禪八定，已經具足證得四禪與四空定了！當時也以爲自己已是阿羅漢了，以爲自己已經親證無餘涅槃了，因爲佛門中的凡夫大師已經這樣爲他印證了！但是後來因爲遇見解脫道的眞正證果者（不論這位證果者是初果人或阿羅漢），知道他的禪定修證具足以後，爲他說明這只是世間禪定的修證，與解脫道的涅槃修證無關，不是實證涅槃。當他聽聞之後，有智有慧加以抉擇，在善知識要求他公開懺悔大妄語業時，願意公開懺悔；所以就在他公開懺悔以後，善知識便爲他解說五蘊的內容，爲他解說五蘊的苦、集、滅、道；當他聽聞之後，對一一蘊的內容及一一蘊的四聖諦都能憑著四禪、四空定的證量，當場現觀，所以當時就斷盡我見與三縛結，就憑著四禪八定的證量，立時斷除五蘊的我執，在聞法完畢之時，當場就有能力取證滅盡定，也有能力當場入無餘涅槃，成爲俱解脫阿羅漢。在他尚未斷我見之前，即使具足四禪八定了，仍然只是外道或是佛門中的凡夫罷了！這就是見道同時成爲俱解脫的大阿羅漢，也可以**方便說**是先修道、後見道。

問：如何是見道同時成爲慧解脫阿羅漢？　**答**：這是因爲他在聽聞正法而見道前，已經證得初禪或二禪了；以前也曾經聽聞佛門大師解說解脫道的法理，但因爲他所追隨的佛門大師其實是未斷我見的，總是將離念靈知意識心說是常住而不斷滅的涅槃心，他跟著修行而自以爲已證有餘涅槃了。後來聽到有大善知識在教授眞正的解脫道，也聽說大善知識破斥他所證的涅槃，說明仍是未斷我見的識陰境界；於是起心動念想要去聽聞，想要判斷大善知識所說是否有道理？或者是由於想要前去破斥大善知識的法義，藉以解救大善知識，他誤以為大善知識的法義是錯誤的。當他面見大善知識時，由於善根的具足，在與善知識反復辨正的過程中，了知自己的所證其實不正確，於是當場公開懺悔；因此就在大善知識的開示下，斷除我見同時就斷除有漏與無明漏而證得慧解脫果了！這是因為他已先證初禪而現在聽聞正法，懂得解脫道的基本原理，所以把以前誤以為已斷的我見，當場滅除了！也把以前誤以為已斷的我執，藉由聞法的緣故滅除無明漏及無色界的有漏，所以在見道當時就成為慧解脫者了！

問：如何是見道同時成為三果阿那含？ **答**：這是因為他在修證解脫道之前，隨同外道或佛門中誤會解脫道的大師們修證禪定，以修定作為聲聞解脫道的禪觀，所以他見道之前就已經證得初禪了！由於初禪的離生喜樂定的實證，他已遠離欲界生了！所以當他遇到大善知識之前，由於沒有大妄語業，大善知識幫助他斷除我見時，他由於已離欲界生的緣故，就會在斷我見、斷三縛結時，成為三果人，不會再來受生於欲界天中或人間，將來捨壽後，隨其見道後的修行不同，就會成為中般涅槃或上流色界天中取證無餘涅槃。這就是見道同時成爲三果阿那含。

問：如何是見道同時成爲二果斯陀含？　**答**：他在見道之前，已經努力在修除欲界五欲的貪愛，以及色界中必有的瞋心；只是一直都無法確實斷除五欲的愛貪及瞋心，所以斷不了五蓋，初禪就無法發起。他在這種極力想要遠離欲愛及瞋行的情況下，遇到大善知識開示五陰的一一陰內容，並且爲他開示每一陰的苦、集、滅、道，所以當場斷除我見，由於這樣的善根因緣，在斷我見、斷三縛結時就成爲二果人：薄貪瞋癡。假使他不再努力修行，只是隨分而修，捨壽後將會往生欲界天中，在欲界天中報盡捨壽時，下生人間修行，盡此人間一世而成爲阿羅漢，然後在捨壽時取現般涅槃。

問：如何是見道後不努力修道，所以終其一生都只是初果人？　**答**：這是由於往世曾與大善知識結善法緣，因緣所致而獲得大善知識的開示，斷除了我見、成爲初果人。但也因爲往世不曾精勤修集福德、不曾精勤修習布施行的緣故，導致他見道後沒有能力繼續修道，仍須投入世間法中努力謀生，才能使自己與家人獲得生活上基本的溫飽，所以他這一世中都無法努力修道，終其一生都只能是初果人。

問：如何是見道後努力修道，然而終生精進修行的結果卻只能原地踏步，都不能成爲二果人？ **答**：這是因爲他的性障深重，貪瞋癡心一向都很深重；但由於往世曾與大善知識結過善法緣，此世緣熟，得以親遇大善知識爲他開示五蘊的一一相，爲他開示一一蘊的苦、集、滅、道正理；他卻因爲性障深重的緣故，不能當場信受與現觀；後來雖然獨處於閑靜處而努力思惟與觀察，確認五蘊的每一蘊都是因緣假合而成，斷除了我見與三縛結；他在見道之後，確認了了每一蘊都無法遠離苦與集，但是深心之中仍然不樂於五蘊的滅除，所以意識層面是在努力修習滅除五蘊的種種法義，可是深心中對五蘊的滅除之道其實都是無所用心的；由此緣故，他在性障深重、貪著極強的情況下，一世之中雖然努力精進修行，卻仍然無法達成薄貪瞋癡的二果證量。

問：如何是見道後努力修道，終其一生卻只能證得二果？ **答**：其因有二。一者，見道後努力修道，但因爲性障深重，無法斷除欲界愛，所以終其一生只能進入薄貪瞋癡的薄地境界，永遠保持二果的證量。二者，見道後沒有繼續跟隨大善知識，對於修道中所應聽聞的正法沒有多聞熏習，以致對於見道後所應進修的斷除五蓋之法沒有了知，也不能精進修行，又不知道見道後想要取證三果時必須發起初禪才能取證三果的原理，又對於發起初禪必須先遠離五蓋的道理，都無所知，所以見道後一世精進修道，都無法取證三果或四果，永遠停留在初果或二果境界中。

問：如何是見道後不須努力修道，單憑聞法思惟，就能取證三果乃至四果？

答：他在見道之前，早已用心在修除各種貪愛了！但由於沒有因緣得遇大善知識，所以努力修行一世，都是以定爲禪；也因此緣故而證得初禪，遠離欲界生，成就離生喜樂定，所以在親遇大善知識而聞正法得以見道之後，五下分結立時斷盡，當時就成爲三果人，將來捨壽時將會成爲中般涅槃或生般涅槃者；他又因爲見道而入三果之後，一再的深入思惟**有漏**及**無明漏**的內涵，終於確認色界及無色界中的一切意識心都是識陰所攝的無常法，所以有漏及無明漏就滅除了，我執便確實斷盡；由此緣故，他就證得慧解脫果，成爲慧解脫的阿羅漢。

問：如何是見道後努力修道，捨壽前成爲慧解脫阿羅漢？ **答**：他在見道之前，沒有修除五蓋的緣故，所以尚未遠離欲界生，未能發起初禪；但是他在見道之前，曾多世修集福德的緣故，此世在見道之後已經不需爲家庭生活而汲汲營謀，有時間努力修道；所以繼續追隨大善知識聞法修道，因此懂得努力修除五蓋，以求遠離欲界貪愛，所以成爲二果人。隨後又努力修證定力，在未到地定成熟後，由於已修除五蓋的緣故而發起了初禪，進入三果功德正受中，五下分結已經斷除；深入觀行以後，也能斷盡五下分結。他在三果的最高位中，仍然繼續努力精進修道，設法斷除五上分結；終於在親近大善知識聞熏更深入的五蘊四聖諦或因緣法的情況下，了知五上分結的內容而努力斷除，乃至五上分結中最難斷除的我慢，也斷除了！這時對於色界有、無色界有都沒有貪愛了，也對識陰中最微細而極難斷除的三界最微細意識心—意識極細心—都沒有貪愛了，並且對於已經捨棄最細識陰、最細意識的捨心，也都滅除了，這就是**有漏**與**無明漏**的斷盡，他便因此而成爲慧解脫的阿羅漢。

問：如何是見道後努力修道，捨壽前成爲俱解脫阿羅漢？ **答：**當他見道後，諮詢過大善知識的意見，了知慧解脫是可以速疾修成的，所以依照上一項方法與次第，努力修證慧解脫的行門，先成爲慧解脫者以後，自知自證梵行已修、所作已辦、不受後有了，再藉一生中剩餘的時間，進修第二禪，三、四禪、四空定，然後取證滅盡定，就成爲俱解脫的大阿羅漢。

問：如何是見道後努力修道，乃至成爲三明六通大阿羅漢？ **答：**當他成爲俱解脫的大阿羅漢以後，隨時都可以取證無餘涅槃了！若這一世還有剩餘的光陰，就利用這些時間進修五神通及三明（天眼明、宿命明、漏盡明），把五神通修成以後，再加以精練，能夠前瞻未來八萬大劫的事情，成就天眼明；也能返觀過去八萬大劫的事情，成就宿命明；並且將解脫道的所有細節都一一深入觀察而無遺漏，成就漏盡明；這時他就成爲三明六通的大阿羅漢。

問：如何是先修道然後見道，但是見道之前其實是沒有修道的？　**答**：若有人一直都在外道法中以定爲禪，或是追隨佛門中的表相大師（假設那位表相大師確實有四禪八定的具足修證），以定爲禪的結果，錯把禪定的修證當作是聲聞禪的禪觀智慧境界，終於一世精進修行以後，成爲非想非非想定的實證者。如是之人，往往誤以爲這樣就是實證涅槃了！後來遇到大善知識，不論這位大善知識是初果人或四果人，爲他開示我見的內容，令他當場斷除我見時，他就可以立即成爲俱解脫的阿羅漢。當他已成爲俱解脫的大阿羅漢時，他以前所修的四禪八定降伏我見、我執的過程，就可以**追認**爲修道；而他的見道是在修證四禪八定以後，所以說他是先修道、後見道的人。

但是他若修成四禪八定以後，一世都沒有遇到大善知識開示我見的內容；

或是他曾遇到大善知識，但是心中絕無信受之意，所以不樂前往請益，更不樂聽聞大善知識宣說解脫道的正法，自以爲已經實證阿羅漢果了！則他以前所修的四禪八定的過程，都不可以說是修道；必須在後來確實見道時，才可追溯以前四禪八定的修證是修道，否則都不許說是修道。像這樣子先證四禪八定之後，再藉大善知識的因緣而斷我見，頓成俱解脫的大阿羅漢，就是先修道而後見道的人，但其實他在見道前的修道都不能算是修道，只能在後來確實見道以後才可以**追認**爲先修道。

這是跟隨表相大師修證四禪八定，而且已經滿足四禪八定的人，才有可能發生的情況。可惜的是現在連這種能教導弟子修證四禪八定的表相大師，都已經不復見了！這是由於現在的表相大師們，自身連初禪都未曾實證的緣故；而他們無法確實修證禪定的原因，大多是由於誤信藏密的「佛教禪定」修法，錯將雙身法樂空雙運的欲界最深重的貪愛境界，誤認作是佛教的禪定，所以越修就越遠離初禪的境界，根本就不可能發起初禪而遠離欲界生，何況能實證二禪遠離五塵的等至境界？實證初禪的最重要修行，就是遠離欲界五欲的貪愛；而障礙初禪證境最嚴重的欲界法相，則是對於男女欲的細滑觸貪著。不幸的是，藏密雙身法正是在在處處都要引人淪墜於欲界男女欲的最粗重貪愛中，而今天的佛門大師們，卻總是有多數人暗中淪墜於藏密的邪思之中，至今仍然無力自拔，所以都是連初禪也不可能發起的，所以至今不曾聽聞他們在演法時或在書中演述自身初禪的證境及發起過程；乃至連發起初禪必須心中確實斷除男女欲的原理也都不懂，這只能說是當今佛門四眾學人的悲哀了！願您在讀過此書以後，可以確實遠離邪知邪見，依照正確的解脫道正理，步步邁向解脫三界生死的涅槃實證境界。

本節中，將三果人的心解脫與四果人的慧解脫道理，確實爲您講解過了，並且施設見道與修道次第及內容的種種差異性，讓您在了知心解脫與慧解脫的基礎上，對於解脫道可以很詳細而明確的了知，應該對您的解脫道修證，會有極大的助益；若能再配合平實的結緣書《識蘊眞義》的說明，您想要在這一世中取證三果，並不困難；至少也應該可以取證初果的見地而親斷我見及三縛結，那麼您這一世也就沒有白來，沒有白白辛苦這一趟生死了！

第三節　解脫是如，涅槃非斷滅空

在四阿含諸經中所說的解脫，絕對不是藏密外道（印順學派）的應成派中觀所說一**切法空**的斷滅空，不是印順所說的斷滅性的蘊處界斷滅後的**滅相眞如**—空無所有的斷滅空。阿含道中所說的解脫是「法不離**如**，法不異**如**，審諦、**眞實**、不顚倒」的，是在滅盡蘊處界以後，仍有一法眞實存在而沒有苦，不是空無，並且是不離如、不異如，有眞實法獨存而非斷滅空。這樣的涅槃，才是**眞實**的二乘解脫。有經文爲證：

【如是我聞　一時佛住王舍城迦蘭陀竹園。爾時世尊告諸比丘：「我今當說**因緣法**及**緣生法**。云何爲因緣法？謂此有故彼有，謂緣無明行，緣行識，乃至如是、如是純大苦聚集。云何緣生法？謂無明、行。若佛出世、若未出世，此**法**常住，**法住**法界；彼如來自所覺知，成等正覺，爲人演說，開示顯發，謂緣無明有行，乃至緣生有老死。若佛出世，若未出世，此**法**常住，**法住**法界；彼如來自覺知，成等正覺，爲人演說，開示顯發，謂緣生故有老病死憂悲惱苦。此等諸法，法住、法空、法如、法爾；**法不離如**，**法不異如**，審諦、**真實**，不顛倒。如是隨順緣起，是名緣生法；謂無明、行、識、名色、六入處、觸、受、愛、取、有、生、老病死憂悲惱苦，是名緣生法。」】（《雜阿含經》卷十二第 296 經）

語譯如下：【如是我聞　一時佛陀住在王舍城的竹林精舍。當時世尊告訴諸比丘說：「我如今應當為你們宣說**因緣法**及**緣生法**。如何是**因緣法**？是說『此有故彼有』，就是說：緣於無明而有六識的心行，緣於往世六識的心行而有此世的六識，像這樣十二有支都是依前一法為因緣，乃至緣於生而有老病死等純屬大苦的聚集。如何是**緣生法**？是說因為本識中存有無明種子的緣故，所以有識陰六識的心行不斷的出生（無明與行即是因緣所生之法）。不論是有佛出世、或者無佛出世，這種**因緣法**和**緣生法**都是常住於三界中的，這二種因緣法、緣生法是常住於三界內的所有法界中；那個法是一切如來自己所覺知出來的，因此而成為正等正覺者，出世為人演說，打開這個法義內容而示現給世人，並且顯示及發揚出來，就是緣於無明而有識陰六識的心行，緣於往世識陰六識的心行熏習中而引起此世的識陰六識出生，如是前支為後支的**緣因**，乃至緣於生而有老病死等痛苦。不論是有佛出世，或者無佛出世，那個**因緣法**與**緣生法**都是常住於三界中，那二法都是常住於三界一切法界中的；那二種法是一切如來自己都能覺知的，因此而成爲正等正覺，爲別人演說，打開、示現而光顯的發揚出來，是說緣於生的緣故而有老病死憂悲惱苦等。我說的這個因緣法與緣生法等十二有支的種種法，其背後並不是斷滅空，這個法是**常住**、這個法是**空無形色**、這個法是於一切法中都**如**、這個法是本來就這樣而不是被創造出來的；這個眞實法**不離於如**，這個眞實法**不異於如**，是可以詳細思惟觀察而且可以實證的，是**眞實**而不是斷滅空無，也是法界中的事實而不是顚倒想。像這樣子隨順於緣起法而出生的一切現象，就稱爲**因緣所生的法**；這就是說無明、行、識、名色、六入處、觸、受、愛、取、有、生、老病死憂悲惱苦等十二有支，就是我所說的**緣生法**。」

由這段經文中的說法指出：十二因緣法中的一一有支，都因爲是入胎識隨順**因緣法**而出生的，所以都是**緣生法**；出生**緣生法**的**緣因**就是**因緣法**，藉因緣法而被入胎識出生的十二有支就是緣生法。十二有支都各以前面一支爲**緣因**：先有此支爲緣因，才會有彼支的出生，前支爲後支的因緣；也就是此一支存有的緣故所以彼一支會出生，這種**此有故彼有**的**道理**就是**因緣法**。但因緣法不是斷滅法：不是滅除了生老病死以後成爲斷滅空，不是將識陰六識都滅盡而成爲斷滅空；是滅盡蘊處界一切法以後仍有一**法**存在，此法離生老病死等無常苦，所以因緣法是**如**，所以**法不離如**、**法不異如**；因爲**如**是依本識離生老病死苦而說的，**如**正是在顯示**本住法**離無常苦的涅槃性，所以緣生法、緣起法、因緣法，全都不能離開此**如**；若入胎識不名爲**如**，**因緣法**就成爲戲論而非眞實法，也不是可以**審**細簡別而證明爲眞實的**諦**了。若滅盡五陰、十八界及觸、受、愛等心所法以後，成爲藏密外道應成派中觀師印順所講的斷滅空——一切法空——那就不是**如**了。必定是有一個不與苦、樂、憂、喜、捨受相應，而且是離生老病死等無常痛苦的**本住心**獨存，不生起六塵而不再有苦樂等受了，才可能是**如**。

佛特別說這二法**不異如**，表示因緣法及緣生法背後必定存有遠離六塵而不與苦樂受相應的**如如不動心**—本識如來藏，此經的巴利文本 佛陀甚至有禪宗的機鋒出現：「**汝等且看！**」更分明顯示因緣法背後的本識心如來藏。而且**緣生法**十二有支，都是從這個如如不動的**本住心**中出生而且附屬於祂，才能說這些與無常苦相應的十二有支緣生法是**不異如**，所以**因緣法**與**緣生法**都是**依如而有**，當然不可能是**無因唯緣**而有的，因此 佛才會說「**法不離如**，**法不異如**，**審諦**、**真實**，**不顛倒**」。這在二十一世紀的今天仍然可以實證，不是空嘴薄舌胡亂說籠罩人，除非您遇到假名大師而被錯誤說法籠罩了。十二有支緣生法，都是從**如**出生的；若離於如，就沒有十二有支的出生與存在，這樣才能說是**審諦**、**不顚倒**，所以滅盡因緣法而沒有蘊處界自我存在時，如如不動的**本住識**仍然繼續獨存不滅，並不是斷滅空，是**眞實**而非虛無。所以十二有支的因緣法，只能上推到無明爲止；所以十因緣法只能上推到能出生名色六識的本住識爲止，無明是依附於意識而存在，意識則是依附於五色根、意根而存在，六根及意識則依附於被稱爲**如**的**本住識**而存在，離於如—本識，就沒有無明的存在。

只有**常住心**才可能獨存而離生老病死、無常苦，才能說是如；無明只是**衆生心**對於解脫道的無知、對法界實相本識的無知，是依**衆生心**的**無知**而施設的，當然必須依於**心**而存在；而眾生熟知的六識心則是依**如**—本識—而存在著，所以無明當然是依**如**而存在的，而解脫就從**如**所生的蘊處界的虛妄來實證。所以無明不可能依於無法而存在，也不可能依於名言施設的虛空而存在。十二有支的名與色，也都是與心相應的法，都不可能獨自存在於本識之外；特別是十二有支的六入、觸、受、愛、取等法，都是心所法，當然不可能外於心體而存在。而這些心所法向上推溯時，終究只能推溯到六識心的無明；心的無明更不可能獨存於心外，當然是由意識心的無知而施設無明。保有無明的心是意識覺知心，意識則必須依存於如如不動的本識才能存在，所以說無明其實仍是依附於如如不動的本識心而存在的。所以 佛陀說祂在成佛時先觀因緣法，隨後再明心，又在夜後分火星明亮的出現時，得以眼見佛性而成佛。而 佛陀所觀的因緣法有二種，是十因緣法與十二因緣法，是二種因緣法並觀而不可分離的；並且是先作十因緣觀，先確定名色是由一個本識中出生的，這個本識是入胎識，當然是第八識如來藏，由於名中的意根與識陰六識已經有七個識了，出生名等七識心的當然是第八識入胎識——阿含部經典中說的本識。

由於確定本有一個入胎識的存在，才能入住母胎而出生了五色根及識陰六識，加上原已出生的意根而有了名等七識，才具足名與色等五蘊法，然後才會有六入、觸、受、愛、取、有、生、老病死憂悲苦惱。先確定了十因緣法的本識存在事實以後，再依十二因緣法來推究：入胎識為什麼會世世不斷的出生了名與色？都是因為出生了名色才會導致生死的痛苦，所以一定要推究名與色會從本識中出生的原因。推究的結果，原因是往世不斷的有識陰六識等身口諸行的熏習，愛樂五塵及法塵中的調戲，是故身口意行不斷，由此導致捨報時不願意使自己滅失，所以會去入胎而使來世的名色又繼續不斷的出生；名色出生了，當然就一定又有識陰六識了，那就一定會再有六入等，當然不免會有種種痛苦。想要斷絕世世識陰的不斷出生，就得停止一切行；然而行的出現原因是什麼？推究的結果是因為無明的緣故，才會使得身口意行不能斷除，就會引生來世的名色而又重新受苦。假使有智慧，知道五陰都是虛妄的緣生法，知道識陰的存在本身就是苦，也知道識陰即使無苦而住於捨受中，也仍然不離行苦、壞苦；深入了知五蘊的虛妄而不再執著五陰時，無明就滅了，捨壽後入胎識就不再由於無明而繼續出生來世的名與色，就不會再有生死流轉的痛苦了！

所以十二因緣法要依十因緣法而存在，十因緣法則是以入胎識為根源；而入胎識，卻是無始以來就不與六塵及貪瞋癡相應，祂所含藏的無明種子都是只與七識心相應，而祂自己卻是如如不動其心的，所以說祂是**如**；而且祂是本住法，不是有生法、所生法，故名無生；祂不像意識永遠是世世被生的**緣生法**，所以祂是本來就自己存在著的，不必依靠他法而出生或存在，所以說祂是**如**。十因緣及十二因緣都依祂而有、而生、而顯，所以因緣法、緣生法、緣起法都是依祂而有，不可離於入胎識而互為因緣、而緣生、而緣起、而存在，所以 佛說因緣法、緣生法、緣起法都**不離如**。又因爲因緣支本來就附屬於如如不動的入胎識，都是這個本識所含攝的法，所以 佛又說**不異如**。這個因緣法與緣生法都是**不離如**、**不異如**，所以無餘涅槃不會成爲斷滅法，所以**如**是**眞實**法。而**如**與因緣法、緣生法也都是可以現觀而證實其正確性的，所以才說是**審諦**；又因這二個法都依眞實心**入胎識**—**如**—而存有，所以無明不是無因而起，所以因緣法與緣生法全部滅除後仍不是斷滅境界，而是仍有**如**—**本識**—獨存，不是斷滅，所以說是**眞實**，這也是可以現觀而證實其完全正確的。眾生若想要修學因緣法而出離生死苦，憑藉**入胎識**—**如**—來現觀因緣法時，是可以證明其眞實與正確的，這就是因緣法與緣生法的智慧，故說因緣法與緣生法是**不顚倒**的。

善見、善覺、善入**世間集**與**世間滅**的人，才能成就**不生法**；成就不生法的人，才是眞實取證解脫的人：【「多聞聖弟子，於此**因緣法**、**緣生法**正知善見，不求前際，言『我過去世若有、若無，我過去世何等類？我過去世何如？』不求後際：『我於當來世爲有、爲無？云何類？何如？』內不猶豫：『此是何等？云何有此？爲前誰終？當云何之？此眾生從何來？於此沒，當何之？』若沙門、婆羅門起**凡俗見**所繫，謂說**我見**所繫，說**眾生見**所繫，說**壽命見**所繫、**忌**

諱吉慶見所繫，爾時悉斷悉知；斷其根本，如截多羅樹頭。於未來世，成**不生法**。是名多聞聖弟子於**因緣法**、**緣生法**，如實正知，善見善覺，善修善入。」佛說此經已，諸比丘聞佛所說，歡喜奉行。】（《雜阿含經》卷十二第 296 經）

於《雜阿含經》卷十二第 297 經的《大空經》中亦如是說：【如是我聞　一時佛住拘留搜、調牛聚落。爾時世尊告諸比丘：「我當爲汝等說法，初、中、後善，善義善味，純一清淨，梵行清白，所謂大空法經。諦聽！善思！當爲汝說。云何爲大空法經？所謂此有故彼有，此起故彼起；謂緣無明行，緣行識，乃至純大苦聚集。緣生老死者，若有問言：『彼誰老死？老死屬誰？』彼則答言：『我即老死，今老死屬我，老死是我所。』言『命即是身』；或言『命異身異』，此則一義而說有種種。若見言『命即是身』，彼梵行者所無有。若復見言『命異身異』，梵行者所無有。於此二邊，心所不隨，正向中道；賢聖出世，如實不顛倒正見，謂緣生老死。如是，生、有、取、愛、受、觸、六入處、名色、識、行，緣無明故有行。　若復問言：『誰是行？行屬誰？』彼則答言：『行則是我，行是我所。』彼如是，命即是身。　或言『命異身異』，彼見命即是身者，梵行者無有。或言『命異身異』者，梵行者亦無有，離此二邊，正向中道。賢聖出世，如實，不顛倒，正見所知，所謂緣無明行。　諸比丘！若無明，離欲而生明，彼『誰老死、老死**屬誰**』者，老死則斷，則**知斷其根本**，如截多羅樹頭，於未來世成**不生法**。若比丘無明，離欲而生明，『彼誰生？**生屬誰**？』乃至『誰是行？**行屬誰**』者，行則斷。則知斷其根本，如截多羅樹頭，於未來世成**不生法**。若比丘無明，離欲而生明；彼無明滅則行滅，乃至純大苦聚滅，是名大空法經。」佛說此經已，諸比丘聞佛所說，歡喜奉行。】

以上經文的意思是說，想要親證因緣觀的人，必須瞭解無明的本質，才能滅掉無明；無明滅則六識心行滅，六識心行滅則本識不再入胎而無來世名色，則無來世的識陰六識等法，則滅生老病死苦。所以，了知五蘊、六入、十二處、十八界法的虛妄性是很重要的，不論是修學大乘菩薩道或修學阿含解脫道，都是如此。特別是修學阿含道的學佛人，對五蘊的一一蘊內容，一一蘊的苦，一一蘊的苦集，一一蘊的苦滅，一一蘊滅盡的狀況，一一蘊的滅盡之道，若都能確實了知，就是滅了無明；無明滅了，就不會再去入胎，就不會再有生死的流轉而滅掉了一切生死苦，這就是明白**世間集**與**世間滅**的聖者，世間是指五蘊。

若不能從五陰的苦集滅道來作現觀，斷不了我見與我執，也可以從**十因緣**

與十二**因緣**來作互相配合的現觀，也能了知苦的來源正是五陰，五陰的存在則是因爲本識所生的意識心有無明，知此就能滅除無明；由此了知而實證**五陰世間**的**集**與**滅**，成爲**慧解脫**者，離開生死苦。在滅除我見與我執時，必須先了知：五蘊、十八界法自我全部滅除而無遺餘以後並不是斷滅空，仍有涅槃的本際存在；滅除六根、六塵、六識自我以後，獨餘涅槃的本際—入胎識—單獨存在，不是斷滅空，故無斷滅的恐怖，才有可能確實斷除我見及我執。若從五陰的四聖諦來現觀以後，仍無法斷除我見與我執，可以改行因緣觀，來斷我見與我執。但因緣法的現觀卻不可捨棄十因緣法而直接觀行十二因緣法，否則將會與藏密印順派的應成派中觀一樣，無法在深心中確實斷除我見，更不可能斷除我執。

以上經文教導的現前觀察：老死是以什麼緣爲因而從何處生起的？若五陰是除了以生爲緣因而有老死，而沒有**根本因**本住法—入胎識，那麼五陰的出生及有生之後的老死，就都會成爲**無因**、**唯緣**而有的了，那就墮於外道**無因論**中了！那麼業果的報應與一切有漏、無漏法的熏習，都將唐捐其功而使修行成爲毫無意義的了！但是明明看見世間因果報應昭昭不爽，明明看見有漏及無漏法的熏習是確實有其結果的，而修行因與解脫果之間也確實有因果關係存在的，當然是有根本因、也有緣因，才能使生死流轉成立的。所以在這一段經文中開示了正理：生屬誰？行屬誰？識陰屬誰？名色屬誰？也就是追尋五陰屬誰的意思。這就顯示一個道理：萬法都不是**唯緣**而**無因**生起的，都是要**因**與**緣**具足才有可能生起及滅失的，所以 佛說：有**因**有**緣**世間集，有**因**有**緣**世間滅。

蘊處界會有生住異滅的緣因是無明，而無明依附於名色六識存在，名色六識卻是從本識如來藏中出生的；了知這個事實，就了知無明滅除而使自己死後不再入胎出生蘊處界，這時已了知蘊處界等萬法的前際就是本識，了知蘊處界五陰世間都是有本識因、有無明緣而集，有因有緣而成就生死苦，就願意主動滅除蘊界處中的一切自我，剩下如如不動的**根本因**如來藏獨存，未來世不再有蘊處界出生，使本識成爲**不生法**。既是本識不生蘊處界而存在，當知不是斷滅空，由這個能出生蘊處界的法存在而不再出生蘊處界了，才能說是**成就不生之法**；若只是滅盡蘊處界而沒有一法獨存不滅，只是空無，即是斷滅空，那就與佛所說「**滅盡蘊處界以後的涅槃是真實**」的聖教相違，就同於斷見外道了。佛陀既說是「成不生法」，由此可以證實：涅槃中不是斷滅空，是眞實，而解脫是如，是常住。於無餘涅槃中，無六塵而離六塵的喧鬧，無六識而離六識的分別，無六識而離六識的了知，無萬法的存在而離萬法的取受，無任何境界而離一切境界相，獨留本識不知亦不見，究竟寂滅而如如不動其心，證得解脫果的阿羅漢們都這樣知、這樣見的。

如何是斷除**世間集**？應當先知**世間滅**。已如實知世間滅者，即能頓斷或漸斷世間集，則於此世或來生成就不生法，亦可於當生親證心解脫，不復再生於人間。云何知**世間滅**？當斷六識身、六觸身、六受身、六想身、六思身：【如是我聞　一時佛住王舍城迦蘭陀竹園，爾時世尊告諸比丘：「此身非汝所有，亦非餘人所有，謂六觸入處。本修行願，受得此身，云何爲六？眼觸入處，耳、鼻、舌、身、意觸入處。彼多聞聖弟子於諸緣起，善正思惟觀察：有此六識身、六觸身、六受身、六想身、六思身，所謂此有故，有當來生、老、病、死、憂、悲、惱苦，如是如是純大苦聚集，是名**有因有緣世間集**。謂此無故，六識身無；六觸身、六受身、六想身、六思身無；謂此無故，無有當來生、老、病、死、憂、悲、惱苦，如是如是純大苦聚滅。若多聞聖弟子於**世間集**、**世間滅**如實正知，善見、善覺、善入，是名聖弟子招此善法、得此善法、知此善法、入此善法，覺知、覺見世間生滅，成就賢聖出離、實寂，正盡苦，究竟苦邊。所以者何？謂多聞聖弟子，**世間集**、**滅**，如實知，善見、善覺、善入故。」佛說此經已，諸比丘聞佛所說，歡喜奉行。】（《雜阿含經》卷十二第 295 經）

這經文中所說的世間，指的是五陰世間、十八界世間。五陰世間的集，就是眾生流轉六道的緣因；不但眾生如此，今時的佛門大師們也是如此，都因爲世間集而不能取證聲聞初果，更別說是取證大乘般若實相智慧了！這是因爲不能如實瞭解六識身乃至六思身的緣故；世間集的意思，就是對於五陰世間或多或少的誤會而加以執著，認爲是不應該滅除的，因此就會世世受生而輪迴不絕，痛苦也就無量。所以，六識身、六觸身、六受身、六想身、六思身的內容，務必要了知，才能滅除世間集，邁向世間滅，解脫果才有可能成就。

但這是指滅除五陰世間，不是要求吾人斷滅入胎識；入胎識是一切眾生的本識，具足金剛性，無一法可以滅除祂，也不應該滅除祂。假使有法可以滅除祂，就表示一定還有另一法是能出生本識的法，使祂成爲有生之法，才可能有法能滅除祂；然而 佛說名色由祂而出生，一切法則是由名色配合本識而輾轉出生，所以祂是萬法的根源； 世尊也說萬法都是到這個本識爲止，此識之前無有一法可知可證，當然祂是萬法的根本，不可能有法能滅除祂。只要滅除了五陰世間，就是成就解脫道中的不生法，不須滅除入胎識；因爲入胎識不含攝在五陰世間中，不須要滅除，而三界內外也沒有任何一法可以滅除入胎識。縱使有一法能滅除入胎識（實際上是不可能的），則將會使涅槃成爲斷滅空，與藏密外道的應成派中觀斷滅空完全相同，同於印順的邪見一般；這也將使佛法中的有餘涅槃、無餘涅槃、解脫道的定義，都必須全面改變；接著是大乘般若的空性義、空相義，以及成佛之道的內涵，都必須全面改變其定義及行門與內容了。所以，若有人想要進一步滅除入胎識，就成爲大妄想了！而且法界確實沒有任何一法可以滅除入胎識—本識，所以修學解脫道的學人與大師們，只要確實滅除我見與我執，就可以成爲慧解脫或俱解脫者，使得捨壽時可以不再出生五陰世間，就進入無餘涅槃中了！因此說，無餘涅槃中不是斷滅空，**解脫是如**。

如何是六識身？六識是指六根、六塵相觸而生的六識，都攝歸識陰。在四阿含諸經中，對於識陰的定義是很明確的：根與塵相觸而生的識，都屬於識陰，所以識陰的定義就是眼等六識。識陰等六識都各有其功用，所以名爲六識身；譬如眼根觸色塵而生的眼識，具有見色的功能，就名爲眼識身；耳鼻舌身乃至意根觸法塵而生的意識覺知心，具有了知諸法的功能，名爲意識。這六識都是所生法，由根與塵二法的和合觸而出生；六識的功能就是六識所擁有的**我所**，也就是六識的自性，就稱為六識身。若不能了知六識的自性，誤以為六識的自性就是佛性，就成為自性見外道，譬如元音上師、徐恆志上師、惟覺法師、黃明堯、劉東亮等人，都屬於自性見外道，常常主張六識的自性就是佛性，墜入自性見中，都不知道能見乃至能覺能知之性都屬於六識的功能，名為執著六識我所的未斷我見者。又如執著意識的人，及認定意識常住而不生滅的人，都是常見外道；這種人更多，正是藏密應成派的佛護、月稱、安惠、阿底峽、宗喀巴、歷代達賴、印順、證嚴、星雲、聖嚴、昭慧、性廣等人，以及自續派的清辨，都是主張意識心常住不壞的常見者，都是公然支持常見外道法的破法者。

如何是六觸身、六受身、六想身、六思身？《阿毘達磨集異門足論》卷十五說：【「六觸身者，云何為六？答：一、眼觸身，二、耳觸身，三、鼻觸身，四、舌觸身，五、身觸身，六、意觸身。云何眼觸身？答：眼及諸色為緣，生眼識，三和合故觸。此中，眼為增上，色為所緣；於眼所識色諸觸，等觸、等觸性，已觸、當觸，是名眼觸身。耳、鼻、舌、身、意觸身，隨所應，當廣說。

六受身者，云何為六？答：一、眼觸所生受身，二、耳觸所生受身，三、鼻觸所生受身，四、舌觸所生受身，五、身觸所生受身，六、意觸所生受身。云何眼觸所生受身？答：眼及諸色爲緣，生眼識，三和合故觸，觸爲緣故受。此中，眼爲增上，色爲所緣，眼觸爲因，眼觸等起；眼觸種類、眼觸所生，眼觸所起作意相應，於眼所識色，諸受等受，別受、已受、當受，是名眼觸所生受身。耳、鼻、舌、身、意觸所生受身，隨所應，當廣說。

六想身者，云何爲六？答：一、眼觸所生想身，二、耳觸所生想身，三、鼻觸所生想身，四、舌觸所生想身，五、身觸所生想身，六、意觸所生想身。云何眼觸所生想身？答：眼及諸色爲緣，生眼識，三和合故觸，觸爲緣故想。此中，眼爲增上，色爲所緣，眼觸爲因，眼觸等起；眼觸種類、眼觸所生，眼觸所起作意相應，於眼所識色，諸想等想，現前等想，已想、當想，是名眼觸所生想身。耳、鼻、舌、身、意觸所生想身，隨所應，當廣說。

六思身者，云何爲六？答：一、眼觸所生思身，二、耳觸所生思身，三、鼻觸所生思身，四、舌觸所生思身，五、身觸所生思身，六、意觸所生思身。云何眼觸所生思身？答：眼及諸色爲緣，生眼識，三和合故觸，觸爲緣故思。此中，眼爲增上，色爲所緣；眼觸爲因，眼觸等起；眼觸種類、眼觸所生、眼觸所起作意相應，於眼所識色，諸思、等思，現前等思，已思、當思，作心意業，是名眼觸所生思身。耳、鼻、舌、身、意觸所生思身，隨所應，當廣說。」】

以上論文所說，文意易解，所以不作解釋，讀者自行思惟，然後現前觀察之，可以漸次滅除六觸身、六受身、六想身、六思身。六思身若確實滅除了，我執就跟著滅除了；我執滅已，就是親證解脫而不墮於斷滅空中；因爲**解脫是如：不離如、不異如**，而且是**眞實法**，不是一切法空的斷滅空。請您讀到此處以後，再重新閱讀本節開宗明義所說的因緣法與緣生法「**不離如，不異如，審諦、眞實，不顛倒**」的聖教，加以前後比對，更能增生解脫道的智慧。如是依於佛語而信受**蘊處界滅盡以後是如**的緣故，就可以確實斷除我見、我執，成就解脫果，不必像菩薩一樣辛苦的參禪來親證涅槃本際的如，假使您是修解脫道而不是修菩薩道。因爲法住法位，本來如是，滅掉五陰、十八界以後，從來就不是印順承襲自藏密外道所說的**一切法空、滅相不滅的滅相「眞如」**，也不是藏密中觀師印順所說的**留存意識細心常住不滅**而成爲常見外道，而是獨有入胎識——本識如來藏——不知不見而獨存的本住境界：本來自性清淨涅槃的本識自住境界。所以 佛說因緣法與緣生法都**不離如、不異如**，審諦、**眞實**、不顛倒。

第四節　出離生死是佛對聲聞人的最後遺教

出離三界分段生死，乃至證佛地的究竟涅槃，方是 佛世尊最後的遺教：

【於是如來即便說偈：諸行無常，是生滅法；生滅滅已，寂滅為樂。爾時如來說此偈已，告諸比丘：「汝等當知，一切諸行皆悉無常。我今雖是金剛之體，亦復不免無常所遷。生死之中極為可畏，汝等宜應勤行精進，速求離此生死火坑，此則是我最後教也。」】（長阿含部《大般涅槃經》卷下）

出離生死的無餘涅槃境界中，是**寂滅**的，是**無生滅**的，是**離諸行**的，當然不可能有意識覺知心繼續存在，否則就是仍有意識與意根的心行繼續存在了，那麼無餘涅槃就應該仍有行苦了。這個道理，是一切修學南傳佛法阿含解脫道的大師與學人們都應該特別留心的地方。這首偈是 世尊入滅之前，由二乘聖人親聞而記錄下來的，總括二乘出離生死的法義於其中，可以避免二乘行人再墮入我見、三界境界中，於今應當加以說明，因為這是 佛陀對二乘聖人的**最後遺教**，可見這四句金言的重要性。

諸行無常，是生滅法：這是特別為常見外道而說的，也是特別為仍然無力超出我見的外道或凡夫佛弟子說的，譬如藏密外道四大派；又譬如承襲藏密黃教應成派中觀而不離常見與斷見的印順派法師與學人，因爲意識細心繼續存在之時就有心行存在，就是行苦，所以意識的一切粗心、細心都不可能成爲涅槃心。未斷我見的人，往往錯將意識心認作常住不壞心，同於常見外道；或將意識境界認作是聖境，以爲將來進入無餘涅槃時，是以意識覺知心的粗心、細心、極細心入住無餘涅槃境界中。卻都不知道無餘涅槃中是沒有任何心行的，是身行滅盡、口行滅盡、意行滅盡的。意識存在而無念時，這離念靈知本身就是識行——意識的心行。即使入住非想非非想定中的覺知心意識，十年、百年不起一念；或是往生非想非非想天中，八萬大劫中離念湛然、不起一念，仍然是意識心行的境界，仍然不離行苦，捨壽時到，就會有壞苦出現。如是意識心行，縱使不中夭而滿足八萬大劫，仍然不離行苦；因爲仍然有種子流注、刹那刹那生滅不斷，當然不離行苦；而且八萬大劫之後仍然不免壞滅，不離壞苦，也將再度淪墜三惡道中，繼續生起更粗糙的身行、口行、意行。

一切行都是無常的，凡是有行的法都是生滅法，意識覺知心正是如此；不幸的是，現代海峽兩岸的大法師、大居士，及南傳佛法的大師們，都不能自外於此，同樣墜入諸行之中——特別是意識的心行。然而 佛說「諸行無常，是生滅法」，阿羅漢尚且要滅盡身行的息、脈，尚且要滅盡口行覺觀，要滅盡意行——不使意識再度出現，何況更勝妙於二乘菩提的大乘證悟之法，焉能反墮於二乘所斷的諸行之中？這是一切修學北傳佛法大乘菩提的禪宗大師與學人們，都應該特別注意的地方；若不知這個眞理，大乘禪宗的證悟根本就不可得，一定會墮入意識常見法中故。

生滅滅已，寂滅爲樂：「生滅滅已」，凡是生滅之法，都應該滅除；這是二乘菩提解脫道的修行者，都應該一體認同的。假使修學解脫道以後所證的涅槃，是生滅法的意識覺知心可以安住的境界，那就不是已經滅除意行、口行的涅槃寂滅境界了，也不是已經滅盡生滅法意識的眞實解脫道了！ 世尊曾說入涅槃時必須滅盡五陰的一一陰，滅盡十八界的一一界，因爲五陰、十八界法都是生滅法；既是生滅法，都應該滅盡，才是眞正的寂滅。若是仍有五陰中的識陰，或是識陰中的意識仍然存在，就一定會有六塵或法塵繼續存在，那就不是絕對的寂靜與滅盡；那也必定尚未滅盡生滅法，必定仍是有行的無常境界，不可說是諸行已滅的無行境界，也不可說是「生滅滅已」的解脫境界。當生滅法的五陰、十八界都全部滅盡了以後，已無蘊處界我存在了；特別是眾生最執著的意識自我，全都滅盡了，眞實無我了，那時既無覺知心，也沒有色陰、六塵或法塵，永離能覺與所覺，永離十八界法，眞實寂滅，這才是無餘涅槃的境界「相」，這時是完全沒有任何一絲一毫法相存在的。

南傳佛法解脫道的阿含行者，應該如此建立正確知見：阿羅漢所證的無餘涅槃，正是滅盡自我的，正是完全寂滅而無六塵的，連一塵都不復存在了；而無餘涅槃中的本識是離六塵、離見聞覺知的絕對寂滅。當阿羅漢證實自己確能進入這個境界而無絲毫恐懼時，他就能公開的說：「**所作已辦，梵行已立，解脫，解脫知見知如眞，不受後有。**」然而這卻是今時南、北傳佛法中所謂的阿羅漢們都同樣恐懼的境界相，因爲這裡面是完全沒有自我的，而他們都想要把意識自我保存著，誤以爲覺知心在捨壽後可以進入一念不生的境界中，誤以爲就是無餘涅槃境界；其實都是妄想，都是未斷我見的凡夫。因爲這樣的「涅槃」是仍有生滅法的意識存在的，不是生滅滅已；也因爲這樣的「涅槃」中仍然是有定境法塵存在的，不是眞實寂滅境界，不能實證寂滅；更因爲這樣的「涅槃」仍有意識心行存在，不是諸行滅已。然而 佛說的卻是滅盡十八界，是滅盡六識與六塵而無絲毫留存的，覺知心是永滅而不再現起的，是寂靜、滅盡、無行的。所以，諸阿羅漢們都知道入涅槃時，是要滅盡十八界法的，那時無我亦無塵，眞實寂滅、眞實無我；所有的阿羅漢們在世時，都同樣是以這種寂滅的親證，作爲究竟離生死之樂，所以 佛說「寂滅爲樂」。

這種寂滅之樂其實沒有世俗快樂可說，但是相對於無量生死的痛苦而言，這卻是快樂的，而且是最究竟的快樂；所以應以如此的完全寂滅，作爲親證解脫的快樂果報；然而在無餘涅槃之中，其實卻是完全離苦、離樂、離捨受的。假使涅槃之中是有覺有知的，那個涅槃就一定不會是快樂的，因爲必定會與六塵相應；與六塵相應的緣故，就必然難免六塵中的樂與苦，也必然無法免除行苦與壞苦，所以涅槃之中必須是永寂而無知無覺的，必然是不許意識與六塵存在的。這樣的涅槃，當然是已經滅除一切生滅法的；所謂的生滅法，當然是指緣生法的名色：五色根、意根、識陰六識及心所法、色陰中的五塵與法塵。這些緣生法都已經滅除了以後，當然是究竟的寂滅，這樣究竟的寂滅當然已經沒有了一切生滅法，這才是常而不變的離生、離苦、離死的解脫道究竟境界，而且是如、眞實，所以說：「生滅滅已，寂滅爲樂。」這樣的涅槃，才是符合 佛陀聖教的二乘菩提究竟義，也才是阿羅漢們的解脫證境。若是妄想以覺知心一念不生而入住無餘涅槃中，那就不是生滅滅已的境界，也不會是寂滅的境界，當然不符合**寂滅爲樂**的聖教。

阿含道的修行所得，是二乘菩提的果德；但二乘極果則是無餘涅槃之取證，是故斷除我執及我所執（註），能出離三界分段生死苦，方是 佛世尊對二乘人之最後教誡。若於大乘法中則不然，菩薩應依大乘的本來自性清淨涅槃，來發起二乘解脫道的無餘涅槃之取證能力；但是取得斷盡我執之無執著心境以後，卻須生起大悲心，故意再出生一分思惑而保留之；或是在進入初地的入地心時已有了三果中般涅槃的取證能力時，發願世世在三界利樂無量有情，積集無量福德，故意保留一分思惑而不斷除，以潤未來世生，繼續受生於人間；並且繼續斷盡所知障所攝的**眾生與阿羅漢心不相應**的一切上煩惱，也斷盡阿羅漢們所不能斷的習氣煩惱種子隨眠，前後歷經三大阿僧祇劫之後，功行圓滿時方始成佛。成佛之後示入無餘涅槃而不畢竟住於無餘涅槃中，成就無住處涅槃，盡未來際繼續利樂有情而永不入滅，常住三界中利樂一切眾生。此即是 佛對大乘賢聖之教誡，迴異二乘受教之後必入無餘界的教誡。（註：我所，非但五陰所有的世間財與眷屬、名聲是我所，乃至識陰自我所擁有的各種**心所有法**—六識的自性—也是屬於我所，是識陰的我所。識陰的我所即是能見之性乃至能覺能知之性。）

雖然大乘與二乘法義有別，大乘菩薩行者必須親證法界萬法的根源，探究法界的實相—第八識如來藏。但是，不論二乘行者或大乘行者，都應以尋求滅除我見作爲入門之資；這是由於二乘菩提的見道，能斷除我見，使人走向正確的大、小乘修行道路。假使斷不了我見，而想要斷除我執，成爲阿羅漢，那是永無可能成功的；假使斷不了我見，縱使有大善知識幫助，在短時間內就證得第八識如來藏，也將會退失大乘菩提的見道功德，返墮離念靈知意識境界，重新將意識心妄行建立爲更高於如來藏的勝妙法，其實是返墮我見之中，但都不能自知。若因此緣故而謗眞正的本識——阿賴耶識心體，誣謗爲生滅法；不唯我見再生而返墮凡夫之中，其實也成就了誹謗最勝妙法的地獄重罪。由此緣故，說一切學佛人都應先確實的斷除我見，才能不退於二乘及大乘菩提，並且得以日日增上，早獲果證。

是故，面對五陰無常的眞相，加以實事求是的觀察，斷除我見，進入見道位而發起見地，了知此後在解脫道中的修道要略，才是南傳佛法的大師與學人們最重要的事情，也是首要之務。但是求斷我見的人，最重要的還是要依止於眞善知識的教導。這可以有二種依止：眞善知識親自教導，以及從他所著作的正法書籍中接受教導。這是因爲經典中的法義解說極爲簡略，又因文字障的緣故，今時人已經普遍難以讀懂古時經文中的言句了，所以應當以眞善知識所教導的正確法義作爲眞實依止，可以使人免去未悟謂悟的大妄語業，也可以促使自己早日親證三乘菩提，進入見道位乃至修道位中。若依止於假名善知識，一生唐捐其功，還是小事；若是隨同假名善知識誹謗正法及賢聖，其罪彌天，未來無量世中受苦慘痛而不可忍，卻無可避免的必須親自領受；除了這個痛苦以外，未來報盡而離開三惡道以後的「多百劫」中，道業也將是多所遮障而難以前進的，這是一切末法時代學佛人都應該特別注意的地方。

第五節　滅知覺者方是實取解脫

這一節所說法義的前提是：此節所說解脫的義理，是指二乘聖者所證的解脫，不是大乘聖者所證的不可思議解脫。二乘聖者所證的解脫，是不必親證就可以思議的，假使有眞正善知識加以明確解說的話；就如同今時平實將二乘涅槃的道理詳細說明後，令佛教界大師與學人同得深入理解而了知，不必親證思惑斷除的境界；從此開始，不再像以前研讀印順著作時，如同印順一般對無餘涅槃只能臆想而知，總是摸不清楚涅槃究竟是什麼境界，如今算是略能思議了。但是大乘聖者所證的解脫，卻是無法被思議的，只有親證本識如來藏的人，才能了知其智慧與境界相；所以平實雖然從各方面解說了極多，超過了古時眞悟祖師的解說數量，卻仍然難使大師與學人們眞的懂得**眾生本來涅槃**的道理。

這意思是說，二乘聖者所證的解脫，是滅盡五陰的一一陰，是滅盡十八界的一一界；只要明白了五陰及十八界的所有內容，對於二乘涅槃就可以思惟而知了，除非對於五陰十八界的內容有所不明或漏失不知。但是大乘聖者所證的涅槃，卻是連阿羅漢們都無法知悉的**本來自性清淨涅槃**，是所證得的**第八識如**

來藏本來就涅槃，不是修行以後才成就涅槃的。阿羅漢們所證的涅槃，是修行佛法而斷除我見與我執以後，方才出現的涅槃；菩薩們所證得的**本來自性清淨涅槃**，卻是在修行之前就已經存在著、已經涅槃了，開悟之時只是證實這個事實罷了！悟後轉依這個法界事實的現觀境界，生起般若及種智，就解脫於生死的恐懼，因此始能世世不離胎昧而受生於人間，繼續利樂眾生而無恐懼。一切菩薩悟後發覺眾生本來就已經涅槃了，生生世世都將如此，所以就勸導眾生不必恐懼胎昧，冀望眾生都能發願世世再來人間自度度他；這種涅槃的智慧，是法界中的實相，是一切三明六通的不迴心大阿羅漢們所無法臆測的智慧；無法實證這個智慧，正是定性聲聞發不起大悲心而不能世世住世利樂眾生的原因。

但是，時至今日，連粗淺的二乘涅槃，都已經被號稱佛法導師的聲聞佛法崇尚者印順法師所誤會了，何況是一般大法師、大居士遠不及印順的世智辯聰與窮研經典，又焉能了知而無謬誤？所以實取解脫的知見—解脫知見知如眞—的道理，也就顯得非常重要了！因此，在這裡有必要再次說明無餘涅槃中的無境界境界：**滅盡知覺永不再生者，方是無餘涅槃**。有阿含部的經文爲證：

【尊者舍梨子復問曰：「賢者大拘絺羅！頗更有事，因此事，比丘成就見，得正見，於法得不壞淨，入正法耶？」答曰：「有也！尊者舍梨子！謂有比丘知覺如眞，知覺習、知覺滅、知覺滅道如眞。云何知覺如眞？謂有三覺：樂覺、苦覺、不苦不樂覺，是謂知覺如眞。云何知覺習如眞？謂因更樂便有覺，是謂知覺習如眞。云何知覺滅如眞？謂**更樂滅，覺便滅，是謂知覺滅如真**。云何知覺滅道如眞？謂八支聖道，正見乃至正定爲八，是謂知覺滅道如眞。尊者舍梨子！若有比丘如是知覺如眞，知覺習、知覺滅、知覺滅道如眞者，是謂比丘成就見，得正見；於法得不壞淨，入正法中。」尊者舍梨子聞已，歎曰：「善哉！善哉！賢者大拘絺羅！」尊者舍梨子歎已，歡喜奉行。】（《中阿含經》卷七《大拘絺羅經》）

由此經文，證明今時海峽兩岸的中國禪宗大師們，都悟錯大乘菩提了！也證明南傳佛法數百年來的「阿羅漢、阿那含」們，都錯會解脫與涅槃境界了！都沈墜於我見及心所法的我所中，尚未出離。因爲他們都不斷的保持覺知，也教導學人們繼續保持覺知，求住於一念不生而不昏沈的境界中，想要時時保持覺醒而不昏沈；他們總是將制心一處的無念境界，誤以爲是無餘涅槃境界，墜落於意識心的法塵知覺境界中。然而解脫道的修證並非如此：想要取證眞實解脫而入無餘涅槃者，一定要滅盡知與覺的。也就是說，必須滅盡識陰六識，令永不起。不斷我見的凡夫們，即使是進入無想定而生無想天中，壽不中夭，五百大劫中意識不生起，都不起一念，也仍然不是無餘涅槃；無想天的壽命終了，仍須下墜欲界而繼續輪迴，都不是識陰永滅的涅槃境界，何況是在欲界中短短的百年無念？縱使在人間從初始出生之時就立即入於定中，一念不生直到百年，仍然是識陰意識境界，都與無餘涅槃的實證不相干，何況南、北傳大師們所說一時半刻或一日清明而一念不生，焉能說是無餘涅槃的實證？誤會大了！

當他們連可知的二乘涅槃都如此嚴重誤會了，對於大乘菩薩們所證的本來自性清淨涅槃的不可思議解脫境界，又怎能有絲毫正確的理解呢？所以平實必須建立這一節的內容，將涅槃中的境界相加以說明。不論何人，假使所證的解脫，仍然還有苦、樂、捨（離苦樂受而一念不生）的覺知，那就是不離受陰的境界相，未斷受陰。他必須切實再做觀行，把三受、五受的集與滅，都思惟觀行清楚，並且要把受陰滅盡，遠離有覺有知的境界。那就得熏習正確的滅除覺觀的方法了，這就是要切實的否定覺觀、靈知心，必須先現觀意識心的虛妄性：意識是緣生法，依意根與法塵爲緣才能從入胎識中生起，不能久住，不離一念不生的定境法塵，故不能入住無餘涅槃中。必須修此正見，依正志而切實執行徹底，方能遠離覺觀之心常住不壞的邪見，才能成爲慧解脫的阿羅漢。若不能建立遠離六塵覺觀的正見，莫說是四果解脫，下至初果的見地都不可能發起。所以，想要親證解脫、取證無餘涅槃者，都必須瞭解：實取解脫就是滅除五陰、十八界全部，那是完全沒有覺觀，沒有覺知心與意根存在的絕對寂滅境界。

滅盡知覺者，方是親證解脫者，另有別的經典如是說：【我聞如是 一時佛遊舍衛國，在勝林給孤獨園。爾時，諸比丘於中食後，少（少：通稍字義）有所爲，集坐講堂。於是眾多異學，中後仿佯，往詣諸比丘所，共相問訊，却坐一面，語諸比丘：「諸賢！沙門瞿曇施設知斷欲，施設知斷色，施設知斷覺。諸賢！我等亦施設知斷欲，施設知斷色，施設知斷覺。沙門瞿曇及我等此二知二斷，爲有何勝、有何差別？」於是諸比丘聞彼眾多異學所說，不是亦不非，默然起去；並作是念：「如此所說，我等當從世尊得知。」便詣佛所，稽首作禮，却坐一面，謂與眾多異學所可共論，盡向佛說。彼時世尊告諸比丘：「汝等即時應如是問眾多異學：『諸賢！云何欲味？云何欲患？云何欲出要？云何色味？云何色患？云何色出要？云何覺味？云何覺患？云何覺出要？』諸比丘！若汝等作如是問者，彼等聞已，便更互相難說外餘事，瞋諍轉增，必從座起，默然而退。所以者何？我不見此世、天及魔、梵、沙門、梵志、一切餘眾，能知此義而發遣者，唯有如來。如來弟子或從此聞。」……「云何覺味？比丘者，離欲、離惡不善之法，至得第四禪成就遊；彼於爾時不念自害，亦不念害他。若不念害者，是謂覺樂味，所以者何？不念害者，成就是樂，是謂覺味。云何覺患？覺者是無常法、苦法、滅法，是謂覺患。云何覺出要？若斷除覺，捨離於覺，滅覺、覺盡，度覺出要，是謂覺出要。若有沙門、梵志，覺味、覺患、覺出要不知如眞者，彼終不能自斷其覺，況復能斷於他覺耶？若有沙門、梵志，覺味、覺患、覺出要知如眞者，彼既自能除，亦能斷他覺。」佛說如是，彼諸比丘聞佛所說，歡喜奉行。（《中阿含經》卷二十五〈因品〉《苦陰經》）

語譯如下：【我親自聽聞到這樣的佛法　一時佛陀遊行到舍衛國，在殊勝林木的給孤獨園中。當時，許多比丘於中午齋食以後，稍微有一些事情要做，所以集合共坐於講堂中。於是有很多的外道異學，中午齋食以後裝作是漫步的樣子，前往面見眾位比丘的處所，與諸比丘互相問訊以後，就坐在比丘們旁邊，告訴諸比丘說：「諸位賢德！你們的師父瞿曇，施設了應知斷欲貪，施設了應知斷色貪，施設了應知斷覺受。諸位賢德！我們也同樣的施設了斷欲貪，施設了應知斷色貪，施設了應知斷覺受。沙門瞿曇和我們這二種共同施設的知與斷，究竟有什麼殊勝、有什麼差別？」於是諸比丘聽聞眾多外道異學所說以後，不加以肯定，也不加以否定，只是默然起身離去；心裡並且這樣子想：「外道異學這樣的說法，我們應當從世尊那裡去了知。」就前去面見世尊，稽首作禮以後，坐到世尊的旁邊，將他們與眾多異學所曾共同議論的內容，全部都向佛陀述說。當時世尊告訴諸比丘：「你們當時應該像這樣子請問眾多外道異學：『諸位賢德！如何是貪欲的韻味？如何是貪欲的過患？如何是貪欲出離的法要？如何是色陰的韻味？如何是色陰的過患？如何是色陰出離的法要？如何是覺受的韻味？如何是覺受的過患？如何是覺受出離的法要？』諸位比丘！假使你們像這樣子反問，他們聽聞以後，便會大家互相質難而講說這個法義以外的其餘種種事，他們心中的瞋恚與諍勝心就會變得更強大，但因爲無法與你們議論，必定會從座位上起身，爲了避免瞋諍的心行顯露出來，就會默然無語而離去。爲何這樣說呢？我不曾看見這世間一切人、天人及天魔、梵行者、修行的出家人、修行的在家人、一切其餘的眾生，能知道這個義理而發遣別人的，只有如來。如來弟子則有可能從這個義理中聽聞到勝法。」……「如何是覺受的韻味？所說『比丘』二字的意思，是離開貪欲及過惡不善的一切法，終於到達證得第四禪的境界，常常遊樂於第四禪中；他們於那時不會想到要自殺，亦不會想要接受其他阿羅漢的委託而殘害他（註：自害謂四果比丘自殺。害他謂四果比丘協助其餘四果人自殺，或被某四果人授意而加以殺害）。如果不會想要自殺的話，那就是說他們已經覺受到禪定的快樂韻味，為什麼呢？不想要自殺的時候，成就了第四禪的快樂，就是我所說的覺受的韻味。如何是覺受的過失災患？覺受之法是無常的法、行苦與壞苦的法、有生也有滅的法，這就是我說覺受的過失與災患。如何是覺受的出離法要？若是斷除了覺受，捨離了覺受，滅除了覺受、覺受的貪愛已經滅盡了，就是已經度過了覺受、出離覺受的法要，這就是說明覺受出離的法要。若是有沙門、梵志，對於覺受的韻味、覺受的過患、覺受出離的法要，不能現前了知，而是錯誤了知的話，他們終究不能自己斷除對於覺受的貪愛，何況又能夠幫助別人斷除覺受的貪呢？如果有沙門、梵志，對於覺味、覺患、覺出要知如眞的話，他們既能自己除掉對於覺受的貪愛，當然也能幫助他人斷除覺受的貪愛。」佛說的法義就像是這樣，那些比丘們聽聞佛陀所說的法義，都歡喜的奉行。】

所以，想要親證二乘菩提解脫之道，想要親證涅槃無苦無樂的離生死、離痛苦境界，當然必須滅除能知能見與一切覺觀，才能進入無餘涅槃；但是凡夫的覺觀必然無法滅除，因爲意識仍然存在，一定會有覺與觀、會有知與見存在；由於意識心不可能離開六塵覺觀而單獨存在，所以必須滅除意識，使祂永遠不再生起，才有可能永遠滅除覺觀而實證無餘涅槃，所以永遠滅除意識就成爲實證無餘涅槃的必要行爲。若想要滅盡我執而滅除意識心，但是卻一再執著意識心的我所——能覺能知之性，就無法滅除意識心，不可避免的會使意識覺知心再度生起現行，覺觀將會一直存在，不能證涅槃；所以滅除意識心的我執及心所法的我所執，是實證無餘涅槃的絕對條件。只有確實滅除了意識心的自我執著以後，才有可能在捨報時願意永滅而不再入胎生起，才能實證無餘涅槃。

但是阿羅漢們五陰住世未滅之前，則是不貪愛覺觀及意識自己，也不貪愛意識心的我所——了了分明的能知之性；在捨壽入涅槃之前，只是保持在觸知的階段，不會隨著生起貪愛、瞋恚等心行。也不可以使自己產生對於自我的覺知，否則就墜入我慢相中，成爲對自己有所執著的極微細我執，這也是阿羅漢們捨壽前都保持著的意識心相。由此緣故，阿羅漢們沿街托缽時，總是眼看前方大約六、七尺之處，不張望身外一切色塵，刻意保持覺知心住於觸知的階段中，不作意於受陰及想陰之中，避免對外塵有更多的了知（知亦是想陰）。乃至受施之時，也不對布施者直觀其面，這都是為了要繼續保持在觸知的階段，不作意於更多五塵相，所以這樣住心。這就是捨壽前儘量少與覺觀相應的行門。

但這個行門，是在斷除了我執與我所執的前提下來安住的，不是在未斷我見、未斷我執之前應該修行的法門。假使有人認取了了常知的意識心為常住心，卻援用這樣的行門而安住其心，時時保持清醒而說為解脫道的正修行，那就是捨本逐末，趣向常見外道境界了；如此教導眾生要常常保持清醒，不可昏沈，就與解脫道的正修完全無關了！所以說，若要像阿羅漢們這樣的安住，前提是必須先斷我見、先斷我執與我所執，先切實了知**無餘涅槃是滅盡五陰十八界、是滅盡自我所有的一切心所法**，然後才可以這樣子安住其心。在未斷除我見與我執及我所執之前，這樣子修行是永遠無法取證初果解脫的，只是在浪費自己及弟子們的道糧而已，於解脫道的修行終究無所助益。

為何說六塵中的**覺**即是受陰？有經為證，佛云：【彼云何名為痛陰？所謂苦痛、樂痛、不苦不樂痛，是謂名為痛陰。】世尊又云：【云何名為痛？所謂痛者，痛者名覺。爲覺何物？覺苦、覺樂、覺不苦不樂，故名爲覺也。】（《增一阿含經》卷二十八）這就是開示我們：凡是有所覺知與領受，都是受陰的範圍。不論是苦受覺知、樂受覺知、不苦不樂受覺知，都屬於受陰所攝。如同前面所說的口行：覺觀亦是口行。既有覺觀，就不可避免的會生起口行：心中引發自言自語的妄想。既有覺觀，就不可避免的會生起意行：心中生起對於六塵的了知。既有覺觀，所以會引生身行。這樣一來就違背了涅槃寂靜的法印，就與「生滅滅已，寂滅爲樂」的寂滅不能契符了！所以說，想要實取無餘涅槃解脫的人，都必須建立正知正見：應該滅除覺觀。而覺觀其實是識陰六識的心所法。

爲何平實獨排眾議而說六塵中之「知」即是想陰？有阿含部經文爲證：【云何名爲想？所謂想者，**想亦是知**：知青、黃、白、黑，知苦、樂，故名爲知。】（《增一阿含經》卷二十八）由是緣故，於四禪等至位中息脈俱斷之後，進而滅除意識而成爲無知之時，即名爲**無想定**；謂已無意識覺知心存在而失去了知與覺的緣故！所以**無想定**又名**無知定**。以是緣故，於無所有處定中，只剩下了知心時，由於我見未斷、恐怕成爲斷滅，所以不願滅掉意識心自己而想要滅卻知與覺時，就成爲不返觀、不對自己加以了知的境界相，而在自己仍然存在時卻自以爲是已經滅掉知覺的境界，誤以爲這裡面的境界就是無餘涅槃的寂靜境界，但其實是覺知性仍然存在而不生起返觀自己的心行，成爲證自證分不生起的狀態，成爲非想非非想定了。

於此境界中，因爲不知道自己的知覺仍然存在，其實只是不返觀自己的存在而已，卻誤以爲自己的知覺已不存在了，所以名爲非想（非知）的境界，但其實仍然有覺知心存在而不返觀自己的知覺仍然存在，誤認爲已經無知，所以又名非非想（非非知），就合併成爲非想非非想定（意思是：非知非非知定）。由此可知：想即是知！此時若能斷除我見，就能在無所有處定中進一步滅除覺知心的自己，就成爲見道時已經同時完成修道的俱解脫聖者，當時即可從第四禪或無所有處定、非想非非想定中隨入滅盡定。所以，俱解脫聖者與外道非想非非想定的凡夫，二者之間的差別，只在有無斷除我見而已。於非想非非想定位的凡夫，只需聽聞意識心虛妄的正理，當他現前理解到意識心是緣生法的原理，並且理解到無餘涅槃中必須滅盡十八界法的道理時，就可以斷除我見，我執便同時一併斷除了，當時就可以成爲俱解脫者，亦可立即取證無餘涅槃。

由此緣故，說知與覺——知覺性——識陰的心所法，正是識陰的我所，當知皆是想陰所攝的有爲生滅法。故說離念靈知——無語言文字的知覺性——即是識陰所出生之想陰所攝，屬於識陰六識或意識的心所法，顯現了識陰運行過程中的行陰，那麼識陰的自身又是什麼呢？云何是識陰？謂前六識，有經文 佛語爲證：【彼云何名爲識陰？所謂眼、耳、鼻、口、身、意，此名識陰。】（《增一阿含經》卷二十八）所以，識陰的定義就是：在六根上面運作的六個識。六識以外的識，在阿含道的法義中都不應該列入識陰內。

識的意思是說具有能識別的功能，這也可以使我們容易定義識陰的意義。這也有 佛語聖教爲證：【云何名爲識？所謂識：識別是非，亦識諸味，此名爲識也。】（《增一阿含經》卷二十八）由此證明凡是能識別六塵的心，都屬於識陰所攝。譬如面對六塵而無語言文字時，仍然可以了了分明；了了分明時就是已經識別完成了，不因爲沒有語言文字而可以說是沒有分別。譬如鳥獸魚蝦都無語言，在接觸六塵時卻已識別完成了，以如是識別性而使牠們的生活正常運作；所以說，離念靈知、了了分明而無語言文字時，仍然是識陰所攝，已經識別六塵故。

云何識陰？謂三法和合所生法；若不是三法和合所生法，就不可以列入識陰之中。有聖教爲證：【世尊歎曰：「善哉！善哉！諸比丘！汝等知我如是說法。

所以者何？我亦如是說：識（六識）因緣故起。我說識因緣故起，識有緣則生，無緣則滅。識隨所緣生，即彼緣，說緣眼、色生識；生識已，說眼識。如是，耳、鼻、舌、身，**意、法生識，生識已，說意識**。猶若如火，隨所緣生；即彼緣，說緣木生火，說木火也！緣草糞聚火，說草糞聚火。如是，識隨所緣生，即彼緣，說緣眼色生識，生識已，說眼識；如是，耳、鼻、舌、身，**緣意、法生識，生識已，說意識**。」】（《中阿含經》卷五十四）

語譯如下：【世尊讚歎說：「善哉！善哉！諸位比丘！你們大家都知道我是像這樣子說法的。爲什麼這樣說呢？因爲我也是像這樣子說：識陰中的所有識都是因與緣和合的緣故而生起的。我說識陰的六識都是因緣和合的緣故而生起，所以識陰的識是有緣則生，無緣則滅的。識陰隨著各自所緣而出生，隨著祂們的所緣而說緣於眼根及色塵出生了識；出生了識以後，就依所緣的眼根而說是眼識。就像這樣子，耳、鼻、舌、身根，乃至意根與法塵相觸爲緣而出生了識，出生了識以後，就因爲這個**第六識所緣的根是意而立名爲意識**。猶如種種不同的火，隨其所緣而出生了火；就依火的所緣而立名，說緣於木柴而出生的火，就叫作木火！緣於草糞聚而出生的火，就說是草糞聚火。就像這個道理，識陰中的所有識都是隨其所緣不同的根而出生的，就隨其所緣各不相同的六根，而說緣於眼根與色塵所生的識，出生了這個識以後，就說祂是眼識；同樣的道理，耳、鼻、舌、身根，乃至緣於意根與法塵而出生了識，出生了識以後，就說祂因為緣於意根而立名為意識。」】所以意識是緣生法，並以意根、法塵及意識等三法和合運作而出生了觸；有生則有滅，不可像藏密外道應成派中觀師達賴、印順、星雲、證嚴、聖嚴、昭慧等人一樣主張意識不生滅。因為意識覺知心不論修行到多麼的微細，仍然是意識心。只要意識心繼續存在，就永遠與無餘涅槃無緣，因為意識心存在時一定會有知覺存在，就表示有法塵仍在，就不是絕對寂靜，那當然不可能是無餘涅槃，他們的解脫道修證當然是錯會的。

佛也曾開示云：【所以者何？緣眼、色，眼識生；三事和合緣觸，觸生受，若苦、若樂、不苦不樂。若於此受集、受滅、受味、受患、受離不如實知者，種貪欲身觸、種瞋恚身觸、種戒取身觸、種我見身觸，亦種殖增長諸惡不善法，如是，純大苦集皆從集生。如是耳、鼻、舌、身，**意**、**法緣**，**生意識**，**三事和合觸**。】（《雜阿含經》卷八第 213 經）這段經文聖教中也同樣開示：若有識陰中的任何一識存在時，就一定是已有根、塵、識和合而緣於觸，能觸知六塵中的某一塵或多塵，這就不能實證無餘涅槃、不能實取解脫的果報了。乃至進入非想非非想定中時，仍然是有意識存在的，這是仍然有三界中最微細的極細意識在觸知非非想定中的定境法塵，這是意識的最細心；如是，意識的最細心及定境法塵都仍然存在，怎能說是絕對寂滅的無餘涅槃？這當然是說不通的，所以印順派等藏密應成派中觀師，想要以意識細心安住於無餘涅槃，當然只是凡夫的妄想而已，在阿含解脫道的正法中，都無實義可說。

如同前面所舉證的經文中說：**想陰亦是了知**。所以 佛開示云：【「耳、鼻、舌、身，**意**、**法緣**，**生意識**，三事和合生觸，**觸緣想**，彼**想**是我、異我、相在不？」】（《雜阿含經》卷十一第 276 經）**語譯**如下：【「耳根、鼻根、舌根、身根，**意根與法塵為緣而出生了意識**，意根、法塵、意識三件事和合而出生了意識的觸心所，觸心所緣於了知（想），那個了了能知（想）就是常住的我嗎？那個了了能知（想）不同於常住的我嗎？那個了了能知（想）是與常住的我普遍混合為同一體而相在了嗎？」】所以，當眾生的了了而知的了知性（想）存在之時，就已經是住於十八界中了！這正是三界中法，絕對不符合涅槃寂滅的聖教，怎能想用了了而知的意識心所法（想）來入住無餘涅槃呢？這當然是無法取證解脫果的。

故說離念靈知、了了能知(想)，都只是意識或識陰的心所法，都是識陰的功能，是生滅法；而且不是常而不中斷的知，不能說是常知。這就是說，識陰如 佛所說是能識別是非善惡、苦樂受、六塵韻味、佛法韻味……等的緣故，故名爲識。如是，執著於見聞覺知等六識自性，乃是不能遠離生死苦痛的根本原因，由是緣故 佛云：【**比丘當作是觀**：若聲聞之人厭患於眼、厭患於色、**厭患眼識**，若緣眼生苦樂，亦復厭患。亦厭患於耳，厭於聲，厭於耳識；若依耳識生苦樂者，亦復厭患。鼻、舌、身，**意、法亦復厭患**；若依意生苦樂者，亦復厭患。**已厭患，便解脫**；已解脫，便得解脫之智：生死已盡，梵行已立，所作已辦，更不復受有，如實知之。】(《增壹阿含經》卷十四)

語譯如下：【比丘們應當作這樣的觀行：若是修學聲聞法的人，應當厭患於眼根、厭患於色塵、**厭患於眼識**，若是緣於眼根、眼識而產生的苦與樂，也都一樣的厭患。而且也厭患於耳根，厭患於聲塵，厭患於耳識；若是依耳識而出生的苦、樂，也一樣的厭患。鼻香鼻識、舌味舌識、身觸身識，**意識與法塵也一樣的厭患**；若是依於意識而出生苦與樂，也是一樣的厭患。已經**厭惡六根、六識、六塵與受陰，認爲這六根、六識、六塵是災患的根源而極爲厭惡，便會**

獲得解脫；已經獲得解脫了，便得到解脫之智，知道對六根、六識、六塵的貪愛就是痛苦的根源，就知道自己的生死已經窮盡了，清淨的梵行已經建立了，修學解脫道中所應作的種種事都已經成辦了，再也不會領受後有生死了，並且是如實的知道這些正理。】

如是經文中，世尊教誡比丘們，對於十八界法都要一一厭患而斷除我執、我所執，意欲滅盡十八界法而入無餘涅槃。修學二乘聲聞法解脫道的人，尚且要厭患於十八界，特別是要厭患於意識自己；何況是修學大乘法門，自稱更勝妙於二乘解脫道的大法師印順及諸大禪師們，爲何卻反而不如二乘解脫道的狹淺法？反而墜入二乘聖人厭患求斷的識陰意識心中？全都誤認生滅法的意識心是常住法，或者如同印順一般墮入直覺中，或如諸大禪師墮入離念靈知中。在這種未斷我見、未斷我執及我所執的凡夫邪見事實中，卻自稱是超勝於二乘聖者，豈只是知見大爲顚倒的未悟佛菩提的凡夫？實乃未斷我見之凡夫，遠不及聲聞初果人。這是一切弘揚大乘禪觀的大法師們都應該特別注意的地方。

言歸二乘解脫道：斷我見者，若欲取證解脫果，當修四念處觀。但是佛陀對四念處觀的內容開示，有一些卻是今時南、北傳佛法的大師們，常常有意或無意而忽略過去的內容，只因爲他們無法實證的緣故。今舉經文供養讀者：

【我聞如是　一時佛遊拘樓瘦，在劍磨瑟曇拘樓都邑。爾時世尊告諸比丘：「有一道，淨眾生，度憂畏，滅苦惱，斷啼哭，得正法，謂四念處。若有過去諸如來、無所著、等正覺，悉斷五蓋、心穢、慧羸，立心正住於四念處，修七覺支，得覺無上正盡之覺。若有未來諸如來、無所著、等正覺，悉斷五蓋、心穢、慧羸，立心正住於四念處，修七覺支，得覺無上正盡之覺。我今現在如來、無所著、等正覺，我亦斷五蓋、心穢、慧羸，立心正住於**四念處**，修七覺支，得覺無上正盡之覺。」　「云何爲四？觀身如**身念處**，如是觀**覺**、**心**、**法**，如**法念處**。云何觀身如身念處？比丘者，行則知行，住則知住，坐則知坐，臥則知臥，眠則知眠，寤則知寤，眠寤則知眠寤；如是，比丘觀內身如身，觀外身如身，立念在身，有知有見，有明有達，是謂比丘觀身如身。復次，比丘觀身如身：比丘者，正知出入，善觀分別；屈伸低昂，儀容庠序，善著僧伽梨及諸衣鉢；行住坐臥，眠寤語默皆正知之，如是比丘觀內身如身、觀外身如身，立念在身，有知有見，有明有達，是謂比丘觀身如身。　復次，比丘觀身如身：比丘者，生惡不善念，以善法念、治斷滅止。猶木工師、木工弟子，彼持墨繩，用拼於木，則以利斧斫治令直；如是比丘生惡不善念，以善法念、治斷滅止；如是比丘觀內身如身、觀外身如身，立念在身，有知有見，有明有達，是謂比丘觀身如身。復次，比丘觀身如身：比丘者，齒齒相著，舌逼上齶，以心治心，治斷滅止。猶二力士捉一羸人，處處捉旋，自在打鍛；如是比丘齒齒相著，舌逼上齶，以心治心，治斷滅止，如是比丘觀內身如身，觀外身如身，立念在身，有知有見，有明有達，是謂比丘觀身如身。」

「復次，比丘觀身如身：比丘者，念入息即知念入息，念出息即知念出息；入息長即知入息長，出息長即知出息長；入息短即知入息短，出息短即知出息短；學一切身息入，學一切身息出，學止身行息入，學止口行息出。如是比丘觀內身如身，觀外身如身，立念在身，有知有見，有明有達，是謂比丘觀身如身。 復次比丘觀身如身：比丘者，離生喜樂（得初禪），漬身潤澤，普遍充滿於此身中，離生喜樂無處不遍。猶工浴人，器盛澡豆，水和成摶，水漬潤澤，普遍充滿無處不周；如是比丘離生喜樂，漬身潤澤，普遍充滿於此身中，離生喜樂無處不遍。如是比丘觀內身如身，觀外身如身，立念在身，有知有見，有明見達，是謂比丘觀身如身。 復次比丘觀身如身：比丘者，定生喜樂（得二禪），漬身潤澤，普遍充滿於此身中，定生喜樂無處不遍。猶如山泉，清淨不濁，充滿流溢；四方水來，無緣得入；即彼泉底，水自涌出，流溢於外，漬山潤澤，普遍充滿無處不周；如是比丘定生喜樂，漬身潤澤，普遍充滿於此身中，定生喜樂無處不遍。如是比丘觀內身如身，觀外身如身，立念在身，有知有見，有明有達，是謂比丘觀身如身。　復次比丘觀身如身：比丘者，無喜、生樂（得三禪）漬身潤澤，普遍充滿於此身中，無喜、生樂，無處不遍。猶青蓮華，紅、赤、白蓮，水生水長，在於水底；彼根莖華葉悉漬潤澤，普遍充滿無處不周；如是比丘無喜生樂，漬身潤澤，普遍充滿於此身中，無喜生樂無處不遍。如是比丘觀內身如身，觀外身如身，立念在身，有知有見，有明有達，是謂比丘觀身如身。　復次比丘觀身如身：比丘者，於此身中，以清淨心意解遍滿成就遊（得四禪），於此身中，以清淨心無處不遍。猶有一人被七肘衣或八肘衣，從頭至足於其身體無處不覆；如是比丘於此身中，以清淨心無處不遍。如是比丘觀內身如身，觀外身如身，立念在身，有知有見，有明有達，是謂比丘觀身如身。」

「復次，比丘觀身如身：比丘者，念光明想，善受善持，善憶所念；如前，後亦然；如後，前亦然；如晝，夜亦然；如夜，晝亦然；如下，上亦然；如上，下亦然：如是不顛倒，心無有纏，修光明心，心終不爲闇之所覆。如是比丘觀內身如身，觀外身如身，立念在身，有知有見，有明有達，是謂比丘觀身如身。復次，比丘觀身如身：比丘者，善受觀相，善憶所念。猶如有人坐觀臥人，臥觀坐人；如是比丘善受觀相，善憶所念，如是比丘觀內身如身，觀外身如身，立念在身，有知有見，有明有達，是謂比丘觀身如身。」

「復次，比丘觀身如身：比丘者，此身隨住，隨其好惡，從頭至足觀見種種不淨充滿：『我此身中有髮、髦、爪、齒、粗細薄膚、皮、肉、筋、骨、心、腎、肝、肺、大腸、小腸、脾、胃、摶糞、腦及腦根、淚、汗、涕、唾、膿、血、肪、髓、涎、膽、小便。』猶如器盛若干種子，有目之士悉見分明，謂稻、粟種、蔓菁、芥子；如是比丘此身隨住，隨其好惡，從頭至足觀見種種不淨充滿：『我此身中有髮、髦、爪、齒、粗細薄膚、皮、肉、筋、骨、心、腎、肝、肺、大腸、小腸、脾、胃、摶糞、腦及腦根、淚、汗、涕、唾、膿、血、肪、髓、涎、膽、小便。』如是比丘觀內身如身，觀外身如身，立念在身，有知有見，有明有達，是謂比丘觀身如身。　復次，比丘觀身如身：比丘者，觀身諸界：『我此身中，有地界、水界、火界、風界、空界、識界。』猶如屠兒殺牛，剝皮布地於上，分作六段；如是，比丘觀身諸界：『我此身中有地界、水界、火界、風界、空界、識界。』如是，比丘觀內身如身，觀外身如身，立念在身，有知有見，有明有達，是謂比丘觀身如身。　復次，比丘觀身如身：比丘者觀彼死屍，或一、二日，至六、七日；烏鵄所啄，豺狼所食，火燒埋地，悉腐爛壞。見已自比：『今我此身，亦復如是；俱有此法，終不得離。』如是，比丘觀內身如身，觀外身如身，立念在身，有知有見，有明有達，是謂比丘觀身如身。　復次，比丘觀身如身：比丘者，如本見息道，骸骨青色，爛腐、食半，骨璅在地；見已自比：『今我此身亦復如是，俱有此法，終不得離。』如是比丘觀內身如身，觀外身如身，立念在身，有知有見，有明有達，是謂比丘觀身如身。　復次，比丘觀身如身：比丘者，如本見息道，離皮肉血，唯筋相連，見已自比：『今我此身亦復如是，俱有此法，終不得離。』如是比丘觀內身如身，觀外身如身，立念在身，有知有見，有明有達，是謂比丘觀身如身。　復次，比丘觀身如身：比丘者，如本見息道，骨節解散，散在諸方：足骨、膊骨、髀骨、髖骨、脊骨、肩骨、頸骨、髑髏骨，各在異處。見已自比：『今我此身亦復如是，俱有此法，終不得離。』如是比丘觀內身如身，觀外身如身，立念在身，有知有見，有明有達，是謂比丘觀身如身。　復次，比丘觀身如身：比丘者，如本見息道，骨白如螺，青猶鴿色，赤若血塗，腐壞碎粖，見已自比：『今我此身亦復如是，俱有此法，終不得離。』如是比丘觀內身如身，觀外身如身，立念在身，有知有見，有明有達，是謂比丘觀身如身。若比丘、比丘尼，如是少少觀身如身者，是謂觀身如身念處。」

「云何**觀覺**、**如覺念處**？比丘者，覺樂覺時，便知覺樂覺；覺苦覺時，便知覺苦覺；覺不苦不樂覺時，便知覺不苦不樂覺。覺樂身、苦身、不苦不樂身，樂心、苦心、不苦不樂心，樂食、苦食、不苦不樂食，樂無食、苦無食、不苦不樂無食，樂欲、苦欲、不苦不樂欲，樂無欲覺、苦無欲覺、不苦不樂無欲覺時，便知覺不苦不樂無欲覺；如是比丘觀內覺如覺，觀外覺如覺，立念在覺；有知有見，有明有達，是謂比丘觀覺如覺。若比丘、比丘尼如是少少觀覺如覺者，是謂**觀覺**、**如覺念處**。」

「云何**觀心**、**如心念處**？比丘者，有欲心，知有欲心如眞；無欲心，知無欲心如眞；有恚無恚、有癡無癡、有穢污無穢污、有合有散、有下有高、有小有大、修不修、定不定，有不解脫心，知不解脫心如眞；有解脫心，知解脫心如眞；如是比丘觀內心如心，觀外心如心；立念在心，有知有見，有明有達，是謂比丘觀心如心。若有比丘、比丘尼如是少少觀心如心者，是謂**觀心、如心念處**。」

「云何**觀法**、**如法念處**？眼緣色，生內結；比丘者，內實有結，知內有結如眞；內實無結，知內無結如眞。若未生內結而生者，知如眞；若已生內結滅不復生者，知如眞。如是，耳、鼻、舌、身，**意緣法**，**生內結**，比丘者，內實有結，知內有結如眞；內實無結，知內無結如眞。若未生內結而生者，知如眞；若已生內結，滅不復生者知如眞。如是比丘觀內法如法，觀外法如法，立念在法，有知有見，有明有達，是謂**比丘觀法如法**，謂**內六處**。（註：行者若能依此聖教如實觀行而非不如理作意者，到此時已能現觀意識由意根與法塵爲緣而生，已能現觀意識所觸之六塵皆是內相分，皆是勝義根中所顯現而非扶塵根中所顯現的外相分，如實知已，則斷我見，必能遠離識陰的知覺性我所，證得初果或二果。）復次，比丘觀法如法：比丘者，內實有欲，知有欲如眞；內實無欲，知無欲如眞。若未生欲而生者，知如眞；若已生欲，滅不復生者知如眞。如是，瞋恚、睡眠、調悔，內實有疑，知有疑如眞；內實無疑，知無疑如眞。若未生疑而生者，知如眞；若已生疑，滅不復生者知如眞。如是比丘觀內法如法，觀外法如法，立念在法，有知有見，有明有達，是謂比丘觀法如法，謂五蓋也。　復次，比丘觀法如法：比丘者，內實有念覺支，知有念覺支如眞；內實無念覺支，知無念覺支如眞。若未生念覺支而生者，知如眞；若已生念覺支，便住不忘而不衰退，轉修增廣者知如眞。如是法、精進、喜、息、定，比丘者，內實有捨覺支，知有捨覺支如眞；內實無捨覺支，知無捨覺支如眞；若未生捨覺支而生者，知如眞；若已生捨覺支，便住不忘而不衰退，轉修增廣者知如眞。如是比丘觀內法如法，觀外法如法，立念在法，有知有見，有明有達，是謂比丘觀法如法，謂七覺支。若有比丘、比丘尼，如是少少觀法如法者，是謂觀法如法念處。」（註：行者斷我見已，若能如實觀行而修習，非不如理作意的觀行修習者，到此時已發起初禪而證得**心解脫**，則能遠離欲界生，實證初禪或二、三、四禪，解脫果位當在三果。）

「若有比丘、比丘尼，七年立心正住四念處者，彼必得二果，或現法得究竟智，或有餘得阿那含。置七年、六五四三二一年，若有比丘、比丘尼，七月立心正住四念處者，彼必得二果，或現法得究竟智，或有餘得阿那含。置七月、六五四三二一月，**若有比丘、比丘尼，七日七夜立心正住四念處者，彼必得二**

果，或現法得究竟智，或有餘得阿那含。置七日七夜、六五四三二，置一日一夜，若有比丘、比丘尼，少少須臾頃，立心正住四念處者，彼**朝行如是，暮必得昇進。暮行如是，朝必得昇進。**」佛說如是，彼諸比丘聞佛所說，歡喜奉行。】

（《中阿含經》卷二十四〈因品〉《念處經》）

在前面數章中已細說種種法義以後，您若已多次細讀、詳加思惟及觀行，對於這段經文中的義理，應該已經很清楚的瞭解佛意了，爲節省篇幅故，此處不再加以語譯。但大前提是必須對前面的章節所說法義已有如實的理解及觀行了，所修也是正確的四念處觀，而不是依文解義之後專在表相上而作的不如實的四念處觀。這段經文中的身念處觀，包括不淨觀、白骨觀、初禪至四禪的修行，這卻是大師們很少說明出來的法要。四念處觀，本是南傳佛法中極爲重要的行門，是確實可以因此修得解脫果及發起禪定的好行門；可惜的是如今已經沒有人能在實證之後加以發揚起來，導致學者雖多而無一實證者，乃至初果、初禪都不可得。然而 佛卻明說：這種行門努力修學七年，必得四果、下至初果；甚至說，七月精修下至七日精修，也可以實證初果乃至三果；甚至於一日一夜、一夜一日的精修，下至分分秒秒、時時刻刻不斷的在這四法上用功觀行，也可以不斷的上進，所以說：「**朝行如是，暮必得昇進。暮行如是，朝必得昇進。**」問題只是學者有無眞善知識的正確教授與正確引導罷了！

現代聲聞佛法中修行解脫道的人，想要取證初果是極爲困難的，人人都不敢想像、不敢仰望；但在正覺同修會中，取證初果則是明心親證如來藏之前就必須具備的條件。若不能先斷我見、三縛結，絕無可能明心而證眞心如來藏；鑑於以往未斷我見者，即使平實助其證悟本識而得明心，未來仍可能返墮意識而復萌我見，故二〇〇三年起新立先斷我見才助其明心的規矩。凡是參加禪三精進共修，縱使四天三夜之後仍未明心證眞，至少也能斷除我見、三縛結，極少空手而回者。外人聞此，可能覺得誇大；若是南傳佛法的弘法大師聞之，可能不免覺得刺耳，思欲推翻之。然而縱使起心動念乃至後來著手實行，大力推尋平實諸書中的過失，意欲尋覓平實未斷我見之證據而證明平實所言之誇大，終不可得；謂平實之言只是據實而言，並無誇大之處。假饒彼等諸人三十年後終於實證初果、二果加上初禪、二禪而入三果位中時，也只能認同而無法推翻之；乃至捨壽前已得第四果聖證，也都無法推翻平實之言行。

此意乃是說，法界中的眞實理，是不可能被推翻的；已證眞實理者，只能認同；未證眞實理者，則無智慧能推翻之。若有眞善知識的攝受、教誡、引導，一日一夜或一夜一日便可取證初果，現前觀察自己是否眞的已斷**我見**、已斷**三縛結**；自此而後，對於諸方大師是否已斷我見、三縛結，都已了然於心，絕無疑惑，是名斷**疑見**； 世尊於四阿含中有時密意而說爲疑見斷。然後現觀諸方大師施設之戒禁，其戒禁之施設與履行，是否符合解脫道的正理，亦皆可以如實判斷而無錯誤，是名已斷**戒禁取見**；如是修習親證，自我檢查而現前確定以後，名爲已斷三縛結之初果人，絕不爲過。

至於修四念處觀之目的，其實是在於斷除對五陰自己之執著；若現觀五陰之一一陰悉皆非常，是苦、無我；亦現觀一一陰之功能：色陰能致寒熱饑渴，受陰能致苦、樂、不苦樂三覺，想陰能具了知六塵境界之知，行陰能造善、惡、無記業行，識陰能產生六塵境界韻味領受之「知」，導致我見與我執而流轉生死受苦。而此覺知心意識、以及意識的了知性（想陰），都應該永遠滅除，才是眞正的無餘涅槃境界，所以涅槃中是無知、無見的，實證解脫的三果人與四果人都如是知、如是見。不應如諸常見外道們，想要以了知心意識入住無餘涅槃中而求解脫生死。如是正見正知，如實現觀而知曉**無知解脫**以後，則能了知五陰、六識及六識的自性都是虛幻無常、緣生緣滅，則滅自我執著，乃至最後我慢即滅，捨壽時即能取證無餘涅槃。平實如上說法，亦有經文佛語聖教爲證：

【彼云何名爲**色**？所謂色者：寒亦是色、熱亦是色、飢亦是色、渴亦是色。云何名爲痛？所謂**痛**者：痛者名覺；爲覺何物？覺苦、覺樂、覺不苦不樂，故名爲覺也。云何名爲**想**？所謂想者：**想亦是知**；知青、黃、白、黑，知苦、樂，故名爲知。云何名爲**行**？所謂行者：能有所成，故名爲行；爲成何等？或成惡行，或成善行，故名爲行。云何名爲識？所謂**識**：**識別是非，亦識諸味，此名爲識也**。諸天子！當知此五盛陰，知三惡道、天道、人道；**此五盛陰滅，便知有涅槃之道**。】爾時說此法時，有六萬天、人，得法眼淨。】（《增一阿含經》卷二十八）

所以，眞實解脫是滅盡見聞覺知之自我執著，如是方屬眞實解脫於三界生死者；若不能滅除對意識自身之執著、對識陰自性之見聞覺知性執著，即是墮於識陰自我執著中，即不得解脫果。由是緣故，不應對離念靈知心自己有所執著，離念靈知是可滅法故，離念靈知是不能出離三界境界之法故，只能存在三界中故，由是說離念靈知心不是涅槃心。亦須滅盡離念靈知心的六種自性，所謂眼見性、耳聞性、鼻嗅性、舌嚐性、身覺性、意識了知性，否則終必墮入常見見或自性見等外道法中。此乃因六識存在之時，則必有六識自性運行；有六識自性運行之時，即是已有四食境界，即是我執。若能詳細了知五盛陰的全部內容，若能詳細了知五盛陰的虛妄性，若能了知五盛陰就是生死眾苦的根源，若能了知五盛陰滅盡即是無餘涅槃，就一定能證解脫果，所以 佛陀說如是法時，當場即有六萬人及天人同證初果而法眼清淨。

由此緣故，說唯有厭惡六識自性及六識自身，方有取證解脫的可能；但是，平實說到此處，卻必須重新回到眞實法本識，來說解脫；若離眞實法而說有解脫果可證者，都是妄言，都斷不了我見及我執的。此亦有阿含部經文爲證：

【「舍利弗！何等爲學？何等爲法數？」時尊者舍利弗默然不答。第二、第三亦復默然。佛言：「**真實**！舍利弗！」舍利弗白佛言：「**真實**、世尊。世尊！比丘**真實**者，厭、離欲、滅盡向；食集生，彼比丘以食故，生厭、離欲、滅盡，向彼食滅。是**真實**，滅覺知已，彼比丘厭、離欲、滅盡向，是名爲學。」「復次，**真實**，舍利弗！」舍利弗白佛言：「**真實**，世尊。世尊！若比丘**真實**者，厭、離欲、滅盡，不起諸漏，心善、解脫；彼從食集生，若**真實**，即是滅盡。覺知此已，比丘於滅，生厭、離欲、滅盡，不起諸漏，**心善**、**解脫**，是數法。」】

（《雜阿含經》卷十四第 345 經）

語譯如下：【「舍利弗！什麼是有學位？什麼是法數？」當時尊者舍利弗不解世尊所問，默然不答。世尊又第二次、第三次詢問，舍利弗尊者依舊默然而不能回答。世尊隨即引發他而說：「**真實**！舍利弗！」舍利弗終於聽懂了世尊引發之問，就向佛稟白說：「**真實**，世尊。世尊！比丘若能懂得**真實**的意思，就能厭惡生死、遠離五欲貪愛、趣向五陰的滅盡；在四食的集正在出生時，那位比丘由於發現到自己處於四食集之中的緣故，就對四食的集，生起厭惡心、遠離五欲的貪愛、將五陰覺知性的領納諸法加以滅盡，趣向那個四食滅除的境界。這就是懂得有一個眞實法常住，而在滅除了覺知性常住的邪見以後，那位比丘厭惡覺知性、遠離了五欲貪愛、向著滅盡五陰、滅盡覺知及滅除四食的境界前進，這就是有學聖人。」佛又對舍利弗再作引發：「另外，還有眞實，舍利弗！」舍利弗白佛言：「有眞實法，世尊。世尊！如果比丘們知道有眞實法，他們由於厭惡覺知、遠離五欲貪愛、滅盡五陰、覺知性、四食，不再生起種種有漏法，心中就能善知解脫而證得涅槃；當他們知道生死苦惱都是因爲有四食的集而出生的，如果是知道有眞實法常住的人，就能滅盡五陰及覺知性而滅除一切四食的集，對五陰與四食生起非常厭惡的心態、遠離欲界法的貪愛（發起初禪而證三果）、滅盡五陰及其覺知性而滅盡自我，不再生起種種有漏法了，心中善知解脫（證得慧解脫），這些都是修道過程中一一應滅、應證，而可以用數目說明出來的法相，所以名爲法數。」】

在這一段經文中，佛一再提示「眞實」，若不是有眞實常住而不可壞滅的本識存在，比丘們將會如同今天的大師們一樣，都無法趣向五陰、四食及覺知性的滅盡，因爲都將認爲陰界入滅盡以後會成爲斷滅空，恐懼斷滅的緣故而使我見與我執都不能斷除，所以佛一再向舍利弗尊者提示**眞實**。當佛陀向舍利弗問：「何等爲學？何等爲法數？」舍利弗不懂佛陀的意思，三問之後仍不能答覆；後來佛提示眞實法而問如何是有學及法數時，舍利弗終於懂得了：若離眞實常住法，凡夫們一定會恐懼「滅盡自我以後墜入斷滅空中」；而眞實法本識是解脫道的所有法數以外的法，解脫道的所有法都是可以計數而可以用來明確的自我檢查修證的層次，所以說解脫道的修證層次與內容都屬於法數，但眞實法不屬於法數，而是法數的根源。這就是說，若不知道五陰萬法都從眞實法本識出生的，若不知道本識是常住不壞的，就不敢認同五陰全都虛妄的現觀，即使已經有了現觀，也無法斷除我見與我執的。由此緣故，平實必須仿效佛的做法，不斷的提示：滅盡五陰、十八界、六入以後，確實仍有常住法本識常住不滅，滅盡自我的一切而成爲無餘涅槃以後，並不是斷滅空。您讀到這裡，應該已經能體認平實不斷提示眞實法的用心了！若能體認平實的用心，那麼您在如實觀行以後，一定不久就可以實證解脫果了。

舉凡愛樂於覺知性的人，都是喜愛識陰自性及六塵自性的凡夫；凡是向解脫進趣的有學聖人，都希望趕快滅除一切食，特別是四食中的識食。識食若能滅除，即成爲心善解脫的無學聖人；但是心善解脫的要件，卻是要先認知及信受：五陰之上另有一個常住的眞實法永遠不會壞滅。然後現觀六識自我都是二法（三法）爲緣而生的，所以絕對是虛妄性的；而見聞知覺性都是六識心運作時的自性，所以更必須滅除六識心的覺知性，否則就不是心善解脫的聖者。

心善解脫的意思，請您一起來閱讀以下這段經文：【爾時世尊告羅陀曰：「善哉！羅陀！能於佛前、問如是義。諦聽！善思！當爲汝說。羅陀！當知有身、有身集、有身滅、有身滅道跡，何等爲有身？謂五受陰：色受陰，受想行識受陰。云何有身集？謂當來有愛，貪、喜俱；於彼彼愛樂，是名有身集。云何有身滅？謂當有愛，喜、貪俱；彼彼愛樂，無餘斷捨，吐盡、離欲、寂沒，是名有身盡。云何有身滅道跡？謂八正道：正見、正志、正語、正業、正命、正方便、正念、正定，是名有身滅道跡。有身、當知，有身集、當斷，有身滅、當證，有身滅道跡、當修。羅陀！若多聞聖弟子，於有身，若知、若斷；有身集，若知、若斷；有身滅，若知、若證；有身滅道跡，若知、若修已，羅陀，名斷愛、離愛、轉結、止慢，無間等，究竟苦邊。」羅陀比丘聞佛所說，歡喜奉行；從坐起，作禮而去。世尊如是教授已，羅陀比丘獨一靜處，專精思惟；所以善男子剃除鬚髮、著染色衣，正信非家、出家學道，增益精進修諸梵行，見法自知作證：我生已盡，梵行已立，所作已作，自知不受後有；成阿羅漢，**心善解脫。**】（《雜阿含經》卷六第 123 經）

語譯如下：【爾時世尊告訴羅陀說：「善哉！羅陀！能於佛前請問這樣的義理。專心聽著！要善於思念我所說的法義！如今將爲你宣說。羅陀！應當知道三界有之身、三界有身的集、三界有身的滅、三界有身滅除的方法。什麼是三界有之身？是說五受陰：色受陰，受想行識受陰。什麼是三界有身的集？是說對未來世三界有的愛樂，貪愛來世將會再有的三界有，因此而生起喜心，與貪愛同在一起；對於來世三界有的種種法有所愛樂，這就稱為三界有身的集。什麼是三界有身的滅盡？是說對於來世三界有的愛樂，喜愛來世仍然將會有三界有；這種喜愛，與來世三界有的貪著同在一起；若是對於來世三界有種種法都生起的愛樂，已經全部斷除、捨棄而沒有剩餘的愛樂了，一切煩惱已經吐盡，離於欲界的種種樂受，滅除了三界有之生機而住於寂靜境界中，這就是我所說的未來世三界有身已經滅盡了。什麼是三界有之身的滅除方法？是說八正道：正見、正志、正語、正業、正命、正方便、正念、正定，這就稱為三界未來世有之身的滅除方法。未來世將會有三界有之身，應當自己知道；未來世三界有之身的集，應當斷除；未來世三界有之身的滅除，應當親證；未來世三界有之身的滅除方法，應當修學。羅陀！如果是多聞的聖弟子，對於未來世的三界有之身，或者已知、或者已斷；對於未來世三界有之身的集，或者已知、或者已斷；對於未來世三界有之身的滅除，或者已知、或者已證；對於未來世三界有之身的滅除方法，或者已知、或者已經修習完成了；羅陀！這就叫作斷除三界有的愛、遠離三界有的愛、轉去了結縛、停止了我慢，像這樣的解脫智慧是無間斷而且平等的，已經究竟到達了苦的邊際。」羅陀比丘聽聞佛所說的法義，歡喜奉行；從座位上站起身來，向佛陀頂禮而去。世尊像這樣教授以後，羅陀比丘獨自一人住於安靜之處，專心精細的思惟；這就是善男子剃除鬚髮、著染色衣，正信而不想住於家中、出家修學解脫之道，增益解脫之道而很精進的修習種種清淨行，終於看見了正法的妙理，自己清楚的知道而能自己作證：**我來世的出生已經滅盡了，清淨行已經建立了，於解脫生死所應作的一切事修已經作完了，自己知道來世不會再領受後有。**羅陀比丘已成為阿羅漢，意識覺知心已經善於了知解脫的內涵了。」

所以，**心善解脫**的意思，就是覺知心經由修學解脫道，瞭解了五陰有—包括覺知心自己存在時—的內涵全都是苦，也瞭解了五陰的集、五陰的滅、五陰滅除之道，斷了我執，就是覺知心已經眞實證解二乘菩提解脫道的四果聖人：**應該滅除五陰的自己，不再受生入胎而使未來世中不會再有五陰自己出生於三界中。**他對於五陰的苦、集、滅、道都如實了知，所以心中對於自己是否還會再領受後有，已經了然於心；也知道自己在解脫道的修行上面，所應觀行的滅盡境界已經知道了，這時已經證實一切五陰、一切覺觀都應滅盡，才是眞正而確實的涅槃解脫境界。他對於解脫道中所應修的種種清淨行，已經修足了；對於解脫道的究竟取證境界，已經善知無疑──解脫知見已經建立了；由此緣故，他能自我檢查：**死後是否還會再去受生而領受後世的三界有？心中確定不會再去入胎而領受後世有了**！這些都確定無疑的緣故，所以說他「心善解脫」。由上面這兩段經文連貫起來，就可以知道：求證解脫而不是行菩薩道的人，都是應該滅除五陰、滅除覺觀的，都是應該使識陰的六種自性全部滅失的；當五陰與一切覺觀全都滅盡而不受生了，才是眞正的無餘涅槃，所以進入無餘涅槃中的解脫境界是沒有自我存在的，是無知亦無見的。因此才會有前面章節中所舉示的 佛陀聖教：「**如是，解脫比丘不知、不見，如是知、見。**」千萬別像那些大法師、大居士們：**想要以覺知心入住無餘涅槃無境界的「境界」中。**

「**想**」即是知與覺，即是八識心王各各皆有的五遍行心所法；此法是解脫道中最難了知的一部分，自古以來極多比丘於「想」不知，墮於「三界有」之中，自謂已證無想境界，可見對於想的了知是極困難的，這也有經文爲證：【「**比丘！於彼入處當覺知：若眼滅，色想則離；耳、鼻、舌、身、意滅，法想則離。**」】（《雜阿含經》卷八第 221 經）意思是說：知覺性是識陰的心所法、識陰的自性，即是想陰，所以對知覺性的存在加以返觀而保持著，不肯滅除，即是輪迴的根源之一，這就是自性見外道的落處。一切修學聲聞解脫道的人，都應該滅除對於六塵的觸知，因爲對六塵的觸知正是六入：對六塵了了而知時即是具足六入，正是生死法，即是 佛所說的色塵想、聲塵想乃至法塵想，正是六識的功能自性。若能懂得滅盡六入，就能懂得滅盡五陰，這才是能離色想乃至法想的聖者。

又如《雜阿含經》卷二十一第 559 經云：【如是我聞　一時佛住波羅利弗妒路國，尊者阿難及尊者迦摩，亦在波羅利弗妒路雞林精舍。時，尊者迦摩詣尊者阿難所，共相問訊慰勞已，於一面坐，語尊者阿難：「奇哉！尊者阿難！有眼有色、有耳有聲、有鼻有香、有舌有味、有身有觸、有意有法，而有比丘有是等法，能不覺知。云何尊者阿難！彼比丘爲有想不覺知？爲無想故不覺知？」尊者阿難語迦摩比丘言：「有想者亦不覺知，況復無想？」復問尊者阿難：「何等爲有想，於有而不覺知？」尊者阿難語迦摩比丘言：「若比丘離欲惡不善法，有覺有觀，離生喜樂，初禪具足住；如是有想比丘，有法而不覺知。如是，第二、第三、第四禪，空入處、識入處、無所有入處具足住，如是有想比丘，有法而不覺知。云何無想，有法而不覺知？如是比丘一切想不憶念，無想心三昧，身作證具足住，是名比丘無想，於有法而不覺知。」尊者迦摩比丘復問尊者阿難：「若比丘無想心三昧，不涌不沒；解脫已住，住已解脫。世尊說此是何果、何功德？」尊者阿難語迦摩比丘言：「若比丘無想心三昧，不涌不沒；解脫已住，住已解脫，世尊說此是智果、智功德。」時，二正士共論議已，歡喜隨喜，各從坐起去。】

語譯如下：【如是我聞　一時佛陀住在波羅利弗妒路國，尊者阿難及尊者迦摩，也住在波羅利弗妒路國的雞林精舍。當時，尊者迦摩詣尊者阿難所，共相問訊慰勞已，於阿難尊者旁邊坐了下來，告訴尊者阿難說：「眞的很奇特啊！尊者阿難！有眼識也有色塵、有耳識也有聲塵、有鼻識也有香塵、有舌識也有味塵、有身識也有觸塵、有意識也有法塵，然而有些比丘同樣都有這樣的種種法，竟然能對這些法都不覺知。這是什麼道理呢？尊者阿難！那些比丘們，是仍有『了知』而不能覺知？或是沒有了『了知』的緣故而不能覺知？」尊者阿難告訴迦摩比丘說：「他們對自己『有想（有了知性）』這件事情都不加以覺知，何況是『無想（無了知性）』的境界？」又問尊者阿難：「什麼是『有想』的境界？對於六塵有而不加以覺知？」尊者阿難告訴迦摩比丘說：「如果比丘們遠離五欲等惡劣的不善法，有覺有觀而遠離欲界生，身心之中生起喜樂，具足初禪境界而能安住；像這樣的『有想』比丘，對於香塵與味塵『二塵有』的存在並不加以覺知。就像是這樣子，證得第二、第三、第四禪，甚至於空無邊處、識無邊處、無所有處等定境，都已經具足證得而安住下來了，像這樣的『有想』比丘，對於色、聲、香、味、觸等五塵有都不加以覺知。至於什麼是『無想』而仍然有六塵法的存在，卻不加以覺知呢？像這樣的比丘，對一切的『想（了知性）』都不加以憶念，不願繼續保有了知性，他證得『無想定』的滅除覺知心的三昧，他已能身體力行確實親證而具足了無想定，安住於定境中，這就是說比丘已經沒有了一切的了知性，對於『六塵有』都不加以覺知，遠離了六塵有。」尊者迦摩比丘又問尊者阿難：「如果比丘已證得無想定，心不涌動、也不沈沒；又是在解脫之後安住於其中，或者是安住於無想定以後又證得解脫。世尊說這樣是什麼果、什麼功德？」尊者阿難告訴迦摩比丘說：「如果比丘證得無想定，心不涌動、也不沈沒；又是在證得解脫果之後安住於其中，或者是安住於無想定以後又證得解脫果。世尊說這樣是智慧的果報、智慧的功德。」當時二位正法之士共同論議了以後，歡喜的互相隨喜，各從座位起立而離去。】

若是已證俱解脫果的比丘們，閑暇無事時，大多是入住滅盡定或無想定中安住的，目的是不想繼續被六塵所刺，想要習慣於滅盡自己的境界，以便捨壽時迅速滅除自己而入無餘涅槃。而想也是知，所以有學聖人都必須經由滅除六塵刺及覺知性，來實證解脫果；由此可知，想與知的關係，最難了知，一切末法時的南傳、北傳大師們都不知道想陰亦是知，都不知道**想**—了知性—就是識陰的**心所有法**。因爲，無想定的修習目的就是斷除知覺性；而無想定的親證，是必須經由初禪實證的滅除鼻舌二識而滅除香、味二塵，再經二、三、四禪的滅除眼耳身三識而滅除其餘的色、聲、觸三塵，然後才能在第四禪中滅除意識而滅除法塵；在四空定中（特別是四空定的前三種定中）都仍然還有極細意識與極細定境法塵存在，所以仍無法滅除所有識陰與六塵，必須進入無想定或滅盡定中才能滅除識陰六識與六塵的；所以說，滅想就是滅除了知性，若是對於見聞知覺性仍有執著，仍然認定了知性是常住不壞法，就是未斷我見的凡夫。

單只是六識心的想陰，末法時代的大法師、大居士們就已經無法了知了，更何況是第七識意根與第八識如來藏的想？如來藏自身的想，是爲了配合意根、識陰與其他法的運作而有的了知性，在滅除了識陰與意根時，就不再有本識的任何想出現了，就是無餘涅槃；而這個想，是只有諸地菩薩才會了知的，不是二乘聖人及未入地菩薩所能了知的。二乘菩提的極果，所能了知的想陰，都只是六識心的想陰罷了！只有菩薩們在證悟如來藏以後，才能在大善知識的指導下，漸漸證知意根與如來藏的想；這就牽涉到道種智的義理內涵了，但卻不容許公開的宣講；只能在證悟菩薩們的悟後修道過程中，視情況而多分或少分說之，也仍不許全部宣講的，所以在這裡也就只能單說六識心的想陰了。

佛在阿含部的聲聞道中說「想亦是知」，是故滅想之時即是滅見聞覺知性，即可離苦樂受；經中記載 世尊晚年時，因色身衰老的常理而不免背痛極劇，往往進入無想定中滅除知覺，即離苦痛。有經文為證：【爾時世尊即從座起，詣於講堂，就座而坐，告諸比丘：「此土飢饉，乞求難得；汝等宜各分部，隨所知識，詣毘舍離及越祇國；於彼安居，可以無乏，吾獨與阿難於此安居。所以然者，恐有短乏。」是時諸比丘受教即行，佛與阿難獨留。於後，夏安居中，佛身疾生，舉體皆痛，佛自念言：「我今疾生，舉身痛甚，而諸弟子悉皆不在；若取涅槃，則非我宜，今當精勤自力，以留壽命。」爾時世尊於靜室出，坐清涼處。阿難見已，速疾往詣而白佛言：「今觀尊顏，疾如有損。」阿難又言：「世尊有疾，我心惶懼；憂結荒迷、不識方面，氣息未絕、猶少醒悟。默思如來未即滅度，世眼未滅，大法未損，何故今者不有教令於眾弟子乎？」佛告阿難：「眾僧於我有所須耶？若有自言『我持眾僧、我攝眾僧』，斯人於眾應有教命；如來不言『我持於眾、我攝於眾』，豈當於眾有教令乎？阿難！我所說法，內外已訖，終不自稱所見通達。吾已老矣！年粗八十。譬如故車，方便修治、得有所至；吾身亦然，以方便力、得少留壽；自力精進忍此苦痛，不念一切想、**入無想定**時，我身安隱、無有惱患。」】（《長阿含經》卷二）

語譯如下：【這時世尊就從座位站起來，走到講堂中，於法座上坐了下來，告訴諸比丘說：「這個國度現在鬧飢荒，乞求飲食很不容易獲得；你們大眾應該分為幾部，隨著你們所知所識的親友故舊，前往毘舍離及越祇國等處；在那些國家中安居，可以沒有匱乏，我獨自與阿難在這裡安居。為什麼要這樣呢？我是恐怕你們的生活有所短缺或乏少。」這時諸比丘聽受佛陀的教導，隨即出發遠行，佛陀與阿難獨自留下來。在後來的夏安居之時，佛陀色身有疾病生起，全身都很痛，佛陀自己這樣子想：「我如今疾病出生，全身都痛得很厲害，而眾弟子全部都不在這裡；如果就入涅槃的話，則不是我現在應當作的事情，如今應該精勤的用自己的能力，藉以留下壽命，等候未來弟子聚集時再入涅槃。」

那時世尊從靜室中出來，坐在室外比較清涼的處所。阿難看見了以後，很快的前往拜見而向佛陀稟白說：「如今觀察世尊氣色，疾病似乎有些減輕了。」阿難又說：「世尊身體有疾病，我心裡很惶怖恐懼；所有的憂心好像都集結在一起而不知所措，因此而昏迷到幾乎連方向都快要不認識了，就只差氣息還存在，好像還有一些些的清醒。我心裡暗中思想著：如來還不會很快就滅度，世間法眼還沒有滅掉，大法也還沒有受到損傷，卻是爲了什麼緣故而世尊今天不再有教導指示於眾弟子呢？」佛陀告訴阿難說：「難道眾僧在解脫道上對我仍然有所須求嗎？如果有人自己這麼說『我執持眾僧、我攝受眾僧』，這個人對於眾僧當然應該有所教示或命令；但是如來從來不說『我執持眾僧、我攝受眾僧』，難道還應該對眾僧有所教令嗎？阿難！我所說的法，不論是內法或外法都已宣說完畢了，終究不會自稱所見都已經通達了。我已經很老了！年紀大約有八十歲了。就好像故舊的車子一般，以種種方便修理對治、仍然可以行駛去到一些地方；我這個色身也是一樣，以種種方便對治的力量，可以稍微再留下一些壽命；以自己的力量精進持身而忍受這個苦痛，**不掛念於一切法中的了知性、進入無想定中**，那時我的色身就安隱下來、沒有苦惱與災患。」】

這意思是說，凡是有覺有觀，就必然無法避免與痛苦相應；只有滅除識陰六識而使覺觀消失以後，才不會與痛苦相應。佛在色身年紀老大時，如世常法難免苦痛，所以背疾很痛時，就進入無想定中，留住壽命而不取無餘涅槃，等待弟子在稍後緣熟時相聚，然後才捨壽。當時獨住又沒有醫藥，想要遠離背疾劇痛時，就只有一個辦法：進入無想定中，意識覺知性滅了，就可以遠離背痛。若進入四禪等至中，遠離了五塵，所以也沒有背痛之苦；但若是病狀嚴重而極痛苦時，也會促使意根知覺痛覺的法塵而再度出定，就不免再受痛苦；所以具足四禪八定的人，都會進入無想定中，滅除了意識心，就不會再有任何覺觀，就不會繼續受痛苦了！這是連定境中單獨存在的法塵覺觀也滅除了，因爲意識覺知心已經斷滅了，成爲無想（無知）的境界。而這個無想定，其實就是滅掉意識以後無所覺知的境界，連第四禪等至位中的微細定境覺知都滅失了！所以說，想就是知、想亦是知。

想就是知，這話有一些語病，因爲覺知心中的語言文字妄想也是想；「想就是知」，似乎把語言文字妄想排除在想陰之外了，所以是有語病的；但是爲了讓佛門四眾都能了知想的眞義，有時就刻意這樣子講，這也是「矯枉必須過正」的意思。但是阿含中 佛說「想亦是知」，就沒有這種語病了！因爲想是包含語言文字妄想在內的，而離念時的靈知也是想陰所攝的，所以用「亦」字就沒有語病了！因爲亦字就函蓋離念靈知及語言文字中的妄想了。只是在末法時代根器較差時，可能稍微容易被大師與學人們忽略了！徵之於當今二乘法中南傳、北傳佛法的佛門大師與學人，徵之於當今大乘法中求悟、說悟的佛門大師與學人，可證平實之言無謬也！

言歸正傳，眞實解脫之道，必須滅除覺觀；凡是有覺有觀的境界，都是三界內境界，不離識陰境界，都是生滅法、流轉法，不可久住，無常必壞，不離行苦與壞苦，也都是有所依的不自在法，當然不可能是諸法實相，也不可能是無餘涅槃中的境界。涅槃境界中絕對不可以有依止，無餘涅槃中絕對沒有絲毫所依，除了本識以外，絕無覺知性並存，才是眞正的解脫；若有人想要在滅盡蘊處界後，使本識繼續有類似蘊處界的覺知等法作爲所依，那個人一定是未斷我見的凡夫，或是退離見地的凡夫；所以無餘涅槃中是只有本識獨存的，而本識的存在是不須、也一定不可能有所依，不可能有覺觀的。有經文爲證：

【「比丘！如是不依於彼地水火風，亦復不依四無色定而生禪法；不依此世，不依他世，亦復不依日月星辰；**不依見、聞，不依識識，不依智知，不依推求心識境界，亦不依止覺知**，獲得**無所依止禪**。若有比丘不依如是諸地禪法得深定故，釋提桓因、三十三天及諸梵眾，皆悉合掌恭敬尊重、歸依是人。」】（《別譯雜阿含經》卷八第一五一經）連覺知心都不許存在，不許依止見聞覺知而存在，不依識陰所識知的六塵境界而存在，也不依解脫道智慧所知的解脫境界而存在，不依所推求的心識境界而存在，也不依止見聞知覺性，也不依三界九地的禪定境界而存在，這樣證得無所依止的禪觀，才是二乘無餘涅槃的境界。證得無所依止禪的比丘，才是欲界、色界諸天天主都應該合掌恭敬尊重的人，他們都應該歸依這個慧解脫的聖者，不一定要證得四禪八定及五神通。由此證明：眞正的解脫是要遠離一切覺觀的，是要滅除識陰六識及六塵的，當然也要滅除意識細心、極細心。而法界中意識的最細心是非想非非想定中的不返觀自己的覺知心——是似有若無的意識極細心，懂得要滅除知覺的人才是實取解脫的聖者。

眞學佛法解脫道及佛菩提道的人，**當自歸依**；自歸依就是：**歸依於法，莫他歸依**。意思是：歸依於佛教正法，莫對其餘法義有所歸依。**當自熾然：熾然於法，莫熾然於名聞利養**，當然更不該**熾然於面子**。由此緣故，如果在解脫道的修習上面還有末到之處，應當**熾然尋求至到**之法。如 佛所言：【「是故阿難！當自熾燃：熾燃於法，勿他熾燃。當自歸依：歸依於法，勿他歸依。云何『自熾燃：熾燃於法，勿他熾燃？當自歸依：歸依於法，勿他歸依』？阿難！**比丘觀內身，精勤無懈、憶念不忘，除世貪憂；觀外身、觀內外身，精勤不懈，憶念不忘，除世貪憂；受、意、法觀亦復如是。是謂，阿難！自熾燃：熾燃於法，勿他熾燃；當自歸依：歸依於法，勿他歸依。」佛告阿難：「吾滅度後，能有修行此法者，則為眞我弟子第一學者。」**】（《長阿含經》卷二《遊行經》）

反觀當今正在弘法之大法師、大居士們，往往只是歸依於外法：名聞、利養、眷屬、道場、壽命。學佛人則大多是**他歸依**，只是一味歸依於表相大師，不想深入各方善知識的法義中加以詳細的理解，不願尋求能助自己深入理解內法的眞善知識，都只是**他熾然、他歸依**，因此而浪擲一生寶貴生命，誠可憐憫。不論是北傳大乘佛法的般若中觀、唯識種智的修學，或是南傳小乘聲聞解脫道的修學，都是如此，由此緣故而說現在眞正是末法時期。佛弟子四眾若能全面**自歸依、熾然於法**，此時就能改變佛法命脈而回到正法時期了！這正是當今佛教界一切人都應該冷靜而深入省思的。若是**自歸依、法熾然**，當然應該回歸正法，否定識陰、意識，以及遠離一切覺觀，依 佛所說：**證得不知不見的涅槃，如是而知、而見解脫道正理**。

對五陰自我的知與覺產生了執著，是解脫道的修學中，最難修斷的事修功夫；這雖然只是事修的功夫，卻是要依靠**蘊處界緣起性空**的事相觀察智慧，才有可能斷除的。如今既已證明**想陰之想即是意識心或識陰六識的知覺性，四禪八定中之想也是知覺**，則當滅除對於有知有覺的意識心的自我貪愛。因爲意識心一旦生起現行時，就一定會有知覺、了知，不可能在意識心存在之時而無了知、而無知覺。如是確實觀行而得現觀覺知心與想陰的虛妄，此人的我見必會斷滅；我見已斷，三縛結必然隨之而斷，即成聲聞初果人（此時若發起菩薩大心，就會轉成通教初果菩薩），像這樣歸依於正確的解脫法，才是二乘人**自歸依**的眞義。假使未能依本識眞實的正見來現觀蘊處界緣起性空的人，或是觀察不正確、不如理作意，錯將意識心的種種變相中的一種，當作是涅槃實際的人，則應**熾然於法：尋求眞正善知識的教授、教誡，以求現觀而滅除我見，永離三縛結，從此不再墮於離念靈知心識陰我之中**。能如是熾然於法的人，才是解脫道中眞實自歸依者，才是佛弟子中的第一學者。

第六節　我與我所俱斷方名解脫

眞解脫的境界，必定要斷盡我執與我所執；我執有其極微細的地方，是今時諸方大師們所不能理解的；我所執則有二種：身外我所的執著，五陰身內的我所執著。這都將在本節中再度加以說明。先舉經文說五陰身內我所的執著：

【「復次，阿難！有五欲功德，可樂，意所念愛，色欲相應：眼知色、耳知聲、鼻知香、舌知味、身知觸。若比丘心至到，觀此五欲功德；隨其欲功德，若心中行者，所以者何？無前無後；此五欲功德，隨其欲功德，心中行者，阿難！若比丘觀時，則知此五欲功德，隨其欲功德，心中行者，彼比丘，彼彼欲功德，觀無常、觀衰耗，觀無欲、觀斷，觀滅、觀斷，捨離；若此五欲功德有欲有染者，彼即滅也。阿難！若如是比丘觀時則知者，此五欲功德有欲有染，彼已斷也，是謂正知。」】（《中阿含經》卷四十九）

這是說一切修學解脫道的人，都應該先滅除「身內我所」的五欲貪愛；因爲五欲法會使人產生貪著；由此貪著的緣故，就必須世世入胎受取人身，繼續保有五陰，才能擁有五欲的功德；保有了身中五欲的功德，就必然要同時接受生老病死、愛別離……乃至五陰熾盛的苦，這就是一般世俗人不能斷除無明的所墮。所以滅除身內五欲我所的執著，也是解脫道修行者首要之務。對於諸方大師的解脫道修學有無成績，從這裡也可以看得出來。若是一心在勸募錢財，廣建寺院，擴大眷屬，貪求名聞與利養，都是尚未遠離身外我所執著的凡夫，我見尚且未斷，身外我所的執著尚且斷不了，何況能斷身內我所的執著？又何況能是解脫道的實證者？

在這一段經文中，佛說五欲功德就是「眼知色、耳知聲、鼻知香、舌知味、身知觸」，當這五欲的觸受生起時，其實是與前五識的見聞知覺性同時同處而存在的，五欲功德是與五俱意識同時同處存在的，是與覺知心無前無後的同時存在著；所以五欲的領受與貪愛，其實是與識陰六識同時同處的。說穿了，五欲功德的領受，本質正是在識陰六識的心所法運作下而領受的，這已經是落入識陰六識的我所中了。換句話說，識陰六識心的心所法就是識陰的內我所，由內我所而產生了眼見性、耳聞性乃至身覺性、意識了知性等我所，仍是內我所；至於身外的財物、名聲、眷屬、利養……等，都已是五陰共同擁有的我所了，已經是**外我所**而不是**內我所**的貪愛了。

由此正理而判定西藏密宗雙身法的本質：他們的一切行為，不論是結緣灌頂、入門灌頂……乃至後面階段的智慧灌頂、傳法上師灌頂及「成佛」，自始至終都是依雙身修法淫樂境界而作的，打從一開始的入門灌頂就是以雙身法的理念來為信徒做灌頂，這從宗喀巴的《密宗道次第廣論》可以很清楚的看得出來；而《菩提道次第廣論》後半部的止觀，也全都是雙身法的覺受境界，《廣論》的弘揚其實都是為了引導修學者轉入雙身法而舖路；他刻意把如來藏的修證實義全面否定，特別強調一切人都只有六個識，將 佛說為生滅法的意識建立為常住不壞法，使眾生誤認為佛法中所說的最終、最究竟心就是享受雙身法淫樂時的一念不生覺知心，所以主張雙身法在性高潮時的**樂空雙運意識**就是報身佛的涅槃境界；這樣誤導眾生落入意識心以後，就可以在《廣論》後半部的止觀法義中公然傳授密宗道，使藏密承襲自外道五現涅槃的**五欲中現見涅槃**合理化，無知者因此而誤認為是佛門涅槃的實證。然而 佛在經文中很明確說明：凡是執著於五欲之樂或求取五欲的最大樂觸，都是**我所**的執著。不幸的是藏密外道正是極度執著淫樂中的色、聲、香、味、觸等覺受的代表者；這不是平實對他們的無根誹謗，而是已經在《狂密與眞密》四輯書中，舉證藏密外道的密續——特別是針對藏密黃教宗喀巴的《密宗道次第廣論》——加以舉證及辨正過了。

由解脫道的聖教及實證上的理證來看，密宗的雙身法，不折不扣是外道法，與解脫道的修證是背道而馳的；而他們的初入門灌頂及以後的所有行門與理論，也都圍繞著雙身法的理念與目的而作，所以全部是外道法，無一可取。至於他們的般若法義，也是為了配合雙身法的目的而施設的，所以他們的般若中觀，不以第八識的中道性來解說，而以獨創的**意識心常住不壞論**，來解釋意識所認知的般若中觀，並且一定要轉入雙身法來領受淫樂中的五塵境界覺受，作為實證「報身」佛的果報；所以說藏密自始至終都是以雙身法淫樂的意識境界，作為密宗道修習的中心思想，真是外道法，與佛法修證全然無關，因此平實說他們是喇嘛教，不是佛教，所以名為**藏密外道**。這是因為他們的教理與行門，自始至終全都是為雙身法而建立的，都與解脫道及佛菩提道背道而馳。

如上經文所說，五欲功德是與識陰六識心體同時同處的，並無先後；因為五欲功德的領受，正是在六識心體的心所法運作下才能成立的，而心所法是與六識心同時生起現行的，不能與六識心分開的，如此才能有六入。若有人說六識的心所法可以與六識心分開，這一定是愚癡人；若有人將識陰心所法的眼見性、耳聞性乃至身覺性、意知性，建立為心體的所依，而主張說：「**性是體、心是用**。」那一定是天下最愚癡的修行人。心的**自性**一定是從心**體**出生的，怎能反客為主而建立性為**體**？然後再反主為客而建立說心體是性之**用**？這將成為心所法是**體**，而心體反而變成是**用**了！但是末法時代卻眞的有這種人，而且是隨處可見的。然而六識心體擁有的心所法：**觸、作意、受、想、思，欲、勝解、念、定、慧**，正是六識心見聞知覺性的由來，有六識的這些心所法才會有見聞知覺性，才能發起五欲領受的功德；這六識若不滅，六識的心所法就一定會存在，見聞知覺性就不可能滅除；見聞知覺性若不能滅除，就永遠離不開五欲，就是永遠落在六識**我所**中的執著者，當然是無法與解脫道相應的，由此就可了知藏密的外道本質了，因此他們從來不談阿含道。這是目前修學解脫道者最難以修斷的地方，因為大家都不瞭解這個正理，所以落入藏密外道所墜入的**我所執**中。所以，**內我所**的執著，是今時佛門四眾都應該特別注意的地方。

修學解脫道而想要了生死的人，應以二乘菩提或大乘菩提而修之，並不是單只修斷**我所**的貪著就能了生死的，《長阿含經》卷十四說：【爾時世尊告諸比丘：「**若有方便毀謗如來及法、眾僧者，汝等不得懷忿結心，害意於彼**。所以者何？若誹謗我、法及比丘僧，汝等懷忿結心，起害意者，則自陷溺，是故汝等不得懷忿結心，害意於彼。比丘若稱譽佛及法、眾僧者，汝等於中亦不足以為歡喜慶幸，所以者何？若汝等生歡喜心，即為陷溺，是故汝等不應生喜。所以者何？此是小緣威儀戒行凡夫寡聞不達深義，直以所見如實讚嘆。云何小緣威儀戒行凡夫寡聞，直以所見如實稱讚？彼讚嘆言：『沙門瞿曇滅殺、除殺，捨於刀杖，懷慚愧心，慈愍一切。』此是**小緣威儀戒行**，彼寡聞凡夫以此歎佛。又嘆：『沙門瞿曇捨不與取，滅不與取，無有盜心。』又嘆：『沙門瞿曇捨於婬欲，淨修梵行；一向護戒，不習婬逸，所行清潔。』又嘆：『沙門瞿曇捨滅妄語，所言至誠，所說真實，不誑世人。沙門瞿曇捨滅兩舌，不以此言壞亂於彼，不以彼言壞亂於此；有諍訟者能令和合，已和合者增其歡喜，有所言說不離和合。誠實入心，所言知時。沙門瞿曇捨滅惡口，若有麤言傷損於人，增彼結恨、長怨憎者，如此麤言盡皆不為；常以善言悅可人心，眾所愛樂，聽無厭足。』但說此言：『沙門瞿曇捨滅綺語、知時之語、實語、利語、法語、律語、止非之語。』但說是言：『沙門瞿曇捨離飲酒，不著香華，不觀歌舞，不坐高床；非時不食，不執金銀，不畜妻息、僮僕、婢使，不畜象、馬、豬、羊、雞、犬及諸鳥獸，不畜象兵、馬兵、車兵、步兵，不畜田宅種殖五穀，不以手拳與人相加，不以斗秤欺誑於人，亦不販賣券要斷當，亦不取受觝債橫生無端，亦不陰謀面背有異；非時不行，爲身養壽，量腹而食。其所至處衣鉢隨身，譬如飛鳥羽翮身俱。』此是**持戒小小因緣**，彼寡聞凡夫以此歎佛：『如餘沙門、婆羅門受他信施，更求儲積衣服飲食，無有厭足，沙門瞿曇無有如此事。』如餘沙門、婆羅門……諸有沙門、婆羅門於本劫本見、末劫末見，各隨所見說，彼盡入六十二見中；各隨所見說，盡依中、在中，齊是不過。猶如巧捕魚師，以細目網覆小池上，當知池中水性之類皆入網內，無逃避處，齊是不過；諸沙門、婆羅門亦復如是，於本劫本見、末劫末見種種所說，盡入六十二見中，齊是不過。**若比丘於六觸集、滅、味、過、出要，如實而知，則爲最勝，出彼諸見**。如來自知生死已盡，所以有身，爲欲福度諸天、人故；若其無身，則諸天、世人無所恃怙。猶如多羅樹斷其頭者，則不復生；佛亦如是，已斷生死，永不復生。」當佛說此法時，大千世界三返六種震動。】（《長阿含經》卷十四第 21 經《梵動經》）

在這段經文中，佛特別說明：不是單憑戒行清淨就可以獲得解脫果，因爲戒行的清淨只是獲得解脫果的基礎罷了！所以比丘們都必須了知：戒行的清淨只是**小緣威儀**，只是解脫的助緣，不是解脫的骨幹。獲得解脫果的最主要修證，仍是遠離**我執**與**我所執**。而我所執之中的最難斷除者，不是外我所的執著，而是**內我所**的執著；內我所的執著，是指識陰六識的自性，所謂眼能見之性、耳能聞之性，乃至身能覺之性、意能知之性。這六識的自性正是內我所，若佛弟子有智慧能觀行這六種自性都是識陰六識的心所法，必定可以自行獲取解脫道的初果，不由他聞、不從他證。若至今仍然無法自行證取解脫果，何妨依平實此書諸輯所說法義，如理作意思惟以後，自行現前觀察而證取之？

然而我執與我所執的斷除，卻必須以斷除我見、惡見爲基礎，方能在後時證得涅槃，有經文爲證：【「如是，諸賢！若有比丘作如是說：『我**知諸法**，所可知法而**無增伺**。』然彼賢者心生惡增伺而住。如是，諍訟、恚恨、瞋纏、不語結、慳、嫉、欺誑、諛諂、無慚、無愧；無惡欲惡見，然彼賢者心生惡欲惡見而住。諸梵行人知彼賢者不知諸法、所可知法，而無增伺，所以者何？以彼賢者心不向增伺盡、無餘涅槃。如是，諍訟、恚恨、瞋纏、不語結、慳、嫉、欺誑、諛諂、無慚、無愧，無惡欲惡見，所以者何？以彼賢者心不向惡見，法盡、無餘涅槃。諸賢！或有比丘不作是說：『我**知諸法**、所**可知法**，而**無增伺**。』

然彼賢者心不生惡增伺而住，如是諍訟、恚恨、瞋纏、不語結、慳、嫉、欺誑、諛諂、無慚、無愧；**無惡欲惡見**，然彼賢者心不生惡欲惡見而住；諸梵行人知彼賢者實**知諸法**、所**可知法**，而**無增伺**，所以者何？以彼賢者**心不生惡增伺**而住。如是諍訟、恚恨、瞋纏、不語結、慳、嫉、欺誑、諛諂、無慚、無愧；無惡欲惡見，所以者何？以彼賢者心**不生惡欲惡見而住**。諸賢！猶人大富，自說不富；亦有國封，說無國封；又有畜牧，說無畜牧；若欲用時，則有金銀、眞珠、琉璃、水精、琥珀，有畜牧、米穀，亦有奴婢。諸親朋友往詣彼所，作如是說：『汝實大富，自說不富；亦有國封，說無國封；又有畜牧，說無畜牧；然欲用時，則有金銀、眞珠、琉璃、水精、琥珀；有畜牧、米穀，亦有奴婢。』如是，諸賢！若有比丘不作是說：『我知諸法、所可知法，而無增伺。』然彼賢者心不生惡增伺而住。如是，諍訟、恚恨、瞋纏、不語結、慳、嫉、欺誑、諛諂、無慚、無愧；無惡欲惡見，然彼賢者**心不生惡欲惡見而住**；諸梵行人知彼賢者知諸法、所可知法，而無增伺；所以者何？以彼賢者心，向增伺盡、無餘涅槃。如是，諍訟、恚恨、瞋纏、不語結、慳、嫉、欺誑、諛諂、無慚、無愧，無惡欲惡見。所以者何？以彼賢者**心**，**向惡見法盡**、無餘涅槃。」尊者周

那所說如是，彼諸比丘聞尊者周那所說，歡喜奉行。」】《中阿含經》卷 23〈穢品〉《知法經》》

阿羅漢周那說了這麼多法，其中最主要的內容就是斷除**我所的執著**及斷除**我見**，以及斷除五下分結、五上分結（知諸法、知所可知法、無增伺心），這是解脫道修道位中最重要的部分。然而周那阿羅漢最後卻歸結到惡見的斷除，惡見就是五利使，就是身見、疑見、戒禁取見、邪見、邊見，主要是身見及其所產生的偏斜之見，這五利使統名惡見，是見道所應斷；在他的開示中，最後歸結到惡見的斷除。但是惡見五利使中，最主要的仍是我見（身見）；由我見而引生了其餘四種惡見，使眾生難以斷除我執，也不知道什麼是我執。由於我見的緣故引生了我執，但我見極難斷除，乃至出家六、七十年的印順老法師，直到死前都不肯改正**意識細心常住不壞**的我見，沒有一言一語作出修正的行爲，何況一般出家人、在家人修學佛法而能斷除我見？所以周那阿羅漢最後特別強調惡見的斷除，當惡見五利使斷除了，後來修道才能使五陰諸法全都滅盡，趣向無餘涅槃；惡見若不能斷除，而說能滅盡諸法、趣向無餘涅槃，是絕無可能的事。

但是在「惡見法盡」而趣向無餘涅槃的修證過程中，最難的是三果後、四果向時的斷我慢。在解脫道的修證中，不論大師或學人，我慢永遠都是最難斷的。**我慢**，正是慧解脫、俱解脫修習者最難突破的地方；它的難以突破、斷除，原因都是由於不曾確實的理解**我慢**的眞義，不能確實理解的原因則是由於被現代的假名大師們誤導所致；若有人已證三果而不能確實斷除**我慢**，以致無法取證第四果，其原因都同樣是被大師們所誤導。

我慢的意義，常被大師們解釋作「面對他人時生起慢心」，但那其實是**慢**或**過慢**而不是**我慢**。譬如有人面對他人時，因爲自己勝過他人而生起了慢心，所以稱爲**慢**，不是我慢。若是在與別人比較時不分上下，其實是不該對別人起慢的，但心中仍然生起慢心，說自己勝過對方，那對修行人來說是有過失的，所以稱爲**過慢**，仍不是我慢。若是不如對方而仍然生起慢心，認爲自己遠勝過對方，那就是慢心之上再加過失，就稱爲**慢過慢**。若是未得言得，未悟謂悟，那可就成爲**增上慢**了。但是**我慢**最難理解，連佛學大辭典的編輯群都會弄錯了，可見那些編輯者都是尙未證得解脫果的凡夫，那麼初機學人跟隨著那些佛學辭典的錯誤解釋而修學佛法，又怎能確實的理解正法而向上修學呢？

譬如《佛光大辭典》如此解釋**我慢**：「**我慢乃七慢之根本慢。於五蘊假和合之身，執著我、我所，恃我而起慢。**（到這裡是依文解義的部分，並無錯誤，但是他們依自己的意思解釋以後就錯誤了，下面是他們的解釋：）**內執有我，則一切人都不如我；外執有我所，則凡我所有的皆比他人所有的高上。**」其實，佛法中**內執有我**及**內執我所**的意思，都與他們這個解釋完全不同。所謂內執有我，在大乘種智中所說的部分，是說內執阿賴耶識心體（如來藏）的種種自性，包括本來性、清淨性、自性性、涅槃性、能生萬法的功德性、無漏有爲法的自性……等等，範圍極爲廣泛，這是阿羅漢們所不能知的，名爲**恆內執我**。阿羅漢們所斷的內執有我，稱爲我慢，是指凡夫或三果以下對於自己的存在存有喜心，深心中因爲自己的存在而產生極微細的喜悅，這種喜悅是深沈的存在於三果以下有情心中的，很難以被他人或自己發覺到的，這才是阿羅漢們所斷的我慢。所以是因自我的存在而起喜樂的極微細慢，不是比較他人而起的慢。

但是，從菩薩的道種智來看這個我慢，這其實正是古時南傳佛法經典中所說的愛阿賴耶、樂阿賴耶、欣阿賴耶、喜阿賴耶。意思是：古時的阿羅漢們，都知道滅盡五陰、十八界的自己以後，仍有阿賴耶識心體存在不壞，所以能安心的滅盡自己而入無餘涅槃，不會因爲恐懼墜入斷滅境界而不能斷盡我執，所以就沒有我慢的存在。若因爲對阿賴耶識功能的貪愛執著心態仍然有極微細部分存在，就會成爲極微細的愛阿賴耶、樂阿賴耶、欣阿賴耶、喜阿賴耶，必會導致我慢無法斷除，就會一直住在三果人的境界中，無法取證無餘涅槃，無法確實出離三界生死苦，所以**我慢**是很微細的我執，很難確實斷除。如今的南傳佛法中所謂的阿羅漢，都已經不懂他們的阿含經所說的**愛阿賴耶**、**樂阿賴耶**、**欣阿賴耶**、**喜阿賴耶**的眞義，當然現在他們所謂的阿羅漢證境，也都只是因中說果罷了！由此可見這個我慢是極難斷除的，除非有眞正善知識的教示。

我慢的具體示現，舉例說之，就更容易理解了！譬如嬰兒剛出生數天，雖懵然無知於世間法的情境，也無知於自己存在的狀況，但卻已經執著於自己的存在，一直內執阿賴耶識心體的種種功能差別了，這就是我慢相的標準示現。另一種較粗糙的我慢相，則是因爲自覺有我存在的緣故，而且覺得自己智慧高超，但是卻不與他人作任何比較，這也是我慢相；譬如存在主義哲學的**我思故我在**，意欲使自我繼續存在，覺得自己的存在是很眞實的，是值得喜悅的，這也都屬於我慢的範圍；但他們永遠都不可能懂得阿羅漢們所斷除的我慢相，因爲那是仗恃內有第八識心體的功能存在不滅，對第八識心體的作用有所仗恃而生的我慢相，除了四果人能粗略的瞭解以外，三果以下的聖人與凡夫們，都無法了知這個我慢相，因爲他們都還落在意識心我中，何況能修斷這種我慢相？所以說存在主義者的哲學思惟，其實仍然是極爲粗糙的，連我見都斷不了的；因此而說，我慢是唯有四果阿羅漢們才能斷得了的極細我執，不是對別人比較之下而生起的慢，純是內執常住不壞法的深細我執，屬於極微細的內執有我的心境；是故，喜樂於自我的存在就是我慢。但是除了菩薩多分了知恆內執我的內容，阿羅漢們極少分了知恆內執我的內容，以外的凡夫眾生，包含諸天天主尚未學佛、未證四果者，都一樣不可能了知的，除非是地上菩薩發願去任職。

我慢中的**內執我所**，被大師們誤解了，總是如同《佛光大辭典》一般，解釋作**自己所有的都比別人高上**。但是內執我所的眞正意義是：永遠都不間斷的內執自我擁有的**心所法**，也就是恆內執見聞知覺性。見聞知覺性都是識陰六識的自性，正是識陰六識的**內我所**，這其實已是我慢相的枝末了！對凡夫及三果以下的聖人而言，我慢的最主要內容，其實是對識陰自己的執著，因自我的存在而有喜悅，不樂於自我的滅失不存；而**恆內執我**的**內執我所**部分，已經是墜入識陰六識自性之中了，這已是比內執識陰自我更粗糙、更枝末的我慢相了。三果人不能成爲四果向的緣故，都是由於這個**我慢**及內**我所慢**而導致的；假使能斷除我慢及內我所慢，五上分結自然就能斷除，頓成慧解脫的四果人。想要取證慧解脫第四果的大師與學人們，若是依此書中法義深細觀行而證三果後，對此就必須深入觀行，歷緣對境中不斷修除這個**我慢**及內**我所慢**的種種法相。

當代大師都做不到這一點，因為五蘊的**外我所執**既放不下，名聞、眷屬與利養都極度的執著，完全不顧念自身道業及佛教長遠的未來，在極度**自我設想**的情況下，連身**外**的**我所執**都不能降伏，連我見都斷不了，又怎能要求他們斷除識陰的我所慢（對見聞知覺性的自我執著）？對他們而言，我所慢與我慢的斷除是絕無可能的。但這卻是他們自稱已經斷除或一直想要斷除的；也是他們口口聲聲教導四眾門徒應該斷除的，卻連**我所慢**中的**外我所**與**內我所**都分不清楚。當他們連身外的**我所愛**都斷不了，五陰身中見聞知覺性的**內我所愛**都不懂，連我慢的內容都無絲毫所知，怎能要求他們自我斷滅而證涅槃？又怎能要求他們如實教導一切徒眾？所以末法時代的解脫道學人們都只能自求多福：**自行尋覓眞善知識的言教、書籍，自己尋求解脫道正理的正知見及行門**。平實相信這一套阿含正義，對於眞正想要修學解脫道的您，應該會有極大的助益，願您從本書的閱讀與如理作意的思惟中，獲得解脫道修證上的實質利益。

佛教正覺同修會〈修學佛道次第表〉

第一階段

＊以憶佛及拜佛方式修習動中定力。
＊學第一義佛法及禪法知見。
＊無相拜佛功夫成就。
＊具備一念相續功夫—動靜中皆能看話頭。
＊努力培植福德資糧，勤修三福淨業。

第二階段

＊參話頭，參公案。
＊開悟明心，一片悟境。
＊鍛鍊功夫求見佛性。
＊眼見佛性〈餘五根亦如是〉親見世界如幻，成就如幻觀。
＊學習禪門差別智。
＊深入第一義經典。
＊修除性障及隨分修學禪定。
＊修證十行位陽焰觀。

第三階段

＊學一切種智真實正理—楞伽經、解深密經、成唯識論…。
＊參究末後句。
＊解悟末後句。
＊透牢關—親自體驗所悟末後句境界，親見實相，無得無失。
＊救護一切衆生迴向正道。護持了義正法，修證十迴向位如夢觀。
＊發十無盡願，修習百法明門，親證猶如鏡像現觀。
＊修除五蓋，發起禪定。持一切善法戒。親證猶如光影現觀。
＊進修四禪八定、四無量心、五神通。進修大乘種智，求證猶如谷響現觀。

佛菩提二主要道次第概要表——二道並修，以外無別佛法

佛菩提道——大菩提道

十信位修集信心——一劫乃至一萬劫

遠波羅蜜多

資糧位

初住位修集布施功德（以財施爲主）。

二住位修集持戒功德。

三住位修集忍辱功德。

四住位修集精進功德。

五住位修集禪定功德。

六住位修集般若功德（熏習般若中觀及斷我見，加行位也）。

外門廣修六度萬行

見道位

七住位明心般若正觀現前，親證本來自性清淨涅槃。

八住位起於一切法現觀般若中道。漸除性障。

十住位眼見佛性，世界如幻觀成就。

一至十行位，於廣行六度萬行中，依般若中道慧，現觀陰處界猶如陽焰，至第十行滿心位，陽焰觀成就。

一至十迴向位熏習一切種智；修除性障，唯留最後一分思惑不斷。第十迴向滿心位成就菩薩道如夢觀。

內門廣修六度萬行

初地：第十迴向位滿心時，成就道種智一分（八識心王一一親證後，領受五法、三自性、七種第一義、七種性自性、二種無我法）復由勇發十無盡願，成通達位菩薩。復又永伏性障而不具斷，能證慧解脫而不取證，由大願故留惑潤生。此地主修法施波羅蜜多及百法明門。證「猶如鏡像」現觀，故滿初地心。

二地：初地功德滿足以後，再成就道種智一分而入二地；主修戒波羅蜜多及一切種智。滿心位成就「猶如光影」現觀，戒行自然清淨。

解脫道：二乘菩提

→ 斷三縛結，成初果解脫

→ 薄貪瞋癡，成二果解脫

→ 斷五下分結，成三果解脫

入地前的四加行令煩惱障現行悉斷，成四果解脫，留惑潤生。分段生死已斷，煩惱障習氣種子開始斷除，兼斷無始無明上煩惱。

近波羅蜜多 — 大波羅蜜多 — 圓滿波羅蜜多

修道位 — 究竟位

三地：二地滿心再證道種智一分，故入三地。此地主修忍波羅蜜多及四禪八定、四無量心、五神通。能成就俱解脫果而不取證，留惑潤生。滿心位成就「猶如谷響」現觀及無漏妙定意生身。

四地：由三地再證道種智一分故入四地。主修精進波羅蜜多，於此土及他方世界廣度有緣，無有疲倦。進修一切種智，滿心位成就「如水中月」現觀。

五地：由四地再證道種智一分故入五地。主修禪定波羅蜜多及一切種智，斷除下乘涅槃貪。滿心位成就「變化所成」現觀。

六地：由五地再證道種智一分故入六地。此地主修般若波羅蜜多——依道種智現觀十二因緣一一有支及意生身化身，皆自心眞如變化所現，「非有似有」，成就細相觀，不由加行而自然證得滅盡定，成俱解脫大乘無學。

七地：由六地「非有似有」現觀，再證道種智一分故入七地。此地主修一切種智及方便波羅蜜多，由重觀十二有支一一支中之流轉門及還滅門一切細相，成就方便善巧，念念隨入滅盡定。滿心位證得「如犍闥婆城」現觀。

八地：由七地極細相觀成就故再證道種智一分而入八地。此地主修一切種智及願波羅蜜多。至滿心位純無相觀任運恆起，故於相土自在，滿心位復證「如實覺知諸法相意生身」故。

九地：由八地再證道種智一分故入九地。主修力波羅蜜多及一切種智，成就四無礙，滿心位證得「種類俱生無行作意生身」。

十地：由九地再證道種智一分故入此地。此地主修一切種智——智波羅蜜多。滿心位起大法智雲，及現起大法智雲所含藏種種功德，成受職菩薩。

等覺：由十地道種智成就故入此地。此地應修一切種智，圓滿等覺地無生法忍；於百劫中修集極廣大福德，以之圓滿三十二大人相及無量隨形好。

妙覺：示現受生人間已斷盡煩惱障一切習氣種子，並斷盡所知障一切隨眠，永斷變易生死無明，成就大般涅槃，四智圓明。人間捨壽後，報身常住色究竟天利樂十方地上菩薩；以諸化身利樂有情，永無盡期，成就究竟佛道。

圓滿成就究竟佛果

七地滿心斷除故意保留之最後一分思惑時，煩惱障所攝色、受、想三陰有漏習氣種子全部斷盡。←

煩惱障所攝行、識二陰無漏習氣種子任運漸斷，所知障所攝上煩惱任運漸斷。←

斷盡變易生死
成就大般涅槃

佛子蕭平實 謹製
（二〇〇九、〇二 修訂）
（二〇一二、〇二 增補）

佛教正覺同修會 共修現況 及 招生公告

2019/02/18

一、共修現況：（請在共修時間來電，以免無人接聽。）

台北正覺講堂 103 台北市承德路三段 277 號九樓 捷運淡水線圓山站旁

Tel..**總機** 02-25957295（晚上）（**分機**：**九樓**辦公室 10、11；知客櫃檯 12、13。 **十樓**知客櫃檯 15、16；書局櫃檯 14。 **五樓**辦公室 18；知客櫃檯 19。**二樓**辦公室 20；知客櫃檯 21。）

Fax..25954493

第一講堂 台北市承德路三段 277 號九樓

禪淨班：週一晚班、週三晚班、週四晚班、週五晚班、週六下午班、週六上午班（共修期間二年半，全程免費。皆須報名建立學籍後始可參加共修，欲報名者詳見本公告末頁。）

進階班：週一晚班、週三晚班、週四晚班、週五晚班（禪淨班結業後轉入共修）。

增上班：**瑜伽師地論詳解**：每月單數週之週末 17.50～20.50。平實導師講解，2003 年 2 月開講至今，預計 2019 年圓滿，僅限已明心之會員參加。

禪門差別智：每月第一週日全天 平實導師主講（事冗暫停）。

不退轉法輪經詳解 本經所說妙法極爲甚深難解，時至末法，已然無有知者；而其甚深絕妙之法，流傳至今依舊多人可證，顯示佛法眞是義學而非玄談，其中甚深極妙令人拍案稱絕之第一義諦妙義。已於 2019 年元月底開講，由平實導師詳解。每逢周二晚上開講，第一至第六講堂都可同時聽聞，歡迎菩薩種性學人，攜眷共同參與此殊勝法會現場聞法，不限制聽講資格。本會學員憑上課證進入第一至第四講堂聽講，會外學人請以身分證件換證進入聽講（此爲大樓管理處安全管理規定之要求，敬請諒解）；第五及第六講堂（B1、B2）對外開放，不需出示任何證件，請由大樓側門直接進入。

第二講堂 台北市承德路三段 267 號十樓。

禪淨班：週一晚上班。

進階班：週三晚班、週四晚班、週五晚班、週六下午班。禪淨班結業後轉入共修。

不退轉法輪經詳解：平實導師講解。每週二 18.50~20.50 影像音聲即時傳輸

第三講堂 台北市承德路三段 277 號五樓。

禪淨班：週六下午班。

進階班：週一晚班、週三晚班、週四晚班、週五晚班。

不退轉法輪經詳解：平實導師講解。每週二 18.50~20.50 影像音聲即時傳輸

第四講堂 台北市承德路三段 267 號二樓。

進階班：週一晚上班、週三晚上班、週四晚上班（禪淨班結業後轉入共修）。

不退轉法輪經詳解：平實導師講解。每週二 18.50~20.50 影像音聲即時傳輸

第五、第六講堂

念佛班 每週日晚上，第六講堂共修（B2），一切求生極樂世界的三寶弟子皆可參加，不限制共修資格。

進階班：週一晚班、週三晚班、週四晚班。

不退轉法輪經詳解：平實導師講解。每週二 18.50~20.50 影像音聲即時傳輸。第五、第六講堂爲**開放式講堂**，不需以身分證件換證即可進入聽講，台北市承德路三段 267 號地下一樓、地下二樓。每逢週二晚上講經時段開放給會外人士自由聽經，請由大樓側面梯階逕行進入聽講。**聽講者請尊重講者的著作權及肖像權，請勿錄音錄影，以免違法；若有錄音錄影被查獲者，將依法處理。**

正覺祖師堂 大溪區美華里信義路 650 巷坑底 5 之 6 號（台 3 號省道 34 公里處 妙法寺對面斜坡道進入）電話 03-3886110 傳眞 03-3881692 本堂供奉 克勤圓悟大師，專供會員每年四月、十月各三次精進禪三共修，兼作本會出家菩薩掛單常住之用。除禪三時間以外，公元 2018 年前每逢單月第一週之週日 9:00~17:00 開放會內、外人士參訪，當天並提供午齋結緣，自公元 2019 年後開放參訪日期請參見本會公告。教內共修團體或道場，得另申請其餘時間作團體參訪，務請事先與常住確定日期，以便安排常住菩薩接引導覽，亦免妨礙常住菩薩之日常作息及修行。

桃園正覺講堂（第一、第二講堂）：桃園市介壽路 286、288 號 10 樓（陽明運動公園對面）電話：03-3749363（請於共修時聯繫，或與台北聯繫）

禪淨班：週一晚上班（1）、週一晚上班（2）、週三晚上班、週四晚上班、週五晚上班。

進階班：週四晚班、週五晚班、週六上午班。

增上班：雙週六晚上班（增上重播班）。

不退轉法輪經詳解：平實導師講解。每週二晚上，以台北正覺講堂所錄 DVD 放映；歡迎會外學人共同聽講，不需出示身分證件。

新竹正覺講堂 新竹市東光路 55 號二樓之一 電話 03-5724297（晚上）

第一講堂：

禪淨班：週一晚上班、週五晚上班、週六上午班。

進階班：週三晚上班、週四晚上班（由禪淨班結業後轉入共修）。

增上班：單週六晚上班。雙週六晚上班（重播班）。

不退轉法輪經詳解：平實導師講解。每週二晚上，以台北正覺講堂所錄 DVD 放映。歡迎會外學人共同聽講，不需出示身分證件。

第二講堂：

禪淨班：週三晚上班、週四晚上班。

不退轉法輪經詳解：每週二晚上與第一講堂同步播放講經 DVD。

第三、第四講堂：裝修完畢，即將開放。

台中正覺講堂　04-23816090（晚上）

第一講堂　台中市南屯區五權西路二段 666 號 13 樓之四（國泰世華銀行樓上。鄰近縣市經第一高速公路前來者，由五權西路交流道可以快速到達，大樓旁有停車場，對面有素食館）。

禪淨班：週三晚上班、週四晚上班。

進階班：週一晚上班、週六上午班（由禪淨班結業後轉入共修）。

增上班：**增上班**：單週六晚上班。雙週六晚上班（重播班）。

不退轉法輪經詳解：平實導師講解。每週二晚上，以台北正覺講堂所錄 DVD 放映。歡迎會外學人共同聽講，不需出示身分證件。

第二講堂　台中市南屯區五權西路二段 666 號 4 樓

禪淨班：週一晚上班、週三晚上班、週六上午班。

進階班：週五晚上班（由禪淨班結業後轉入共修）。

不退轉法輪經詳解：每週二晚上與第一講堂同步播放講經 DVD。

第三講堂、第四講堂：台中市南屯區五權西路二段 666 號 4 樓。

嘉義正覺講堂　嘉義市友愛路 288 號八樓之一　電話：05-2318228

第一講堂：

禪淨班：週一晚上班、週四晚上班、週五晚上班、週六上午班。

進階班：週三晚上班（由禪淨班結業後轉入共修）。

增上班：單週六晚上班。雙週六晚上班（重播班）。

不退轉法輪經詳解：平實導師講解。每週二晚上，以台北正覺講堂所錄 DVD 放映。歡迎會外學人共同聽講，不需出示身分證件。

第二講堂　嘉義市友愛路 288 號八樓之二。

台南正覺講堂

第一講堂　台南市西門路四段 15 號 4 樓。06-2820541（晚上）

禪淨班：週一晚上班、週三晚上班、週四晚上班、週五晚上班、週六下午班。

增上班：**增上班**：單週六晚上班。雙週六晚上班（重播班）。

不退轉法輪經詳解：平實導師講解。每週二晚上，以台北正覺講堂所錄 DVD 放映。歡迎會外學人共同聽講，不需出示身分證件。

第二講堂　台南市西門路四段 15 號 3 樓。

不退轉法輪經詳解：每週二晚上與第一講堂同步播放講經 DVD。

第三講堂　台南市西門路四段 15 號 3 樓。

進階班：週三晚上班、週四晚上班、週六上午班（由禪淨班結業後轉入共修）。

不退轉法輪經詳解：每週二晚上與第一講堂同步播放講經 DVD。

高雄正覺講堂　高雄市新興區中正三路 45 號五樓 07-2234248（晚上）

第一講堂（五樓）：

禪淨班：週一晚班、週三晚班、週四晚班、週五晚班、週六上午班。

增上班：單週週末下午，以台北增上班課程錄成 DVD 放映之，限已明心之會員參加。

不退轉法輪經詳解：平實導師講解。每週二晚上，以台北正覺講堂所錄 DVD 放映。歡迎會外學人共同聽講，不需出示身分證件。

第二講堂（四樓）：

進階班：週三晚上班、週四晚上班、週六上午班（由禪淨班結業後轉入共修）。

不退轉法輪經詳解：每週二晚上與第一講堂同步播放講經 DVD。

第三講堂（三樓）：

進階班：週四晚班（由禪淨班結業後轉入共修）。

香港正覺講堂　☆**已遷移新址**☆

九龍觀塘，成業街 10 號，電訊一代廣場 27 樓 E 室。

（觀塘地鐵站 B1 出口，步行約 4 分鐘）。電話：(852) 23262231

英文地址：Unit E，27th Floor, TG Place, 10 Shing Yip Street, Kwun Tong, Kowloon

禪淨班：雙週六下午班 14:30-17:30，已經額滿。
雙週日下午班 14:30-17:30。
單週六下午班 14:30-17:30，已經額滿。

進階班：雙週五晚上班（由禪淨班結業後轉入共修）。

增上班：單週週末上午，以台北增上班課程錄成 DVD 放映之。

增上重播班：雙週週末上午，以台北增上班課程錄成 DVD 放映之。

不退轉法輪經詳解：平實導師講解。雙週六 19:00-21:00，以台北正覺講堂所錄 DVD 放映；歡迎會外學人共同聽講，不需出示身分證件。

美國洛杉磯正覺講堂　☆**已遷移新址**☆

825 S. Lemon Ave Diamond Bar, CA 91789 U.S.A.

Tel. (909) 595-5222（請於週六 9:00~18:00 之間聯繫）

Cell. (626) 454-0607

禪淨班：每逢週末 15：30~17：30 上課。

進階班：每逢週末上午 10：00~12：00 上課。

不退轉法輪經詳解：平實導師講解。每週六下午 13：00~15：00 以台北所錄 DVD 放映。歡迎各界人士共享第一義諦無上法益，不需報名。

二、招生公告　本會台北講堂及全省各講堂、香港講堂，每逢**四月、十月**下旬開新班，每週共修一次（每次二小時。開課日起三個月內仍可插班）；但美國洛杉磯共修處之禪淨班得隨時插班共修。各班共修期間皆為二年半，全程免費，欲參加者請向本會函索報名表（各共修處皆於共修時間方有人執事，非共修時間請勿電詢或前來洽詢、請書），或直接從本會官方網站(http://www.enlighten.org.tw/newsflash/class)或成佛之道網站下載報名表。共修期滿時，若經報名禪三審核通過者，可參加四天三夜之禪三精進共修，有機會明心、取證如來藏，發起般若實相智慧，成爲實義菩薩，脫離凡夫菩薩位。

三、新春禮佛祈福 農曆**年假**期間停止共修：自農曆新年前七天起停止共修與弘法，正月 8 日起回復共修、弘法事務。新春期間正月初一～初七 9.00～17.00 開放台北講堂、正月初一~初三開放桃園、新竹、台中、嘉義、台南、高雄講堂，以及大溪禪三道場（正覺祖師堂），方便會員供佛、祈福及會外人士請書。美國洛杉磯共修處之休假時間，請逕詢該共修處。

密宗四大派修雙身法，是外道性力派的邪法；又以生滅的識陰作為常住法，是常見外道，是假的藏傳佛教。

西藏覺囊巴以他空見弘揚第八識如來藏勝法，才是真藏傳佛教

佛教正覺同修會　弘法行事表　　2019/02/18

1、**禪淨班**　以無相念佛及拜佛方式修習動中定力，實證一心不亂功夫。傳授解脫道正理及第一義諦佛法，以及參禪知見。共修期間：二年六個月。每逢四月、十月開新班，詳見招生公告表。

2、**進階班**　禪淨班畢業後得轉入此班，進修更深入的佛法，期能證悟明心。各地講堂各有多班，繼續深入佛法、增長定力，悟後得轉入增上班修學道種智，期能證得無生法忍。

3、**增上班 瑜伽師地論**詳解　詳解論中所言凡夫地至佛地等 17 師之修證境界與理論，從凡夫地、聲聞地……宣演到諸地所證無生法忍、一切種智之眞實正理。由平實導師開講，每逢一、三、五週之週末晚上開示，僅限已明心之會員參加。2003 年二月開講至今，預定 2019 年講畢。

4、**不退轉法輪經**詳解　本經所說妙法極爲甚深難解，時至末法，已然無有知者；而其甚深絕妙之法，流傳至今依舊多人可證，顯示佛法眞是義學而非玄談，其中甚深極妙令人拍案稱絕之第一義諦妙義。已於 2019 年元月底開講，由平實導師詳解。不限制聽講資格。

5、**精進禪三**　主三和尚：平實導師。於四天三夜中，以克勤圓悟大師及大慧宗杲之禪風，施設機鋒與小參、公案密意之開示，幫助會員剋期取證，親證不生不滅之眞實心——人人本有之如來藏。每年四月、十月各舉辦三個梯次；平實導師主持。僅限本會會員參加禪淨班共修期滿，報名審核通過者，方可參加。並選擇會中定力、慧力、福德三條件皆已具足之已明心會員，給以指引，令得眼見自己無形無相之佛性遍佈山河大地，眞實而無障礙，得以肉眼現觀世界身心悉皆如幻，具足成就如幻觀，圓滿十住菩薩之證境。

6、**阿含經**詳解　選擇重要之阿含部經典，依無餘涅槃之實際而加以詳解，令大眾得以現觀諸法緣起性空，亦復不墮斷滅見中，顯示經中所隱說之涅槃實際—如來藏—確實已於四阿含中隱說；令大眾得以聞後觀行，確實斷除我見乃至我執，證得**見到**眞現觀，乃至**身證**……等眞現觀；已得大乘或二乘見道者，亦可由此聞熏及聞後之觀行，除斷我所之貪著，成就慧解脫果。由平實導師詳解。不限制聽講資格。

7、**解深密經**詳解　重講本經之目的，在於令諸已悟之人明解大乘法道之成佛次第，以及悟後進修一切種智之內涵，確實證知三種自性性，並得據此證解七眞如、十眞如等正理。每逢週二 18.50~20.50 開示，由平實導師詳解。將於《**不退轉法輪經**》講畢後開講。不限制聽講資格。

8、**成唯識論**詳解　詳解一切種智眞實正理，詳細剖析一切種智之微細深妙廣大正理；並加以舉例說明，使已悟之會員深入體驗所證如來藏之微密行相；及證驗見分相分與所生一切法，皆由如來藏—阿賴耶識—直接或展轉而生，因此證知一切法無我，證知無餘涅槃之本際。將於增上班《瑜伽師地論》講畢後，由平實導師重講。僅限已明心之會員參加。

9、**精選如來藏系經典**詳解　精選如來藏系經典一部，詳細解說，以此完全印證會員所悟如來藏之眞實，得入不退轉住。另行擇期詳細解說之，由平實導師講解。僅限已明心之會員參加。

10、**禪門差別智**　藉禪宗公案之微細淆訛難知難解之處，加以宣說及剖析，以增進明心、見性之功德，啓發差別智，建立擇法眼。每月第一週日全天，由平實導師開示，僅限破參明心後，復又眼見佛性者參加（事冗暫停）。

11、**枯木禪**　先講智者大師的《小止觀》，後說《釋禪波羅蜜》，詳解四禪八定之修證理論與實修方法，細述一般學人修定之邪見與岔路，及對禪定證境之誤會，消除枉用功夫、浪費生命之現象。已悟般若者，可以藉此而實修初禪，進入大乘通教及聲聞教的三果心解脫境界，配合應有的大福德及後得無分別智、十無盡願，即可進入初地心中。親教師：平實導師。未來緣熟時將於正覺寺開講。不限制聽講資格。

註：本會例行年假，自 2004 年起，改爲每年農曆新年前七天開始停息弘法事務及共修課程，農曆正月 8 日回復所有共修及弘法事務。新春期間（每日 9.00~17.00）開放台北講堂，方便會員禮佛祈福及會外人士請書。大溪區的正覺祖師堂，開放參訪時間，詳見〈正覺電子報〉或成佛之道網站。本表得因時節因緣需要而隨時修改之，不另作通知。

佛教正覺同修會　贈閱書籍 目錄　2018/10/20

1.**無相念佛**　平實導師著　回郵 36 元
2.**念佛三昧修學次第**　平實導師述著　回郵 52 元
3.**正法眼藏—護法集**　平實導師述著　回郵 76 元
4.**真假開悟簡易辨正法&佛子之省思**　平實導師著　回郵 26 元
5.**生命實相之辨正**　平實導師著　回郵 31 元
6.**如何契入念佛法門**（附：印順法師否定極樂世界）平實導師著　回郵 26 元
7.**平實書箋**—答元覽居士書　平實導師著　回郵 52 元
8.**三乘唯識**—如來藏系經律彙編　平實導師編　回郵 80 元
（精裝本　長 27 cm　寬 21 cm　高 7.5 cm　重 2.8 公斤）
9.**三時繫念全集**—修正本　回郵掛號 52 元（長 26.5 cm×寬 19 cm）
10.**明心與初地**　平實導師述　回郵 31 元
11.**邪見與佛法**　平實導師述著　回郵 36 元
12.**甘露法雨**　平實導師述　回郵 36 元
13.**我與無我**　平實導師述　回郵 36 元
14.**學佛之心態**—修正錯誤之學佛心態始能與正法相應　孫正德老師著　回郵52元
附錄：平實導師著《**略說八、九識並存…等之過失**》
15.**大乘無我觀**—《悟前與悟後》別說　平實導師述著　回郵 36 元
16.**佛教之危機**—中國台灣地區現代佛教之真相（附錄：公案拈提六則）
平實導師著　回郵 52 元
17.**燈　影**—燈下黑（覆「求教後學」來函等）　平實導師著　回郵 76 元
18.**護法與毀法**—覆上平居士與徐恒志居士網站毀法二文
張正圜老師著　回郵 76 元
19.**淨土聖道**—兼評**選擇本願念佛**　正德老師著　**由正覺同修會購贈**　回郵52 元
20.**辨唯識性相**—對「紫蓮心海《辯唯識性相》書中否定阿賴耶識」之回應
正覺同修會 台南共修處法義組 著　回郵 52 元
21.**假如來藏**—對法蓮法師《如來藏與阿賴耶識》書中否定阿賴耶識之回應
正覺同修會 台南共修處法義組 著　回郵 76 元
22.**入不二門**—公案拈提集錦 第一輯（於平實導師公案拈提諸書中選錄約二十則，
合輯為一冊流通之）平實導師著　回郵 52 元
23.**真假邪說**—西藏密宗索達吉喇嘛《破除邪說論》真是邪說
釋正安法師著　上、下冊回郵各 52 元
24.**真假開悟**—真如、如來藏、阿賴耶識間之關係　平實導師述著　回郵 76 元
25.**真假禪和**—辨正釋傳聖之謗法謬說　孫正德老師著　回郵76 元

26.**眼見佛性**—駁慧廣法師眼見佛性的含義文中謬說
游正光老師著　回郵 52 元

27.**普門自在**—公案拈提集錦 第二輯（於平實導師公案拈提諸書中選錄約二十則，合輯爲一冊流通之）平實導師著　回郵 52 元

28.**印順法師的悲哀**—以現代禪的質疑為線索　恒毓博士著　回郵 52 元

29.**識蘊真義**—現觀識蘊內涵、取證初果、親斷三縛結之具體行門。
—依《成唯識論》及《惟識述記》正義，略顯安慧《大乘廣五蘊論》之邪謬
平實導師著　回郵 76 元

30.**正覺電子報** 各期紙版本　免附回郵　每次最多函索三期或三本。
（已無存書之較早各期，不另增印贈閱）

31.**現代人應有的宗教觀**　蔡正禮老師 著　回郵 31 元

32.**遠惑趣道**—正覺電子報般若信箱問答錄　第一輯　回郵 52 元

33.**遠惑趣道**—正覺電子報般若信箱問答錄　第二輯　回郵 52 元

34.**確保您的權益**—器官捐贈應注意自我保護　游正光老師 著　回郵 31 元

35.**正覺教團電視弘法三乘菩提 DVD 光碟（一）**
由正覺教團多位親教師共同講述錄製 DVD 8 片，MP3 一片，共 9 片。有二大講題：一爲「三乘菩提之意涵」，二爲「學佛的正知見」。內容精闢，深入淺出，精彩絕倫，幫助大眾快速建立三乘法道的正知見，免被外道邪見所誤導。有志修學三乘佛法之學人不可不看。（製作工本費 100 元，回郵 52 元）

36.**正覺教團電視弘法 DVD 專輯（二）**
總有二大講題：一爲「三乘菩提之念佛法門」，一爲「學佛正知見（第二篇）」，由正覺教團多位親教師輪番講述，內容詳細闡述如何修學念佛法門、實證念佛三昧，以及學佛應具有的正確知見，可以幫助發願往生西方極樂淨土之學人，得以把握往生，更可令學人快速建立三乘法道的正知見，免於被外道邪見所誤導。有志修學三乘佛法之學人不可不看。（一套 17 片，工本費 160 元。回郵 76 元）

37.**喇嘛性世界**—揭開假藏傳佛教譚崔瑜伽的面紗　張善思 等人合著
由正覺同修會購贈　回郵 52 元

38.**假藏傳佛教的神話**—性、謊言、喇嘛教　張正玄教授編著
由正覺同修會購贈　回郵 52 元

39.**隨　緣**—理隨緣與事隨緣　平實導師述　回郵 52 元。

40.**學佛的覺醒**　正枝居士 著　回郵 52 元

41.**導師之真實義**　蔡正禮老師 著　回郵 31 元

42.**淺談達賴喇嘛之雙身法**—兼論解讀「密續」之達文西密碼
吳明芷居士 著　回郵 31 元

43.**魔界轉世**　張正玄居士 著　回郵 31 元

44.**一貫道與開悟**　蔡正禮老師 著　回郵 31 元

45.**博愛**—愛盡天下女人　正覺教育基金會 編印　回郵 36 元

46.**意識虛妄經教彙編**—實證解脫道的關鍵經文　正覺同修會編印　回郵36元

47.**邪箭囈語**—破斥藏密外道多識仁波切《破魔金剛箭雨論》之邪說
陸正元老師著　上、下冊回郵各52元

48.**真假沙門**—依 佛聖教闡釋佛教僧寶之定義
蔡正禮老師著　俟正覺電子報連載後結集出版

49.**真假禪宗**—藉評論釋性廣《印順導師對變質禪法之批判及對禪宗之肯定》以顯示真假禪宗
附論一：凡夫知見 無助於佛法之信解行證
附論二：世間與出世間一切法皆從如來藏實際而生而顯
余正偉老師著　俟正覺電子報連載後結集出版　回郵未定

★ 上列贈書之郵資，係台灣本島地區郵資，大陸、港、澳地區及外國地區，請另計酌增（大陸、港、澳、國外地區之郵票不許通用）。尚未出版之書，請勿先寄來郵資，以免增加作業煩擾。

★ 本目錄若有變動，唯於後印之書籍及「成佛之道」網站上修正公佈之，不另行個別通知。

函索書籍請寄：佛教正覺同修會　103台北市承德路3段277號9樓
台灣地區函索書籍者請附寄郵票，無時間購買郵票者可以等值現金抵用，但不接受郵政劃撥、支票、匯票。大陸地區得以人民幣計算，國外地區請以美元計算（請勿寄來當地郵票，在台灣地區不能使用）。欲以掛號寄遞者，請另附掛號郵資。

親自索閱：正覺同修會各共修處。　★請於共修時間前往取書，餘時無人在道場，請勿前往索取；共修時間與地點，詳見書末正覺同修會共修現況表（以近期之共修現況表為準）。

註：正智出版社發售之局版書，請向各大書局購閱。若書局之書架上已經售出而無陳列者，請向書局櫃台指定洽購；若書局不便代購者，請於正覺同修會共修時間前往各共修處請購，正智出版社已派人於共修時間送書前往各共修處流通。 郵政劃撥購書及 大陸地區 購書，請詳別頁正智出版社發售書籍目錄最後頁之說明。

成佛之道 網站：http://www.a202.idv.tw　正覺同修會已出版之結緣書籍，多已登載於 成佛之道 網站，若住外國、或住處遙遠，不便取得正覺同修會贈閱書籍者，可以從本網站閱讀及下載。　書局版之《宗通與說通》亦已上網，台灣讀者可向書局洽購，售價300元。《狂密與眞密》第一輯~第四輯，亦於 2003.5.1.全部於本網站登載完畢；台灣地區讀者請向書局洽購，每輯約400頁，售價300元（網站下載紙張費用較貴，容易散失，難以保存，亦較不精美）。

＊＊假藏傳佛教修雙身法，非佛教＊＊

正智出版社 籌募弘法基金發售書籍目錄 2019/05/01

1.**宗門正眼**—公案拈提 第一輯 重拈 平實導師著 500 元
因重寫內容大幅度增加故，字體必須改小，並增爲 576 頁 主文 546 頁。比初版更精彩、更有內容。初版《禪門摩尼寶聚》之讀者，可寄回本公司免費調換新版書。免附回郵，亦無截止期限。（2007 年起，每冊附贈本公司精製公案拈提〈超意境〉CD 一片。市售價格 280 元，多購多贈。）
2.**禪淨圓融** 平實導師著 200 元（第一版舊書可換新版書。）
3.**真實如來藏** 平實導師著 400 元
4.**禪—悟前與悟後** 平實導師著 上、下冊，每冊 250 元
5.**宗門法眼**—公案拈提 第二輯 平實導師著 500 元
（2007 年起，每冊附贈本公司精製公案拈提〈超意境〉CD 一片）
6.**楞伽經詳解** 平實導師著 全套共 10 輯 每輯 250 元
7.**宗門道眼**—公案拈提 第三輯 平實導師著 500 元
（2007 年起，每冊附贈本公司精製公案拈提〈超意境〉CD 一片）
8.**宗門血脈**—公案拈提 第四輯 平實導師著 500 元
（2007 年起，每冊附贈本公司精製公案拈提〈超意境〉CD 一片）
9.**宗通與說通**—成佛之道 平實導師著 主文 381 頁 全書 400 頁售價 300 元
10.**宗門正道**—公案拈提 第五輯 平實導師著 500 元
（2007 年起，每冊附贈本公司精製公案拈提〈超意境〉CD 一片）
11.**狂密與真密 一～四輯** 平實導師著 西藏密宗是人間最邪淫的宗教，本質不是佛教，只是披著佛教外衣的印度教性力派流毒的喇嘛教。此書中將西藏密宗密傳之男女雙身合修樂空雙運所有祕密與修法，毫無保留完全公開，並將全部喇嘛們所不知道的部分也一併公開。內容比大辣出版社喧騰一時的《西藏慾經》更詳細。並且函蓋藏密的所有祕密及其錯誤的中觀見、如來藏見……等，藏密的所有法義都在書中詳述、分析、辨正。每輯主文三百餘頁 每輯全書約 400 頁 售價每輯 300 元
12.**宗門正義**—公案拈提 第六輯 平實導師著 500 元
（2007 年起，每冊附贈本公司精製公案拈提〈超意境〉CD 一片）
13.**心經密意**—心經與解脫道、佛菩提道、祖師公案之關係與密意 平實導師述 300 元
14.**宗門密意**—公案拈提 第七輯 平實導師著 500 元
（2007 年起，每冊附贈本公司精製公案拈提〈超意境〉CD 一片）
15.**淨土聖道**—兼評「選擇本願念佛」 正德老師著 200 元
16.**起信論講記** 平實導師述著 共六輯 每輯三百餘頁 售價各 250 元
17.**優婆塞戒經講記** 平實導師述著 共八輯 每輯三百餘頁 售價各 250 元
18.**真假活佛**—略論附佛外道盧勝彥之邪說（對前岳靈犀網站主張「盧勝彥是證悟者」之修正） 正犀居士（岳靈犀）著 流通價 140 元
19.**阿含正義**—唯識學探源 平實導師著 共七輯 每輯 300 元

20.**超意境 CD** 以平實導師公案拈提書中超越意境之頌詞，加上曲風優美的旋律，錄成令人嚮往的超意境歌曲，其中包括正覺發願文及平實導師親自譜成的黃梅調歌曲一首。詞曲雋永，殊堪翫味，可供學禪者吟詠，有助於見道。內附設計精美的彩色小冊，解說每一首詞的背景本事。每片 280 元。【每購買公案拈提書籍一冊，即贈送一片。】

21.**菩薩底憂鬱 CD** 將菩薩情懷及禪宗公案寫成新詞，並製作成超越意境的優美歌曲。 1.主題曲〈菩薩底憂鬱〉，描述地後菩薩能離三界生死而迴向繼續生在人間，但因尚未斷盡習氣種子而有極深沈之憂鬱，非三賢位菩薩及二乘聖者所知，此憂鬱在七地滿心位方才斷盡；本曲之詞中所說義理極深，昔來所未曾見；此曲係以優美的情歌風格寫詞及作曲，聞者得以激發嚮往諸地菩薩境界之大心，詞、曲都非常優美，難得一見；其中勝妙義理之解說，已印在附贈之彩色小冊中。 2.以各輯公案拈提中直示禪門入處之頌文，作成各種不同曲風之超意境歌曲，值得玩味、參究；聆聽公案拈提之優美歌曲時，請同時閱讀內附之印刷精美說明小冊，可以領會超越三界的證悟境界；未悟者可以因此引發求悟之意向及疑情，眞發菩提心而邁向求悟之途，乃至因此眞實悟入般若，成眞菩薩。 3.正覺總持咒新曲，總持佛法大意；總持咒之義理，已加以解說並印在隨附之小冊中。本 CD 共有十首歌曲，長達 63 分鐘。每盒各附贈二張購書優惠券。每片 280 元。

22.**禪意無限 CD** 平實導師以公案拈提書中偈頌寫成不同風格曲子，與他人所寫不同風格曲子共同錄製出版，幫助參禪人進入禪門超越意識之境界。盒中附贈彩色印製的精美解說小冊，以供聆聽時閱讀，令參禪人得以發起參禪之疑情，即有機會證悟本來面目而發起實相智慧，實證大乘菩提般若，能如實證知般若經中的眞實意。本 CD 共有十首歌曲，長達 69 分鐘，每盒各附贈二張購書優惠券。每片 280 元。

23.**我的菩提路**第一輯　釋悟圓、釋善藏等人合著　售價 300 元

24.**我的菩提路**第二輯　郭正益、張志成等人合著　售價 300 元

25.**我的菩提路**第三輯　王美伶等人合著　售價 300 元

26.**我的菩提路**第四輯　陳晏平等人合著　售價 300 元

27.**鈍鳥與靈龜**—考證後代凡夫對大慧宗杲禪師的無根誹謗。

平實導師著　共 458 頁　售價 350 元

28.**維摩詰經講記**　平實導師述　共六輯　每輯三百餘頁　售價各 250 元

29.**真假外道**—破劉東亮、杜大威、釋證嚴常見外道見　正光老師著　200 元

30.**勝鬘經講記**—兼論印順《勝鬘經講記》對於《勝鬘經》之誤解。

平實導師述　共六輯　每輯三百餘頁　售價 250 元

31.**楞嚴經講記**　平實導師述　共 **15** 輯，每輯三百餘頁　售價 300 元

32.**明心與眼見佛性**—駁慧廣〈蕭氏「眼見佛性」與「明心」之非〉文中謬說

正光老師著　共 448 頁　售價 300 元

33.**見性與看話頭** 黃正倖老師 著，本書是禪宗參禪的方法論。
內文 375 頁，全書 416 頁，售價 300 元。
34.**達賴真面目**—玩盡天下女人 白正偉老師 等著 中英對照彩色精裝大本 800 元
35.**喇嘛性世界**—揭開假藏傳佛教譚崔瑜伽的面紗 張善思 等人著 200 元
36.**假藏傳佛教的神話**—性、謊言、喇嘛教 正玄教授編著 200 元
37.**金剛經宗通** 平實導師述 共九輯 每輯售價 250 元。
38.**空行母**—性別、身分定位，以及藏傳佛教。
珍妮·坎貝爾著 呂艾倫 中譯 售價 250 元
39.**末代達賴**—性交教主的悲歌 張善思、呂艾倫、辛燕編著 售價 250 元
40.**霧峰無霧**—給哥哥的信 辨正釋印順對佛法的無量誤解
游宗明 老師著 售價 250 元
41.**第七意識與第八意識？**—穿越時空「超意識」
平實導師述 每冊 300 元
42.**黯淡的達賴**—失去光彩的諾貝爾和平獎
正覺教育基金會編著 每冊 250 元
43.**童女迦葉考**—論呂凱文〈佛教輪迴思想的論述分析〉之謬。
平實導師 著 定價 180 元
44.**人間佛教**—實證者必定不悖三乘菩提
平實導師 述，定價 400 元
45.**實相經宗通** 平實導師述 共八輯 每輯 250 元
46.**真心告訴您(一)**—達賴喇嘛在幹什麼？
正覺教育基金會編著 售價 250 元
47.**中觀金鑑**—詳述應成派中觀的起源與其破法本質
孫正德老師著 分爲上、中、下三冊，每冊 250 元
48.**藏傳佛教要義**—《狂密與真密》之簡體字版 平實導師 著 上、下冊
僅在大陸流通 每冊 300 元
49.**法華經講義** 平實導師述 共二十五輯 每輯 300 元
50.**西藏「活佛轉世」制度**—附佛、造神、世俗法
許正豐、張正玄老師合著 定價 150 元
51.**廣論三部曲** 郭正益老師著 定價 150 元
52.**真心告訴您(二)**—達賴喇嘛是佛教僧侶嗎？
—補祝達賴喇嘛八十大壽
正覺教育基金會編著 售價 300 元
53.**次法**—實證佛法前應有的條件
張善思居士著 分爲上、下二冊，每冊 250 元
54.**涅槃**—解說四種涅槃之實證及內涵 平實導師著 上、下冊 各 350 元
55.**山法**—西藏關於他空與佛藏之根本論
篤補巴·喜饒堅贊著 傑弗里·霍普金斯英譯
張火慶教授、張志成、呂艾倫等中譯 精裝大本 1200 元

56.**假鋒虛焰金剛乘**—揭示顯密正理，兼破索達吉師徒《般若鋒兮金剛焰》
釋正安法師著 簡體字版 即將出版 售價未定

57.**廣論之平議**—宗喀巴《菩提道次第廣論》之平議 正雄居士著
約二或三輯 俟正覺電子報連載後結集出版 書價未定

58.**救護佛子向正道**—對印順法師中心思想之綜合判攝
游宗明老師著 書價未定

59.**菩薩學處**—菩薩四攝六度之要義 陸正元老師著 出版日期未定。

60.**八識規矩頌**詳解 ○○居士 註解 出版日期另訂 書價未定。

61.**印度佛教史**—法義與考證。依法義史實評論印順《印度佛教思想史、佛教史地考論》之謬說 正偉老師著 出版日期未定 書價未定

62.**中國佛教史**—依中國佛教正法史實而論。○○老師 著 書價未定。

63.**中論正義**—釋龍樹菩薩《中論》頌正理。
孫正德老師著 出版日期未定 書價未定

64.**中觀正義**—註解平實導師《中論正義頌》。
○○法師（居士）著 出版日期未定 書價未定

65.**佛藏經講記** 平實導師述 將於 2019 年 7 月 31 日出版 共 21 輯，每二個月出版一輯，每輯 300 元。

66.**阿含經講記**—將選錄四阿含中數部重要經典全經講解之，講後整理出版。
平實導師述 約二輯 每輯 300 元 出版日期未定

67.**寶積經講記** 平實導師述 每輯三百餘頁 優惠價 300 元 出版日期未定

68.**解深密經講記** 平實導師述 約四輯 將於重講後整理出版

69.**成唯識論略解** 平實導師著 五～六輯 每輯300 元 出版日期未定

70.**修習止觀坐禪法要講記** 平實導師述 每輯三百餘頁
將於正覺寺建成後重講、以講記逐輯出版 出版日期未定

71.**無門關**—《無門關》公案拈提 平實導師著 出版日期未定

72.**中觀再論**—兼述印順《中觀今論》謬誤之平議。正光老師著 出版日期未定

73.**輪迴與超度**—佛教超度法會之真義。
○○法師（居士）著 出版日期未定 書價未定

74.**《釋摩訶衍論》平議**—對偽稱龍樹所造《釋摩訶衍論》之平議
○○法師（居士）著 出版日期未定 書價未定

75.**正覺發願文**註解—以真實大願為因 得證菩提
正德老師著 出版日期未定 書價未定

76.**正覺總持咒**—佛法之總持 正圜老師著 出版日期未定 書價未定

77.**三自性**—依四食、五蘊、十二因緣、十八界法，說三性三無性。
作者未定 出版日期未定

78.**道品**—從三自性說大小乘三十七道品 作者未定 出版日期未定

79.**大乘緣起觀**—依四聖諦七真如現觀十二緣起 作者未定 出版日期未定

80.**三德**—論解脫德、法身德、般若德。 作者未定 出版日期未定

81.**真假如來藏**—對印順《如來藏之研究》謬說之平議 作者未定 出版日期未定

82.**大乘道次第** 作者未定 出版日期未定 書價未定

83.**四緣**—依如來藏故有四緣。　作者未定　出版日期未定
84.**空之探究**—印順《空之探究》謬誤之平議　作者未定 出版日期未定
85.**十法義**—論阿含經中十法之正義　作者未定　出版日期未定
86.**外道見**—論述外道六十二見　作者未定　出版日期未定

正智出版社有限公司 書籍介紹

禪淨圓融：言淨土諸祖所未曾言，示諸宗祖師所未曾示；禪淨圓融，另闢成佛捷徑，兼顧自力他力，闡釋淨土門之速行易行道，亦同時揭櫫聖教門之速行易行道；令廣大淨土行者得免緩行難證之苦，亦令聖道門行者得以藉著淨土速行道而加快成佛之時劫。乃前無古人之超勝見地，非一般弘揚禪淨法門典籍也，先讀爲快。平實導師著 200元。

宗門正眼——公案拈提第一輯：繼承克勤圜悟大師碧巖錄宗旨之禪門鉅作。先則舉示當代大法師之邪說，消弭當代禪門大師鄉愿之心態，摧破當今禪門「世俗禪」之妄談；次則旁通教法，表顯宗門正理；繼以道之次第，消弭古今狂禪；後藉言語及文字機鋒，直示宗門入處。悲智雙運，禪味十足，數百年來難得一睹之禪門鉅著也。平實導師著 500元（原初版書《禪門摩尼寶聚》，改版後補充爲五百餘頁新書，總計多達二十四萬字，內容更精彩，並改名爲《宗門正眼》，讀者原購初版《禪門摩尼寶聚》皆可寄回本公司免費換新，免附回郵，亦無截止期限）（2007年起，凡購買公案拈提第一輯至第七輯，每購一輯皆贈送本公司精製公案拈提〈超意境〉CD一片，市售價格280元，多購多贈）。

禪—悟前與悟後：本書能建立學人悟道之信心與正確知見，圓滿具足而有次第地詳述禪悟之功夫與禪悟之內容，指陳參禪中細微淆訛之處，能使學人明自眞心、見自本性。若未能悟入，亦能以正確知見辨別古今中外一切大師究係眞悟？或屬錯悟？便有能力揀擇，捨名師而選明師，後時必有悟道之緣。一旦悟道，遲者七次人天往返，便出三界，速者一生取辦。學人欲求開悟者，不可不讀。　平實導師著。上、下冊共500元，單冊250元。

眞實如來藏：如來藏眞實存在，乃宇宙萬有之本體，並非印順法師、達賴喇嘛等人所說之「唯有名相、無此心體」。如來藏是涅槃之本際，是一切有智之人竭盡心智、不斷探索而不能得之生命實相；是古今中外許多大師自以爲悟而當面錯過之生命實相。如來藏即是阿賴耶識，乃是一切有情本自具足、不生不滅之眞實心。當代中外大師於此書出版之前所未能言者，作者於本書中盡情流露、詳細闡釋。眞悟者讀之，必能增益悟境、智慧增上；錯悟者讀之，必能檢討自己之錯誤，免犯大妄語業；未悟者讀之，能知參禪之理路，亦能以之檢查一切名師是否眞悟。此書是一切哲學家、宗教家、學佛者及欲昇華心智之人必讀之鉅著。　平實導師著　售價400元。

宗門法眼—**公案拈提**第二輯：列舉實例，闡釋土城廣欽老和尚之悟處；並直示這位不識字的老和尚妙智橫生之根由，繼而剖析禪宗歷代大德之開悟公案，解析當代密宗高僧卡盧仁波切之錯悟證據，並例舉當代顯宗高僧、大居士之錯悟證據（凡健在者，爲免影響其名聞利養，皆隱其名）。藉辨正當代名師之邪見，向廣大佛子指陳禪悟之正道，彰顯宗門法眼。悲勇兼出，強捋虎鬚；慈智雙運，巧探驪龍；摩尼寶珠在手，直示宗門入處，禪味十足；若非大悟徹底，不能爲之。禪門精奇人物，允宜人手一冊，供作參究及悟後印證之圭臬。本書於2008年4月改版，增寫為大約500頁篇幅，以利學人研讀參究時更易悟入宗門正法，以前所購初版首刷及初版二刷舊書，皆可免費換取新書。平實導師著　500元（2007年起，凡購買公案拈提第一輯至第七輯，每購一輯皆贈送本公司精製公案拈提〈超意境〉CD一片，市售價格280元，多購多贈）。

宗門道眼—**公案拈提**第三輯：繼宗門法眼之後，再以金剛之作略、慈悲之胸懷、犀利之筆觸，舉示寒山、拾得、布袋三大士之悟處，消弭當代錯悟者對於寒山大士……等之誤會及誹謗。亦舉出民初以來與虛雲和尚齊名之蜀郡鹽亭袁煥仙夫子——南懷瑾老師之師，其「悟處」何在？並蒐羅許多眞悟祖師之證悟公案，顯示禪宗歷代祖師之睿智，指陳部分祖師、奧修及當代顯密大師之謬悟，作爲殷鑑，幫助禪子建立及修正參禪之方向及知見。假使讀者閱此書已，一時尚未能悟，亦可一面加功用行，一面以此宗門道眼辨別眞假善知識，避開錯誤之印證及歧路，可免大妄語業之長劫慘痛果報。欲修禪宗之禪者，務請細讀。平實導師著　售價500元（2007年起，凡購買公案拈提第一輯至第七輯，每購一輯皆贈送本公司精製公案拈提〈超意境〉CD一片，市售價格280元，多購多贈）。

楞伽經詳解：本經是禪宗見道者印證所悟眞僞之根本經典，亦是禪宗見道者悟後起修之依據經典；故達摩祖師於印證二祖慧可大師之後，將此經典連同佛缽祖衣一併交付二祖，令其依此經典佛示金言、進入修道位，修學一切種智。由此可知此經對於眞悟之人修學佛道，是非常重要之一部經典。此經能破外道邪說，亦破佛門中錯悟名師之謬說，亦破禪宗部分祖師之狂禪：不讀經典、一向主張「一悟即成究竟佛」之謬執。並開示愚夫所行禪、觀察義禪、攀緣如禪、如來禪等差別，令行者對於三乘禪法差異有所分辨；亦糾正禪宗祖師古來對於如來禪之誤解，嗣後可免以訛傳訛之弊。此經亦是法相唯識宗之根本經典，禪者悟後欲修一切種智而入初地者，必須詳讀。平實導師著，全套共十輯，已全部出版完畢，每輯主文約320頁，每冊約352頁，定價250元。

宗門血脈—**公案拈提**第四輯：末法怪象—許多修行人自以爲悟，每將無念靈知認作眞實；崇尚二乘法諸師及其徒眾，則將外於如來藏之緣起性空—無因論之無常空、斷滅空、一切法空—錯認爲 佛所說之般若空性。這兩種現象已於當今海峽兩岸及美加地區顯密大師之中普遍存在；人人自以爲悟，心高氣壯，便敢寫書解釋祖師證悟之公案，大多出於意識思惟所得，言不及義，錯誤百出，因此誤導廣大佛子同陷大妄語之地獄業中而不能自知。彼等書中所說之悟處，其實處處違背第一義經典之聖言量。彼等諸人不論是否身披袈裟，都非佛法宗門血脈，或雖有禪宗法脈之傳承，亦只徒具形式；猶如螟蛉，非眞血脈，未悟得根本眞實故。禪子欲知佛、祖之眞血脈者，請讀此書，便知分曉。平實導師著，主文452頁，全書464頁，定價500元（2007年起，凡購買公案拈提第一輯至第七輯，每購一輯皆贈送本公司精製公案拈提〈超意境〉CD一片，市售價格280元，多購多贈）。

宗通與說通：古今中外，錯誤之人如麻似粟，每以常見外道所說之靈知心，認作眞心；或妄想虛空之勝性能量爲眞如，或錯認物質四大元素藉冥性（靈知心本體）能成就吾人色身及知覺，或認初禪至四禪中之了知心爲不生不滅之涅槃心。此等皆非通宗者之見地。復有錯悟之人一向主張「宗門與教門不相干」，此即尚未通達宗門之人也。其實宗門與教門互通不二，宗門所證者乃是眞如與佛性，教門所說者乃說宗門證悟之眞如佛性，故教門與宗門不二。本書作者以宗教二門互通之見地，細說「宗通與說通」，從初見道至悟後起修之道、細說分明；並將諸宗諸派在整體佛教中之地位與次第，加以明確之教判，學人讀之即可了知佛法之梗概也。欲擇明師學法之前，允宜先讀。平實導師著，主文共381頁，全書392頁，只售成本價300元。

宗門正道—**公案拈提**第五輯：修學大乘佛法有二果須證—解脫果及大菩提果。二乘人不證大菩提果，唯證解脫果；此果之智慧，名爲聲聞菩提、緣覺菩提。大乘佛子所證二果之菩提果爲佛菩提，故名大菩提果，其慧名爲一切種智—函蓋二乘解脫果。然此大乘二果修證，須經由禪宗之宗門證悟方能相應。而宗門證悟極難，自古已然；其所以難者，咎在古今佛教界普遍存在三種邪見：1.以修定認作佛法，2.以無因論之緣起性空—否定涅槃本際如來藏以後之一切法空作爲佛法，3.以常見外道邪見（離語言妄念之靈知性）作爲佛法。如是邪見，或因自身正見未立所致，或因邪師之邪教導所致，或因無始劫來虛妄熏習所致。若不破除此三種邪見，永劫不悟宗門眞義、不入大乘正道，唯能外門廣修菩薩行。平實導師於此書中，有極爲詳細之說明，有志佛子欲摧邪見、入於內門修菩薩行者，當閱此書。主文共496頁，全書512頁。售價500元（2007年起，凡購買公案拈提第一輯至第七輯，每購一輯皆贈送本公司精製公案拈提〈超意境〉CD一片，市售價格280元，多購多贈）。

狂密與眞密：密教之修學，皆由有相之觀行法門而入，其最終目標仍不離顯教經典所說第一義諦之修證；若離顯教第一義經典、或違背顯教第一義經典，即非佛教。西藏密教之觀行法，如灌頂、觀想、遷識法、寶瓶氣、大聖歡喜雙身修法、喜金剛、無上瑜伽、大樂光明、樂空雙運等，皆是印度教兩性生生不息思想之轉化，自始至終皆以如何能運用交合淫樂之法達到全身受樂爲其中心思想，純屬欲界五欲的貪愛，不能令人超出欲界輪迴，更不能令人斷除我見；何況大乘之明心與見性，更無論矣！故密宗之法絕非佛法也。而其明光大手印、大圓滿法教，又皆同以常見外道所說離語言妄念之無念靈知心錯認爲佛地之眞如，不能直指不生不滅之眞如。西藏密宗所有法王與徒眾，都尚未開頂門眼，不能辨別眞僞，以依人不依法、依密續不依經典故，不肯將其上師喇嘛所說對照第一義經典，純依密續之藏密祖師所說爲準，因此而誇大其證德與證量，動輒謂彼祖師上師爲究竟佛、爲地上菩薩；如今台海兩岸亦有自謂其師證量高於 釋迦文佛者，然觀其師所述，猶未見道，仍在觀行即佛階段，尚未到禪宗相似即佛、分證即佛階位，竟敢標榜爲究竟佛及地上法王，誑惑初機學人。凡此怪象皆是狂密，不同於眞密之修行者。近年狂密盛行，密宗行者被誤導者極眾，動輒自謂已證佛地眞如，自視爲究竟佛，陷於大妄語業中而不知自省，反謗顯宗眞修實證者之證量粗淺；或如義雲高與釋性圓…等人，於報紙上公然誹謗眞實證道者爲「騙子、無道人、人妖、癩蛤蟆…」等，造下誹謗大乘勝義僧之大惡業；或以外道法中有爲有作之甘露、魔術……等法，誑騙初機學人，狂言彼外道法爲眞佛法。如是怪象，在西藏密宗及附藏密之外道中，不一而足，舉之不盡，學人宜應愼思明辨，以免上當後又犯毀破菩薩戒之重罪。密宗學人若欲遠離邪知邪見者，請閱此書，即能了知密宗之邪謬，從此遠離邪見與邪修，轉入眞正之佛道。

平實導師著 共四輯 每輯約400頁（主文約340頁）每輯售價300元。

宗門正義—公案拈提第六輯：佛教有六大危機，乃是藏密化、世俗化、膚淺化、學術化、宗門密意失傳、悟後進修諸地之次第混淆；其中尤以宗門密意之失傳，爲當代佛教最大之危機。由宗門密意失傳故，易令世尊本懷普被錯解，易令世尊正法被轉易爲外道法，以及加以淺化、世俗化，是故宗門密意之廣泛弘傳與具緣佛弟子，極爲重要。然而欲令宗門密意之廣泛弘傳予具緣之佛弟子者，必須同時配合錯誤知見之解析、普令佛弟子知之，然後輔以公案解析之直示入處，方能令具緣之佛弟子悟入。而此二者，皆須以公案拈提之方式爲之，方易成其功、竟其業，是故平實導師續作宗門正義一書，以利學人。 全書500餘頁，售價500元（2007年起，凡購買公案拈提第一輯至第七輯，每購一輯皆贈送本公司精製公案拈提〈超意境〉CD一片，市售價格280元，多購多贈）。

心經密意—心經與解脫道、佛菩提道、祖師公案之關係與密意。二乘菩提所證之解脫道，實依第八識心之斷除煩惱障現行而立解脫之名；大乘菩提所證之佛菩提道，實依親證第八識如來藏之涅槃性、清淨自性、及其中道性而立般若之名；禪宗祖師公案所證之眞心，即是此第八識如來藏；是故三乘佛法所修所證之三乘菩提，皆依此如來藏心而立名也。此第八識心，即是《心經》所說之心也。證得此如來藏已，即能漸入大乘佛菩提道，亦可因證知此心而了知二乘無學所不能知之無餘涅槃本際，是故《心經》之密意，與三乘佛菩提之關係極爲密切、不可分割，三乘佛法皆依此心而立名故。今者平實導師以其所證解脫道之無生智及佛菩提之般若種智，將《心經》與解脫道、佛菩提道、祖師公案之關係與密意，以演講之方式，用淺顯之語句和盤托出，發前人所未言，呈三乘菩提之眞義，令人藉此《心經密意》一舉而窺三乘菩提之堂奧，迥異諸方言不及義之說；欲求眞實佛智者、不可不讀！主文317頁，連同跋文及序文…等共384頁，售價300元。

宗門密意──公案拈提第七輯：佛教之世俗化，將導致學人以信仰作爲學佛，則將以感應及世間法之庇祐，作爲學佛之主要目標，不能了知學佛之主要目標爲親證三乘菩提。大乘菩提則以般若實相智慧爲主要修習目標，以二乘菩提解脫道爲附帶修習之標的；是故學習大乘法者，應以禪宗之證悟爲要務，能親入大乘菩提之實相般若智慧中故，般若實相智慧非二乘聖人所能知故。此書則以台灣世俗化佛教之三大法師，說法似是而非之實例，配合眞悟祖師之公案解析，提示證悟般若之關節，令學人易得悟入。平實導師著，全書五百餘頁，售價500元（2007年起，凡購買公案拈提第一輯至第七輯，每購一輯皆贈送本公司精製公案拈提〈超意境〉CD一片，市售價格280元，多購多贈）。

淨土聖道──兼評日本本願念佛：佛法甚深極廣，般若玄微，非諸二乘聖僧所能知之，一切凡夫更無論矣！所謂一切證量皆歸淨土是也！是故大乘法中「聖道之淨土、淨土之聖道」，其義甚深，難可了知；乃至眞悟之人，初心亦難知也。今有正德老師眞實證悟後，復能深探淨土與聖道之緊密關係，憐憫眾生之誤會淨土實義，亦欲利益廣大淨土行人同入聖道，同獲淨土中之聖道門要義，乃振奮心神、書以成文，今得刊行天下。主文279頁，連同序文等共301頁，總有十一萬六千餘字，正德老師著，成本價200元。

起信論講記：詳解大乘起信論**心生滅門**與**心眞如門**之眞實意旨，消除以往大師與學人對起信論所說**心生滅門**之誤解，由是而得了知眞心如來藏之非常非斷中道正理；亦因此一講解，令此論以往隱晦而被誤解之眞實義，得以如實顯示，令大乘佛菩提道之正理得以顯揚光大；初機學者亦可藉此正論所顯示之法義，對大乘法理生起正信，從此得以眞發菩提心，眞入大乘法中修學，世世常修菩薩正行。平實導師演述，共六輯，都已出版，每輯三百餘頁，售價各250元。

優婆塞戒經講記：本經詳述在家菩薩修學大乘佛法，應如何受持菩薩戒？對人間善行應如何看待？對三寶應如何護持？應如何正確地修集此世後世證法之福德？應如何修集後世「行菩薩道之資糧」？並詳述第一義諦之正義：五蘊非我非異我、自作自受、異作異受、不作不受……等深妙法義，乃是修學大乘佛法、行菩薩行之在家菩薩所應當了知者。出家菩薩今世或未來世登地已，捨報之後多數將如華嚴經中諸大菩薩，以在家菩薩身而修行菩薩行，故亦應以此經所述正理而修之，配合《楞伽經、解深密經、楞嚴經、華嚴經》等道次第正理，方得漸次成就佛道；故此經是一切大乘行者皆應證知之正法。平實導師講述，每輯三百餘頁，售價各250元；共八輯，已全部出版。

真假活佛——略論附佛外道盧勝彥之邪說：人人身中都有眞活佛，永生不滅而有大神用，但眾生都不了知，所以常被身外的西藏密宗假活佛籠罩欺瞞。本來就眞實存在的眞活佛，才是眞正的密宗無上密！諾那活佛因此而說禪宗是大密宗，但藏密的所有活佛都不知道、也不曾實證自身中的眞活佛。本書詳實宣示眞活佛的道理，舉證盧勝彥的「佛法」不是眞佛法，也顯示盧勝彥是假活佛，直接的闡釋第一義佛法見道的眞實正理。眞佛宗的所有上師與學人們，都應該詳細閱讀，包括盧勝彥個人在內。正犀居士著，優惠價140元。

阿含正義——唯識學探源：廣說四大部《阿含經》諸經中隱說之眞正義理，一一舉示佛陀本懷，令阿含時期初轉法輪根本經典之眞義，如實顯現於佛子眼前。並提示末法大師對於阿含眞義誤解之實例，一一比對之，證實唯識增上慧學確於原始佛法之阿含諸經中已隱覆密意而略說之，證實 世尊確於原始佛法中已曾密意而說第八識如來藏之總相；亦證實 世尊在四阿含中已說此藏識是名色十八界之因、之本——證明如來藏是能生萬法之根本心。佛子可據此修正以往受諸大師（譬如西藏密宗應成派中觀師：印順、昭慧、性廣、大願、達賴、宗喀巴、寂天、月稱、……等人）誤導之邪見，建立正見，轉入正道乃至親證初果而無困難；書中並詳說三果所證的**心解脫**，以及四果**慧解脫**的親證，都是如實可行的具體知見與行門。全書共七輯，已出版完畢。平實導師著，每輯三百餘頁，售價300元。

超意境ＣＤ：以平實導師公案拈提書中超越意境之頌詞，加上曲風優美的旋律，錄成令人嚮往的超意境歌曲，其中包括正覺發願文及平實導師親自譜成的黃梅調歌曲一首。詞曲雋永，殊堪翫味，可供學禪者吟詠，有助於見道。內附設計精美的彩色小冊，解說每一首詞的背景本事。每片280元。【每購買公案拈提書籍一冊，即贈送一片。】

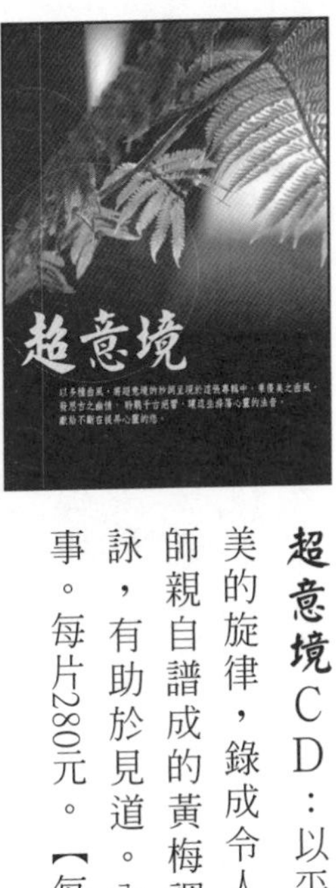

鈍鳥與靈龜：鈍鳥及靈龜二物，被宗門證悟者說爲二種人：前者是精修禪定而無智慧者，也是以定爲禪的愚癡禪人；後者是或有禪定、或無禪定的宗門證悟者，凡已證悟者皆是靈龜。但後來被人虛造事實，用以嘲笑大慧宗杲禪師，說他雖是靈龜，卻不免被天童禪師預記「患背」痛苦而亡：「**鈍鳥離巢易，靈龜脫殼難**。」藉以貶低大慧宗杲的證量；同時又將天童禪師實證如來藏的證量，曲解爲意識境界的離念靈知。自從大慧禪師入滅以後，錯悟凡夫對他的不實毀謗就一直存在著，不曾止息，並且捏造的假事實也隨著年月的增加而越來越多，終至編成「鈍鳥與靈龜」的假公案、假故事。本書是考證大慧與天童之間的不朽情誼，顯現這件假公案的虛妄不實；更見大慧宗杲面對惡勢力時的正直不阿，亦顯示大慧對天童禪師的至情深義，將使後人對大慧宗杲的誣謗至此而止，不再有人誤犯毀謗賢聖的惡業。書中亦舉出大慧與天童二師的證悟內容，證明宗門的所悟確以第八識如來藏爲標的，詳讀之後必可改正以前被錯悟大師誤導的參禪知見，日後必定有助於實證禪宗的開悟境界，得階大乘眞見道位中，即是實證般若之賢聖。全書459頁，售價350元。

我的菩提路第一輯：凡夫及二乘聖人不能實證的佛菩提證悟，末法時代的今天仍然有人能得實證，由正覺同修會釋悟圓、釋善藏法師等二十餘位實證如來藏者所寫的見道報告，已爲當代學人見證宗門正法之絲縷不絕，證明大乘義學的法脈仍然存在，爲末法時代求悟般若之學人照耀出光明的坦途。由二十餘位大乘見道者所繕，敘述各種不同的學法、見道因緣與過程，參禪求悟者必讀。全書三百餘頁，售價300元。

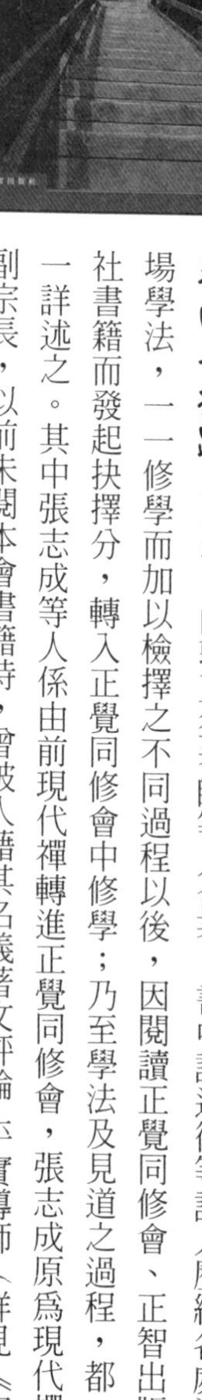

我的菩提路第二輯：由郭正益老師等人合著，書中詳述彼等諸人歷經各處道場學法，一一修學而加以檢擇之不同過程以後，因閱讀正覺同修會、正智出版社書籍而發起抉擇分，轉入正覺同修會中修學；乃至學法及見道之過程，都一一詳述之。其中張志成等人係由前現代禪轉進正覺同修會，張志成原爲現代禪副宗長，以前未閱本會書籍時，曾被人藉其名義著文評論 平實導師（詳見《宗通與說通》辨正及《眼見佛性》書末附錄…等）；後因偶然接觸正覺同修會書籍，深覺以前聽人評論平實導師之語不實，於是投入極多時間閱讀本會書籍、深入思辨，詳細探索中觀與唯識之關聯與異同，認爲正覺之法義方是正法，深覺相應；亦解開多年來對佛法的迷雲，確定應依八識論正理修學方是正法。乃不顧面子，毅然前往正覺同修會面見平實導師懺悔，並正式學法求悟。今已與其同修王美伶（亦爲前現代禪傳法老師），同樣證悟如來藏而證得法界實相，生起實相般若眞智。此書中尚有七年來本會第一位眼見佛性者之見性報告一篇，一同供養大乘佛弟子。全書四百頁，售價300元。

我的菩提路第三輯：由王美伶老師等人合著。自從正覺同修會成立以來，每年夏初、冬初都舉辦精進禪三共修，藉以助益會中同修們得以證悟明心發起般若實相智慧；凡已實證而被平實導師印證者，皆書具見道報告用以證明佛法之眞實可證而非玄學，證明佛法並非純屬思想、理論而無實質，是故每年都能有人證明正覺同修會的「實證佛教」主張並非虛語。特別是眼見佛性一法，自古以來中國禪宗祖師實證者極寡，較之明心開悟的證境更難令人信受；至2017年初，正覺同修會中的證悟明心者已近五百人，然而其中眼見佛性者至今唯十餘人爾，可謂難能可貴，是故明心後欲冀眼見佛性者實屬不易。黃正倖老師是懸絕七年無人見性後的第一人，她於2009年的見性報告刊於本書的第二輯中，爲大眾證明佛性確實可以眼見；其後七年之中求見性者都屬解悟佛性而無人眼見，幸而又經七年後的2016冬初，以及2017夏初的禪三，復有三人眼見佛性，希冀鼓舞四眾佛子求見佛性之大心，今則具載一則於書末，顯示求見佛性之事實經歷，供養現代佛教界欲得見性之四眾弟子。全書四百頁，售價300元。

我的菩提路第四輯：由陳晏平等人著。中國禪宗祖師往往有所謂「見性」之言，所言多屬看見如來藏具有能令人發起成佛之自性，並非《大般涅槃經》中如來所說之眼見佛性。眼見佛性者，於親見佛性之時，即能於山河大地眼見自己佛性，亦能於他人身上眼見自己佛性及對方之佛性，如是境界無法爲尚未實證者解釋；勉強說之，縱使眞實明心證悟之人聞之，亦只能以自身明心之境界想像之，但不論如何想像多屬非量，能有正確之比量者亦是稀有，故說眼見佛性極爲困難。眼見佛性之人若所見極分明時，在所見佛性之境界下所眼見之山河大地、自己五蘊身心皆是虛幻，自有異於明心者之解脫功德受用，此後永不思證二乘涅槃，必定邁向成佛之道而進入第十住位中，已超第一阿僧祇劫三分有一，可謂之爲超劫精進也。今又有明心之後眼見佛性之人出於人間，將其明心及後來見性之報告，連同其餘證悟明心者之精彩報告一同收錄於此書中，供養眞求佛法實證之四眾佛子。全書380頁，售價300元。

楞嚴經講記：楞嚴經係密教部之重要經典，亦是顯教中普受重視之經典；經中宣說明心與見性之內涵極爲詳細，將一切法都會歸如來藏及佛性—妙眞如性；亦闡釋佛菩提道修學過程中之種種魔境，以及外道誤會涅槃之狀況，旁及三界世間之起源。然因言句深澀難解，法義亦復深妙寬廣，學人讀之普難通達，是故讀者大多誤會，不能如實理解佛所說之明心與見性內涵，亦因是故多有悟錯之人引爲開悟之證言，成就大妄語罪。今由平實導師詳細講解之後，整理成文，以易讀易懂之語體文刊行天下，以利學人。全書十五輯，全部出版完畢。每輯三百餘頁，售價每輯300元。

勝鬘經講記：如來藏爲三乘菩提之所依，若離如來藏心體及其含藏之一切種子，即無三界有情及一切世間法，亦無二乘菩提緣起性空之出世間法；本經詳說無始無明、一念無明皆依如來藏而有之正理，藉著詳解煩惱障與所知障間之關係，令學人深入了知二乘菩提與佛菩提相異之妙理；聞後即可了知佛菩提之特勝處及三乘修道之方向與原理，邁向攝受正法而速成佛道的境界中。平實導師講述，共六輯，每輯三百餘頁，售價各250元。

菩薩底憂鬱CD將菩薩情懷及禪宗公案寫成新詞，並製作成超越意境的優美歌曲。1.主題曲〈菩薩底憂鬱〉，描述地後菩薩能離三界生死而迴向繼續生在人間，但因尚未斷盡習氣種子而有極深沈之憂鬱，非三賢位菩薩及二乘聖者所知，此憂鬱在七地滿心位方才斷盡；本曲之詞中所說義理極深，昔來所未曾見；此曲係以優美的情歌風格寫詞及作曲，聞者得以激發嚮往諸地菩薩境界之大心，詞、曲都非常優美，難得一見；其中勝妙義理之解說，已印在附贈之彩色小冊中。2.以各輯公案拈提中直示禪門入處之頌文，作成各種不同曲風之超意境歌曲，值得玩味、參究；聆聽公案拈提之優美歌曲時，請同時閱讀內附之印刷精美說明小冊，可以領會超越三界的證悟境界；未悟者可以因此引發求悟之意向及疑情，眞發菩提心而邁向求悟之途，乃至因此眞實悟入般若，成眞菩薩。3.正覺總持咒新曲，總持佛法大意；總持咒之義理，已加以解說並印在隨附之小冊中。本CD共有十首歌曲，長達63分鐘，附贈二張購書優惠券。每片280元。

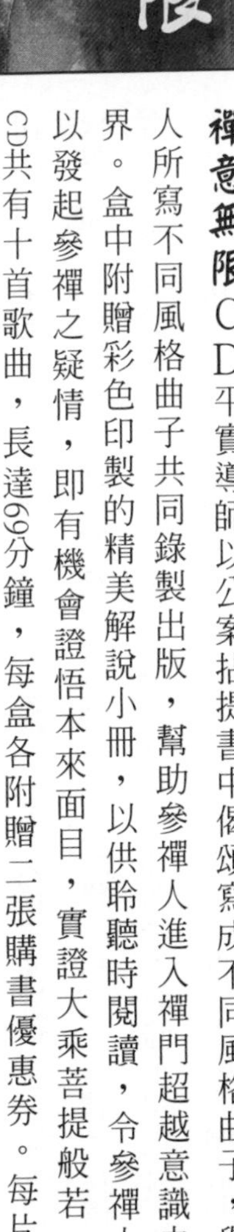

禪意無限CD平實導師以公案拈提書中偈頌寫成不同風格曲子，與他人所寫不同風格曲子共同錄製出版，幫助參禪人進入禪門超越意識之境界。盒中附贈彩色印製的精美解說小冊，以供聆聽時閱讀，令參禪人得以發起參禪之疑情，即有機會證悟本來面目，實證大乘菩提般若。本CD共有十首歌曲，長達69分鐘，每盒各附贈二張購書優惠券。每片280元。

明心與眼見佛性：本書細述明心與眼見佛性之異同，同時顯示了中國禪宗破初參明心與重關眼見佛性二關之間的關聯；書中又藉法義辨正而旁述其他許多勝妙法義，讀後必能遠離佛門長久以來積非成是的錯誤知見，令讀者在佛法的實證上有極大助益。也藉慧廣法師的謬論來教導佛門學人回歸正知正見，遠離古今禪門錯悟者所墮的意識境界，非唯有助於斷我見，也對未來的開悟明心實證第八識如來藏有所助益，是故學禪者都應細讀之。　游正光老師著　共448頁　售價300元

見性與看話頭：黃正倖老師的《見性與看話頭》於《正覺電子報》連載完畢，今結集出版。書中詳說禪宗看話頭的詳細方法，並細說看話頭與眼見佛性的關係，以及眼見佛性者求見佛性前必須具備的條件。本書是禪宗實修者追求明心開悟時參禪的方法書，也是求見佛性者作功夫時必讀的方法書，內容兼顧眼見佛性的理論與實修之方法，是依實修之體驗配合理論而詳述，條理分明而且極爲詳實、周全、深入。本書內文375頁，全書416頁，售價300元。

維摩詰經講記：本經係 世尊在世時，由等覺菩薩維摩詰居士藉疾病而演說之大乘菩提無上妙義，所說函蓋甚廣，然極簡略，是故今時諸方大師與學人讀之悉皆錯解，何況能知其中隱含之深妙正義，是故普遍無法為人解說；若強為人說，則成依文解義而有諸多過失。今由平實導師公開宣講之後，詳實解釋其中密意，令維摩詰菩薩所說大乘不可思議解脫之深妙正法得以正確宣流於人間，利益當代學人及與諸方大師。書中詳實演述大乘佛法深妙不共二乘之智慧境界，顯示諸法之中絕待之實相境界，建立大乘菩薩妙道於永遠不敗不壞之地，以此成就護法偉功，欲冀永利娑婆人天。已經宣講圓滿整理成書流通，以利諸方大師及諸學人。全書共六輯，每輯三百餘頁，售價各250元。

真假外道：本書具體舉證佛門中的常見外道知見實例，並加以教證及理證上的辨正，幫助讀者輕鬆而快速的了知常見外道的錯誤知見，進而遠離佛門內外的常見外道知見，因此即能改正修學方向而快速實證佛法。 游正光老師著 。成本價200元。

金剛經宗通：三界唯心，萬法唯識，是成佛之修證內容，是諸地菩薩之所修；般若則是成佛之道（實證三界唯心、萬法唯識）的入門，若未證悟實相般若，即無成佛之可能，必將永在外門廣行菩薩六度，永在凡夫位中。然而實相般若的發起，全賴實證萬法的實相；若欲證知萬法的眞相，則必須探究萬法之所從來，則須實證自心如來—金剛心如來藏，然後現觀這個金剛心的金剛性、眞實性、如如性、清淨性、涅槃性、能生萬法的自性性、本住性，名爲證眞如；進而現觀三界六道唯是此金剛心所成，人間萬法須藉八識心王和合運作方能現起。如是實證《華嚴經》的「三界唯心、萬法唯識」以後，由此等現觀而發起實相般若智慧，繼續進修第十住位的如幻觀、第十行位的陽焰觀、第十迴向位的如夢觀，再生起增上意樂而勇發十無盡願，方能滿足三賢位的實證，轉入初地；自知成佛之道而無偏倚，從此按部就班、次第進修乃至成佛。第八識自心如來是般若智慧之所依，般若智慧的修證則要從實證金剛心自心如來開始；《金剛經》則是解說自心如來之經典，是一切三賢位菩薩所應進修之實相般若經典。這一套書，是將平實導師宣講的《金剛經宗通》內容，整理成文字而流通之；書中所說義理，迴異古今諸家依文解義之說，指出大乘見道方向與理路，有益於禪宗學人求開悟見道，及轉入內門廣修六度萬行。講述完畢後結集出版，總共9輯，每輯約三百餘頁，售價各250元。

空行母——性別、身分定位，以及藏傳佛教：本書作者爲蘇格蘭哲學家，因爲嚮往佛教深妙的哲學內涵，於是進入當年盛行於歐美的假藏傳佛教密宗，擔任卡盧仁波切的翻譯工作多年以後，被邀請成爲卡盧的空行母（又名佛母、明妃），開始了她在密宗裡的實修過程；後來發覺在密宗雙身法中的修行，其實無法使自己成佛，也發覺密宗對女性岐視而處處貶抑，並剝奪女性在雙身法中擔任一半角色時應有的身分定位。當她發覺自己只是雙身法中被喇嘛利用的工

具，沒有獲得絲毫應有的尊重與基本定位時，發現了密宗的父權社會控制女性的本質；於是作者傷心地離開了卡盧仁波切與密宗，但是卻被恐嚇不許講出她在密宗裡的經歷，也不許她說出自己對密宗的教義與教制下對女性剝削的本質，否則將被咒殺死亡。後來她去加拿大定居，十餘年後方才擺脫這個恐嚇陰影，下定決心將親身經歷的實情及觀察到的事實寫下來並且出版，公諸於世。出版之後，她被流亡的達賴集團人士大力攻訐，誣指她爲精神狀態失常、說謊……等。但有智之士並未被達賴集團的政治操作及各國政府政治運作吹捧達賴的表相所欺，使她的書銷售無阻而又再版。正智出版社鑑於作者此書是親身經歷的事實，所說具有針對「藏傳佛教」而作學術研究的價值，也有使人認清假藏傳佛教剝削佛母、明妃的男性本位實質，因此洽請作者同意中譯而出版於華人地區。珍妮．坎貝爾女士著，呂艾倫 中譯，每冊250元。

霧峰無霧—給哥哥的信：本書作者藉兄弟之間信件往來論義，略述佛法大義；並以多篇短文辨義，舉出釋印順對佛法的無量誤解證據，並一一給予簡單而清晰的辨正，令人一讀即知。久讀、多讀之後即能認清楚釋印順的六識論見解，與眞實佛法之牴觸是多麼嚴重；於是在久讀、多讀之後，於不知不覺之間提升了對佛法的極深入理解，正知正見就在不知不覺間建立起來了。當三乘佛法的正知見建立起來之後，對於三乘菩提的見道條件便將隨之具足，於是聲聞解脫道的見道也就水到渠成；接著大乘見道的因緣也將次第成熟，未來自然也會有親見大乘菩提之道的因緣，悟入大乘實相般若也將自然成功，自能通達般若系列諸經而成實義菩薩。作者居住於南投縣霧峰鄉，自喻見道之後不復再見霧峰之霧，故鄉原野美景一一明見，於是立此書名爲《霧峰無霧》；讀者若欲撥霧見月，可以此書爲緣。游宗明　老師著　售價250元。

假藏傳佛教的神話—性、謊言、喇嘛教：本書編著者是由一首名叫「阿姊鼓」的歌曲爲緣起，展開了序幕，揭開假藏傳佛教—喇嘛教—的神秘面紗。其重點是蒐集、摘錄網路上質疑「喇嘛教」的帖子，以揭穿「假藏傳佛教的神話」爲主題，串聯成書，並附加彩色插圖以及說明，讓讀者們瞭解西藏密宗及相關人事如何被操作爲「神話」的過程，以及神話背後的眞相。作者：張正玄教授。售價200元。

達賴真面目—玩盡天下女人：假使您不想戴綠帽子，請記得詳細閱讀此書；假使您不想讓好朋友戴綠帽子，請您將此書介紹給您的好朋友。假使您想保護家中的女性，也想要保護好朋友的女眷，請記得將此書送給家中的女性和好友的女眷都來閱讀。本書爲印刷精美的大本彩色中英對照精裝本，爲您揭開達賴喇嘛的眞面目，內容精彩不容錯過，爲利益社會大眾，特別以優惠價格嘉惠所有讀者。編著者：白志偉等。大開版雪銅紙彩色精裝本。售價800元。

喇嘛性世界—揭開假藏傳佛教譚崔瑜伽的面紗：這個世界中的喇嘛，號稱來自世外桃源的香格里拉，穿著或紅或黃的喇嘛長袍，散布於我們的身邊傳教灌頂，吸引了無數的人嚮往學習；這些喇嘛虔誠地爲大眾祈福，手中拿著寶杵（金剛）與寶鈴（蓮花），口中唸著咒語：「唵．嘛呢．叭咪．吽……」，咒語的意思是說：「我至誠歸命金剛杵上的寶珠伸向蓮花寶穴之中」！「喇嘛性世界」是什麼樣的「世界」呢？本書將爲您呈現喇嘛世界的面貌。當您發現眞相以後，您將會唸：「噢！喇嘛．性．世界，譚崔性交嘛！」作者：張善思、呂艾倫。售價200元。

末代達賴—性交教主的悲歌：簡介從藏傳僞佛教（喇嘛教）的修行核心—性力派男女雙修，探討達賴喇嘛及藏傳僞佛教的修行內涵。書中引用外國知名學者著作、世界各地新聞報導，包含：歷代達賴喇嘛的祕史、達賴六世修雙身法的事蹟，以及《時輪續》中的性交灌頂儀式……等；達賴喇嘛書中開示的雙修法、達賴喇嘛的黑暗政治手段；達賴喇嘛所領導的寺院爆發喇嘛性侵兒童；新聞報導《西藏生死書》作者索甲仁波切性侵女信徒、澳洲喇嘛秋達公開道歉、美國最大假藏傳佛教組織領導人邱陽創巴仁波切的性氾濫，等等事件背後眞相的揭露。作者：張善思、呂艾倫、辛燕。售價250元。

第七意識與第八意識？—穿越時空「超意識」　「三界唯心，萬法唯識」是佛教中應該實證的聖教，也是《華嚴經》中明載而可以實證的法界實相。唯心者，三界一切境界、一切諸法唯是一心所成就，即是每一個有情的第八識如來藏，不是意識心。唯識者，即是人類各各都具足的八識心王——眼識、耳鼻舌身意識、意根、阿賴耶識，第八阿賴耶識又名如來藏，人類五陰相應的萬法，莫不由八識心王共同運作而成就，故說萬法唯識。依聖教量及現量、比量，都可以證明意識是二法因緣生，是由第八識藉意根與法塵二法爲因緣而出生，又是夜夜斷滅不存之生滅心，即無可能反過來出生第七識意根、第八識如來藏，當知不可能從生滅性的意識心中，細分出恆審思量的第七識意根，更無可能細分出恆而不審的第八識如來藏。本書是將演講內容整理成文字，細說如是內容，並已在〈正覺電子報〉連載完畢，今彙集成書以廣流通，欲幫助佛門有緣人斷除意識我見，跳脫於識陰之外而取證聲聞初果；嗣後修學禪宗時即得不墮外道神我之中，得以求證第八識金剛心而發起般若實智。平實導師 述，每冊300元。

黯淡的達賴—失去光彩的諾貝爾和平獎：本書舉出很多證據與論述，詳述達賴喇嘛不爲世人所知的一面，顯示達賴喇嘛並不是眞正的和平使者，而是假借諾貝爾和平獎的光環來欺騙世人；透過本書的說明與舉證，讀者可以更清楚的瞭解，達賴喇嘛是結合暴力、黑暗、淫欲於喇嘛教裡的集團首領，其政治行爲與宗教主張，早已讓諾貝爾和平獎的光環染污了。本書由財團法人正覺教育基金會寫作、編輯，由正覺出版社印行，每冊250元。

人間佛教—實證者必定不悖三乘菩提：「大乘非佛說」的講法似乎流傳已久，卻只是日本人企圖擺脫中國正統佛教的影響，而在明治維新時期才開始提出來的說法；台灣佛教、大陸佛教的淺學無智之人，由於未曾實證佛法而迷信日本人錯誤的學術考證，錯認爲這些別有用心的日本佛學考證的講法爲天竺佛教的眞實歷史；甚至還有更激進的反對佛教者提出「釋迦牟尼佛並非眞實存在，只是後人捏造的假歷史人物」，竟然也有少數人願意跟著「學術」的假光環而信受不疑，於是開始有一些佛教界人士造作了反對中國佛教而推崇南洋小乘佛教的行爲，使佛教的信仰者難以檢擇，導致一般大陸人士開始轉入基督教的盲目迷信中。在這些佛教及外教人士之中，也就有一分人根據此邪說而大聲主張「大乘非佛說」的謬論，這些人以「人間佛教」的名義來抵制中國正統佛教，公然宣稱中國的大乘佛教是由聲聞部派佛教的凡夫僧所創造出來的。這樣的說法流傳於台灣及大陸佛教界凡夫僧之中已久，卻非眞正的佛教歷史中曾經發生過的事，只是繼承六識論的聲聞法中凡夫僧依自己的意識境界立場，純憑臆想而編造出來的妄想說法，卻已經影響許多無智之凡夫僧俗信受不移。本書則是從佛教的經藏法義實質及實證的現量內涵本質立論，證明大乘佛法本是佛說，是從《阿含正義》尚未說過的不同面向來討論「人間佛教」的議題，證明「大乘眞佛說」。閱讀本書可以斷除六識論邪見，迴入三乘菩提正道發起實證的因緣；也能斷除禪宗學人學禪時普遍存在之錯誤知見，對於建立參禪時的正知見有很深的著墨。平實導師　述，內文488頁，全書528頁，定價400元。

童女迦葉考——論呂凱文〈佛教輪迴思想的論述分析〉之謬　童女迦葉是佛世率領五百大比丘遊行於人間的歷史事實，是以童貞行而依止菩薩戒弘化於人間的大菩薩，不依別解脫戒（聲聞戒）來弘化於人間。這是大乘佛教與聲聞佛教同時存在於佛世的歷史明證，證明大乘佛教不是從聲聞法中分裂出來的部派佛教的產物，卻是聲聞佛教分裂出來的部派佛教聲聞凡夫僧所不樂見的史實；於是古今聲聞法中的凡夫都欲加以扭曲而作詭說，更是末法時代高聲大呼「大乘非佛說」的六識論聲聞凡夫極力想要扭曲的佛教史實之一，於是想方設法扭曲迦葉菩薩為聲聞僧，以及扭曲迦葉童女為比丘僧等荒謬不實之論著便陸續出現，古時聲聞僧寫作的《分別功德論》是最具體之事例，現代之代表作則是呂凱文先生的〈佛教輪迴思想的論述分析〉論文。鑑於如是假藉學術考證以籠罩大眾之不實謬論，未來仍將繼續造作及流竄於佛教界，繼續扼殺大乘佛教學人法身慧命，必須舉證辨正之，遂成此書。平實導師　著，每冊180元。

中觀金鑑——詳述應成派中觀的起源與其破法本質　學佛人往往迷於中觀學派之不同學說，被應成派與自續派所迷惑；修學般若中觀二十年後自以為實證般若中觀了，卻仍不曾入門，甫聞實證般若中觀者之所說，則茫無所知，迷惑不解；隨後信心盡失，不知如何實證佛法；凡此，皆因惑於這二派中觀學說所致。自續派中觀所說同於常見，以意識境界立為第八識如來藏之境界，應成派所說則同於斷見，但又同立意識為常住法，故亦具足斷常二見。今者孫正德老師有鑑於此，乃將起源於密宗的應成派中觀學說，追本溯源，詳考其來源之外，亦一一舉證其立論內容，詳加辨正，令密宗雙身法祖師以識陰境界而造之應成派中觀學說本質，詳細呈現於學人眼前，令其維護雙身法之目的無所遁形。若欲遠離密宗此二大派中觀謬說，欲於三乘菩提有所進道者，允宜具足閱讀並細加思惟，反覆讀之以後將可捨棄邪道返歸正道，則於般若之實證即有可能，證後自能現觀如來藏之中道境界而成就中觀。本書分上、中、下三冊，每冊250元，已全部出版完畢。

實相經宗通：學佛之目的在於實證一切法界背後之實相，禪宗稱之爲本來面目或本地風光，佛菩提道中稱之爲實相法界；此實相法界即是金剛藏，又名佛法之祕密藏，即是能生有情五陰、十八界及宇宙萬有（山河大地、諸天、三惡道世間）的第八識如來藏，又名阿賴耶識心，即是禪宗祖師所說的眞如心，此心即是三界萬有背後的實相。證得此第八識心時，自能瞭解般若諸經中隱說的種種密意，即得發起實相般若——實相智慧。每見學佛人修學佛法二十年後仍對實相般若茫然無知，亦不知如何入門，茫無所趣；更因不知三乘菩提的互異互同，是故越是久學者對佛法越覺茫然，都肇因於尚未瞭解佛法的全貌，亦未瞭解佛法的修證內容即是第八識心所致。本書對於修學佛法者所應實證的實相境界提出明確解析，並提示趣入佛菩提道的入手處，有心親證實相般若的佛法實修者，宜詳讀之，於佛菩提道之實證即有下手處。平實導師述著，共八輯，全部出版完畢，每輯成本價250元。

真心告訴您（一）——達賴喇嘛在幹什麼？ 這是一本報導篇章的選集，更是「破邪顯正」的暮鼓晨鐘。「破邪」是戳破假象，說明達賴喇嘛及其所率領的密宗四大派法王、喇嘛們，弘傳的佛法是仿冒的佛法；他們是假藏傳佛教，是坦特羅(譚崔性交)外道法和藏地崇奉鬼神的苯教混合成的「喇嘛教」，推廣的是以所謂「無上瑜伽」的男女雙身法冒充佛法的假佛教，詐財騙色誤導眾生，常常造成信徒家庭破碎、家中兒少失怙的嚴重後果。「顯正」是揭櫫眞相，指出眞正的藏傳佛教只有一個，就是覺囊巴，傳的是　釋迦牟尼佛演繹的第八識如來藏妙法，稱爲他空見大中觀。正覺教育基金會即以此古今輝映的如藏正法正知見，在眞心新聞網中逐次報導出來，將箇中原委「眞心告訴您」，如今結集成書，與想要知道密宗眞相的您分享。售價250元。

真心告訴您（二）——達賴喇嘛是佛教僧侶嗎？補祝達賴喇嘛八十大壽：這是一本針對當今達賴喇嘛所領導的喇嘛教，冒用佛教名相、於師徒間或師兄姊間，實修男女邪淫，而從佛法三乘菩提的現量與聖教量，揭發其謊言與邪術，證明達賴及其喇嘛教是仿冒佛教的外道，是「假藏傳佛教」。藏密四大派教義雖有「八識論」與「六識論」的表面差異，然其實修之內容，皆共許「無上瑜伽」四部灌頂爲究竟「成佛」之法門，也就是共以男女雙修之邪淫法爲「即身成佛」之密要，雖美其名曰「欲貪爲道」之「金剛乘」，並誇稱其成就超越於（應身佛）釋迦牟尼佛所傳之顯教般若乘之上；然詳考其理論，則或以意識離念時之粗細心爲第八識如來藏，或以中脈裡的明點爲第八識如來藏，或如宗喀巴與達賴堅決主張第六意識爲常恆不變之眞心者，分別墮於外道之常見與斷見中；全然違背 佛說能生五蘊之如來藏的實質。售價300元。

西藏「活佛轉世」制度——附佛、造神、世俗法：歷來關於喇嘛教活佛轉世的研究，多針對歷史及文化兩部分，於其所以成立的理論基礎，較少系統化的探討。尤其是此制度是否依據「佛法」而施設？是否合乎佛法眞實義？現有的文獻大多含糊其詞，或人云亦云，不曾有明確的闡釋與如實的見解。因此本文先從活佛轉世的由來，探索此制度的起源、背景與功能，並進而從活佛的尋訪與認證之過程，發掘活佛轉世的特徵，以確認「活佛轉世」在佛法中應具足何種果德。定價150元。

法華經講義：此書爲平實導師始從2009/7/21演述至2014/1/14之講經錄音整理所成。世尊一代時教，總分五時三教，即是華嚴時、聲聞緣覺教、般若教、種智唯識教、法華時；依此五時三教區分爲藏、通、別、圓四教。本經是最後一時的圓教經典，圓滿收攝一切法教於本經中，是故最後的圓教聖訓中，特地指出無有三乘菩提，其實唯有一佛乘；皆因眾生愚迷故，方便區分爲三乘菩提以助眾生證道。世尊於此經中特地說明如來示現於人間的唯一大事因緣，便是爲有緣眾生「開、示、悟、入」諸佛的所知所見——第八識如來藏妙眞如心，並於諸品中隱說「妙法蓮花」如來藏心的密意。然因此經所說甚深難解，眞義隱晦，古來難得有人能窺堂奧；平實導師以知如是密意故，特爲末法佛門四眾演述《妙法蓮華經》中各品蘊含之密意，使古來未曾被古德註解出來的「此經」密意，如實顯示於當代學人眼前。乃至〈藥王菩薩本事品〉、〈妙音菩薩品〉、〈觀世音菩薩普門品〉、〈普賢菩薩勸發品〉中的微細密意，亦皆一併詳述之，開前人所未曾言之密意，示前人所未見之妙法。最後乃至以〈法華大義〉而總其成，全經妙旨貫通始終，而依佛旨圓攝於一心如來藏妙心，厥爲曠古未有之大說也。平實導師述，共有25輯。每輯300元。

涅槃——解說四種涅槃之實證及內涵：眞正學佛之人，首要即是見道，由見道故方有涅槃之實證，證涅槃者方能出生死，但涅槃有四種：二乘聖者的有餘涅槃、無餘涅槃，以及大乘聖者的本來自性清淨涅槃、佛地的無住處涅槃。大乘聖者實證本來自性清淨涅槃，入地前再取證二乘涅槃，然後起惑潤生捨離二乘涅槃，繼續進修而在七地心前斷盡三界愛之習氣種子，依七地無生法忍之具足而證得念念入滅盡定；八地後進斷異熟生死，直至妙覺地下生人間成佛，具足四種涅槃，方是眞正成佛。此理古來少人言，以致誤會涅槃正理者比比皆是，今於此書中廣說四種涅槃、如何實證之理、實證前應有之條件，實屬本世紀佛教界極重要之著作，令人對涅槃有正確無訛之認識，然後可以依之實行而得實證。本書共有上下二冊，每冊各四百餘頁，對涅槃詳加解說，每冊各350元。

佛藏經講義：本經說明爲何佛菩提難以實證之原因，都因往昔無數阿僧祇劫前的邪見所致，引生此世求證時之業障而難以實證。即以諸法實相詳細解說，繼之以念佛品、念法品、念僧品，說明諸佛之實質；然後以淨戒品之說明，期待佛弟子四眾堅持清淨戒而轉化心性，並以往古品的實例說明，教導四眾務必滅除邪見轉入正見中，然後以了戒品的說明和囑累品的付囑，期望末法時代的佛門四眾弟子皆能清淨知見而得以實證。平實導師於此經中有極深入的解說，總共21輯，每輯300元，自《法華經講義》流通完畢後開始發行。

解深密經講記：本經係 世尊晚年第三轉法輪，宣說地上菩薩所應熏修之唯識正義經典，經中所說義理乃是大乘一切種智增上慧學，以阿陀那識——如來藏——阿賴耶識爲主體。禪宗之證悟者，若欲修證初地無生法忍乃至八地無生法忍者，必須修學《楞伽經、解深密經》所說之八識心王一切種智；此二經所說正法，方是眞正成佛之道；印順法師否定第八識如來藏之後所說萬法緣起性空之法，是以誤會後之二乘解脫道取代大乘眞正成佛之道，尚且不符二乘解脫道正理，亦已墮於斷滅見中，不可謂爲成佛之道也。平實導師曾於本會郭故理事長往生時，於喪宅中從首七開始宣講，於每一七各宣講三小時，至第十七而快速略講圓滿，作爲郭老之往生佛事功德，迴向郭老早證八地、速返娑婆住持正法。茲爲今時後世學人故，將擇期重講《解深密經》，以淺顯之語句講畢後，將會整理成文，用供證悟者進道；亦令諸方未悟者，據此經中佛語正義，修正邪見，依之速能入道。平實導師述著，全書輯數未定，每輯三百餘頁，將於未來重講完畢後逐輯出版。

阿含經講記——小乘解脫道之修證：數百年來，南傳佛法所說證果之不實，所說解脫道之虛妄，所弘解脫道法義之世俗化，皆已少人知之；從南洋傳入台灣與大陸之後，所說法義虛謬之事，亦復少人知之；今時台灣全島印順系統之法師居士，多不知南傳佛法數百年來所說解脫道之義理已然偏斜、已然世俗化、已非眞正之二乘解脫正道，猶極力推崇與弘揚。彼等南傳佛法近代所謂之證果者多非眞實證果者，譬如阿迦曼、葛印卡、帕奧禪師、一行禪師……等人，悉皆未斷我見故。近年更有台灣南部大願法師，高抬南傳佛法之二乘修證行門為「捷徑究竟解脫之道」者，然而南傳佛法縱使眞修實證，得成阿羅漢，至高唯是二乘菩提解脫之道，絕非究竟解脫，無餘涅槃中之實際尚未得證故，法界之實相尚未了知故，習氣種子待除故，一切種智未實證故，焉得謂為「究竟解脫」？即使南傳佛法近代眞有實證之阿羅漢，尚且不及三賢位中之七住明心菩薩本來自性清淨涅槃智慧境界，則不能知此賢位菩薩所證之無餘涅槃實際，仍非大乘佛法中之見道者，何況普未實證聲聞果乃至未斷我見之人？謬充證果已屬逾越，更何況是誤會二乘菩提之後，以未斷我見之凡夫知見所說之二乘菩提解脫偏斜法道，焉可高抬為「究竟解脫」？而且自稱「捷徑之道」？又妄言解脫之道即是成佛之道，完全否定般若實智、否定三乘菩提所依之如來藏心體，此理大大不通也！平實導師為令修學二乘菩提欲證解脫果者，普得迴入二乘菩提正見、正道中，是故選錄四阿含諸經中，對於二乘解脫道法義有具足圓滿說明之經典，預定未來十年內將會加以詳細講解，令學佛人得以了知二乘解脫道之修證理路與行門，庶免被人誤導之後，未證言證，干犯道禁，成大妄語，欲升反墮。本書首重斷除我見，以助行者斷除我見而實證初果為著眼之目標，若能根據此書內容，配合平實導師所著《識蘊眞義》《阿含正義》內涵而作實地觀行，實證初果非為難事，行者可以藉此三書自行確認聲聞初果為實際可得現觀成就之事。此書中除依二乘經典所說加以宣示外，亦依斷除我見等之證量，及大乘法中道種智之證量，對於意識心之體性加以細述，令諸二乘學人必定得斷我見、常見，免除三縛結之繫縛。次則宣示斷除我執之理，欲令升進而得薄貪瞋痴，乃至斷五下分結…等。平實導師述，共二冊，每冊三百餘頁。每輯300元。

修習止觀坐禪法要講記：修學四禪八定之人，往往錯會禪定之修學知見，欲以無止盡之坐禪而證禪定境界，卻不知修除性障之行門才是修證四禪八定不可或缺之要素，故智者大師云「性障初禪」；性障不除，初禪永不現前，云何修證二禪等？又：行者學定，若唯知數息，而不解六妙門之方便善巧者，欲求一心入定，未到地定極難可得，智者大師名之爲「事障未來」：障礙未到地定之修證。又禪定之修證，不可違背二乘菩提及第一義法，否則縱使具足四禪八定，亦不能實證涅槃而出三界。此諸知見，智者大師於《修習止觀坐禪法要》中皆有闡釋。作者平實導師以其第一義之見地及禪定之實證證量，曾加以詳細解析。將俟正覺寺竣工啓用後重講，不限制聽講者資格；講後將以語體文整理出版。欲修習世間定及增上定之學者，宜細讀之。平實導師述著。

★聲明★

本公司於2015/01/01開始調整本目錄中部分書籍之售價，以因應各項成本的持續增加。

喇嘛教修外道雙身法，墮識陰境界，非佛教

弘揚如來藏他空見的覺囊派才是真正藏傳佛教

總經銷： 飛鴻 國際行銷股份有限公司
231 新北市新店區中正路 501 之 9 號 2 樓
Tel.02－82186688（五線代表號） Fax.02-82186458、82186459

零售：1.全台連鎖經銷書局：
三民書局、誠品書局、何嘉仁書店
敦煌書店、紀伊國屋、金石堂書局、建宏書局
諾貝爾圖書城、墊腳石圖書文化廣場

2.**台北市**：佛化人生 **大安區**羅斯福路 3 段 325 號 6 樓之 4 台電大樓對面
3.**新北市**：春大地書店 **蘆洲區**中正路 117 號
4.**桃園市**：御書堂 **龍潭區**中正路 123 號
5.**新竹市**：大學書局 **東區**建功路 10 號
6.**台中市**：瑞成書局 **東區**雙十路 1 段 4 之 33 號
佛教詠春書局 **南屯區**永春東路 884 號
文春書店 **霧峰區**中正路 1087 號
7.**彰化市**：心泉佛教文化中心 南瑤路 286 號
8.**高雄市**：政大書城 **苓雅區**光華路 148-83 號
明儀書局 **三民區**明福街 2 號
青年書局 **苓雅區**青年一路 141 號
9.**宜蘭市**：金隆書局 中山路 3 段 43 號
10.**台東市**：東普佛教文物流通處 博愛路 282 號
11.**其餘鄉鎮市經銷書局**：請電詢總經銷**飛鴻**公司。
12.**大陸地區請洽：**
香港：樂文書店
旺角店 :香港九龍旺角西洋菜街 62 號 3 樓
電話 :(852) 2390 3723 email: luckwinbooks@gmail.com
銅鑼灣店 :香港銅鑼灣駱克道 506 號 2 樓
電話 :(852) 2881 1150 email: luckwinbs@gmail.com
廈門：廈門外圖臺灣書店有限公司
地址:廈門市思明區湖濱南路809 號 廈門外圖書城3 樓 郵編：361004
電話：0592-5061658（臺灣地區請撥打 86-592-5061658）
E-mail：JKB118@188.COM
13.**美國：世界日報圖書部**：紐約圖書部 電話 7187468889#6262
洛杉磯圖書部 電話 3232616972#202

14.**國內外地區網路購書：**
正智出版社 書香園地 http://books.enlighten.org.tw/
（書籍簡介、經銷書局可直接聯結下列網路書局購書）
三民 網路書局 http://www.sanmin.com.tw
誠品 網路書局 http://www.eslitebooks.com

博客來 網路書局　http://www.books.com.tw
金石堂 網路書局　http://www.kingstone.com.tw
飛鴻 網路書局　http://fh6688.com.tw

附註：1.請儘量向各經銷書局購買：郵政劃撥需要八天才能寄到（本公司在您劃撥後第四天才能接到劃撥單，次日寄出後第二天您才能收到書籍，此六天中可能會遇到週休二日，是故共需八天才能收到書籍）若想要早日收到書籍者，請劃撥完畢後，將劃撥收據貼在紙上，旁邊寫上您的姓名、住址、郵區、電話、買書詳細內容，直接傳眞到本公司 02-28344822，並來電 02-28316727、28327495 確認是否已收到您的傳眞，即可提前收到書籍。 **2**.因台灣每月皆有五十餘種宗教類書籍上架，書局書架空間有限，故唯有新書方有機會上架，通常每次只能有一本新書上架；本公司出版新書，大多上架不久便已售出，若書局未再叫貨補充者，書架上即無新書陳列，則請直接向書局櫃台訂購。 **3**.若書局不便代購時，可於晚上共修時間向正覺同修會各共修處請購（共修時間及地點，詳閱**共修現況表**。每年例行年假期間請勿前往請書，年假期間請見共修現況表）。 **4**.郵購：郵政劃撥帳號 19068241。 **5**.正覺同修會會員購書都以八折計價（戶籍台北市者爲一般會員，外縣市爲護持會員）都可獲得優待，欲一次購買全部書籍者，可以考慮入會，節省書費。入會費一千元（第一年初加入時才需要繳），年費二千元。**6.尚未出版之書籍，請勿預先郵寄書款與本公司，謝謝您！** **7**.若欲一次購齊本公司書籍，或同時取得正覺同修會贈閱之全部書籍者，請於正覺同修會共修時間，親到各共修處請購及索取；**台北市讀者**請洽：103 台北市承德路三段 267 號 10 樓（捷運淡水線 圓山站旁）請書時間：週一至週五爲 18.00~21.00，第一、三、五週週六爲 10.00~21.00，雙週之週六爲 10.00~18.00 請購處專線電話：25957295-分機 14（於請書時間方有人接聽）。

敬告大陸讀者：

大陸讀者購書、索書捷徑（尚未在大陸出版的書籍，以下二個途徑都可以購得，電子書另包括結緣書籍）：

1.**廈門外國圖書公司**：廈門市思明區湖濱南路 809 號 廈門外圖書城 3F

郵編：361004　電話：0592-5061658　網址：http://www.xibc.com.cn/

2.**電子書**：正智出版社有限公司及正覺同修會在台灣印行的各種局版書、結緣書，已有『**正覺電子書**』陸續上線中，提供讀者於手機、平板電腦上購書、下載、閱讀正智出版社、正覺同修會及正覺教育基金會所出版之電子書，詳細訊息敬請參閱『正覺電子書』專頁：

http://books.enlighten.org.tw/ebook

關於平實導師的書訊，請上網查閱：

成佛之道　http://www.a202.idv.tw

正智出版社 書香園地　http://books.enlighten.org.tw/

中國網採訪佛教正覺同修會、正覺教育基金會訊息：

http://big5.china.com.cn/gate/big5/fangtan.china.com.cn/2014-06/19/content_32714638.htm

http://pinpai.china.com.cn/

★ 正智出版社有限公司售書之稅後盈餘，全部捐助財團法人正覺寺籌備處、佛教正覺同修會、正覺教育基金會，供作弘法及購建道場之用；懇請諸方大德支持，功德無量。

★ 聲　明 ★

本社於 2015/01/01 開始調整本目錄中部分書籍之售價，以因應各項成本的持續增加。

＊ 喇嘛教修外道雙身法、墮識陰境界，非佛教 ＊

＊ 弘揚如來藏他空見的覺囊派才是真正藏傳佛教 ＊

換書及道歉公告

《法華經講義》第十三輯，因謄稿、印製等相關人員作業疏失，導致該書中的經文及內文用字將「**親近**」誤植成「清淨」。茲爲顧及讀者權益，自 2017/8/30 開始免費調換新書；敬請所有讀者將以前所購第十三輯初版首刷及二刷本，攜回或寄回本社免費換新，或請自行更正其中的錯誤之處；郵寄者之回郵由本社負擔，不需寄來郵票。同時對因此而造成讀者閱讀、以及換書的困擾及不便，在此向所有讀者致上最誠懇的歉意，祈請讀者大眾見諒！錯誤更正說明如下：

一、第 256 頁第 10 行~第 14 行：【就是先要具備「**法親近處**」、「**眾生親近處**」；法**親近**處就是在實相之法有所實證，如果在實相法上有所實證，他在二乘菩提中自然也能有所實證，以這個作爲第一個**親近**處——第一個基礎。然後還要有第二個基礎，就是瞭解應該如何善待眾生；對於眾生不要有排斥或者是貪取之心，平等觀待而攝受、親近一切有情。以這兩個**親近**處作爲基礎，來實行其他三個安樂行法。】。

二、第 268 頁第 13 行：【具足了那兩個「**親近處**」，使你能夠在末法時代，如實而圓滿的演述《法華經》時，那麼你作這個夢，它就是如理作意的，完全符合邏輯去完成這個過程，就表示你那個晚上，在那短短的一場夢中，已經度了不少眾生了。】

正智出版社有限公司 敬啓

售後服務—換書啓事(免附回郵)　2017/12/05

《楞伽經詳解》第三輯初版免費調換新書啓事：茲因 平實導師弘法早期尚未回復往世全部證量，有些法義接受他人的說法，寫書當時並未察覺而有二處（同一種法義）跟著誤說，如今發現已將之修正。茲爲顧及讀者權益，已開始免費調換新書；敬請所有讀者將以前所購第三輯（不論第幾刷），攜回或寄回本公司免費換新；郵寄者之回郵由本公司負擔，不需寄來郵票。因此而造成讀者閱讀、以及換書的不便，在此向所有讀者致上萬分的歉意，祈請讀者大眾見諒！

《楞嚴經講記》第 14 輯初版首刷本免費調換新書啓事：本講記第 14 輯出版前因 平實導師諸事繁忙，未將之重新閱讀而只改正校對時發現的錯別字，故未能發覺十年前所說法義有部分錯誤，於第 15 輯付印前重閱時才發覺第 14 輯中有部分錯誤尚未改正。今已重新審閱修改並已重印完成，煩請所有讀者將以前所購第 14 輯初版首刷本，寄回本公司免費換新（初版二刷本無錯誤），本公司將於寄回新書時同時附上您寄書來換新時的郵資，並在此向所有讀者致上最誠懇的歉意。

《心經密意》初版書免費調換二版新書啓事：本書係演講錄音整理成書，講時因時間所限，省略部分段落未講。後於再版時補寫增加 13 頁，維持原價流通之。茲爲顧及初版讀者權益，自 2003/9/30 開始免費調換新書，原有初版一刷、二刷書籍，皆可寄來本公司換書。

《宗門法眼》已經增寫改版爲 464 頁新書，2008 年 6 月中旬出版。讀者原有初版之第一刷、第二刷書本，都可以寄回本公司免費調換改版新書。改版後之公案及錯悟事例維持不變，但將內容加以增說，較改版前更具有廣度與深度，將更能助益讀者參究實相。

換書者**免附回郵**，亦無截止期限；舊書請寄：111 台北郵政 73-151 號信箱 或 103 台北市承德路三段 267 號 10 樓 正智出版社有限公司。舊書若有塗鴨、殘缺、破損者，仍可換取新書；但缺頁之舊書至少應仍有五分之三頁數，方可換書。所有讀者不必顧念本公司是否有盈餘之問題，都請踴躍寄來換書；本公司成立之目的不是營利，只要能眞實利益學人，即已達到成立及運作之目的。若以郵寄方式換書者，免附回郵；並於寄回新書時，由本公司附上您寄來書籍時耗用的郵資。造成您不便之處，再次致上萬分的歉意。

正智出版社有限公司 啓

國家圖書館出版品預行編目資料

阿含正義-唯識學探源 第四輯／平實導師著 —初版—
臺北市：正智，2007— 〔民96— 〕
冊； 公分
ISBN:978-986-81358-6-4 （第1輯：平裝）
ISBN:978-986-81358-8-8 （第2輯：平裝）
ISBN:978-986-81358-9-5 （第3輯：平裝）
ISBN:978-986-82992-1-4 （第4輯：平裝）
ISBN:978-986-82992-4-5 （第5輯：平裝）
ISBN:978-986-82992-5-2 （第6輯：平裝）
ISBN:978-986-82992-7-6 （第7輯：平裝）
1.阿含部
221.8 95015882

阿含正義
唯識學探源
——第四輯

作　　者：平實導師
校　　對：蘇振慶 章乃鈞 蔡禮政 劉惠莉
出 版 者：**正智出版社**有限公司
電話：○二 28327495 28316727（白天）
傳眞：○二 28344822
111台北郵政73-151號信箱
郵政劃撥帳號：一九○六八二四一
正覺講堂：總機○二 25957295（夜間）
總 經 銷：飛鴻國際行銷股份有限公司
231新北市新店區中正路501-9號2樓
電話：○二 82186688（五線代表號）
傳眞：○二 82186458 82186459
初版首刷：公元二○○七年二月底 二千冊
初版六刷：公元二○一九年六月 二千冊
定　　價：三○○元